"十二五"职业教育国家规划教材
经全国职业教育教材审定委员会审定
全国职业教育规划教材·国际商务系列

外贸办公实务

主　编　杨　露
副主编　刘章文　曾乐天　张建辉　胡秀娜
主　审　姚大伟

内容简介

本书是工学结合校企合作开发教材,内容突出应用性、操作性、职业性等特点,强化对高职学生职业能力的培养,旨在使外经贸专业的学生具备相应的职业岗位操作能力。本书内容丰富,包括外贸办公实务概述、外贸办公礼仪、外贸常用办公设备操作实务、外贸常用图文编辑与处理、外贸电子商务平台、外贸邮件的收发与处理、外贸业务软件操作实务、核销退税系统操作实务、外贸企业参展实务、会议服务十个项目。书中配有大量的图表和题型多样的实训练习。

本书适用范围较广,不仅可以作为外经贸专业的教科书,也可作为外经贸工作从业人员的参考书。

图书在版编目(CIP)数据

外贸办公实务 / 杨露主编. —北京:北京大学出版社,2015.3
(全国职业教育规划教材·国际商务系列)
ISBN 978-7-301-25444-8

Ⅰ. ①外⋯ Ⅱ. ①杨⋯ Ⅲ. ①对外贸易—高等职业教育—教材 Ⅳ. ①F75

中国版本图书馆 CIP 数据核字(2015)第 018132 号

书 名	外贸办公实务
著作责任者	杨 露 主编
策 划 编 辑	胡伟晔
责 任 编 辑	吴坤娟
标 准 书 号	ISBN 978-7-301-25444-8
出 版 发 行	北京大学出版社
地 址	北京市海淀区成府路 205 号 100871
网 址	http://www.pup.cn 新浪官方微博:@北京大学出版社
电子信箱	zyjy@pup.cn
电 话	邮购部 62752015 发行部 62750672 编辑部 62756923
印 刷 者	北京富生印刷厂
经 销 者	新华书店
	787 毫米 × 1092 毫米 16 开本 19 印张 451 千字
	2015 年 3 月第 1 版 2015 年 3 月第 1 次印刷
定 价	44.00 元

未经许可,不得以任何方式复制或抄袭本书之部分或全部内容。
版权所有,侵权必究
举报电话:010-62752024 电子信箱:fd@pup.pku.edu.cn
图书如有印装质量问题,请与出版部联系,电话:010-62756370

前　言

随着经济全球化的深入发展，世界贸易已发生巨大变化，对中国的对外贸易也产生了深远的影响。作为世界第二大经济体，我国出口贸易总额已超过德国、美国和日本，排名全球第一，进口贸易总额仅次于美国，排行全球第二。这对我国外经贸人才的培养提出了更高的要求。而高等职业教育作为我国高等教育的重要组成部分，担负着培养和输送第一线高素质技术技能型人才的重任。《国家教育事业发展"十二五"规划》中指出，"高等职业教育重点是培养产业转型升级和企业技术创新需要的发展型、复合型和创新型的技术技能人才"。一方面，我国对外经贸专业人才的需求日益旺盛；另一方面，企业急需大量既具备扎实的国际贸易理论知识与实践技能，又能熟练处理日常外贸办公事务，操作各种外贸常用办公设备及软件、外贸商务电子平台与进出口业务软件的专业人才。

本书即在这一背景下产生。外经贸领域的部分专家学者、教学一线的骨干教师和外经贸行业企业的一线业务骨干经过充分调研论证，共同合作开发了全国创新型课程"外贸办公实务"及其配套教材。本书内容与外经贸职业工作密切衔接，涵盖外贸办公礼仪、外贸日常事务处理和外贸常用办公设备及软硬件、外贸商务平台与进出口业务软件操作等。

本书具有以下突出特点。

1. 本书内容和体系充分体现了教育部 16 号文件"工学结合"精神，突出内容的应用性、操作性、职业性，强化对高职学生职业能力的培养，旨在使外贸专业的学生或从业人员具备相应的职业岗位操作能力。

2. 本书是工学结合校企合作开发教材，是集体智慧的结晶。参与编写的人员既有来自外贸教学一线经验丰富的骨干教师，又有外经贸领域的专家学者和来自企业一线的业务骨干。本书是在借鉴众多专家学者和实践工作人员研究成果的基础上共同完成的。

3. 本书属全国创新教材，目前国内众多高职院校尚未开设该课程，市场上亦无相应配套教材。本书以日常外贸办公事务为对象，以常用的外贸办公软硬件、外贸商务平台及业务软件操作作为主线，以外贸办公人员应具备的岗位操作技能为编写依据。本书内容全面、业务翔实、结构新颖、样例丰富，突出了职业性、实践性、创新性和一定的前瞻性，并配有丰富的资料、图片、图表和形式多样的习题与实务操作训练（附答案）。同时在附录部分还列有外贸办公常用英语及行业英语，供读者查阅。

4. 本书适用范围较广，不仅可以作为外经贸专业的教科书，也可作为外贸工作从业人员的参考书。

本书由温州科技职业学院杨露主编，教育部高等教育高职高专经济类专业教学指导委员会委员、全国国际商务单证员考试中心主任姚大伟教授主审。浙江东方职业技术学院曾乐天、温州科技职业学院刘章文、张建辉、胡秀娜任副主编，参与编写的还有纳百川控股有限公司李甜蜜、温州科技职业学院叶萌绿、浙江东方职业技术学院陈德勇、温州市建社贸易有限公司刘银录和浙江康派机械有限公司李明。本书在编写过程中参考了大量国内文献和相关网站资料，得到了很多同事、朋友和外贸企业工作人员的热心帮助，在此对他们及编审工作人员表示衷心的感谢！

由于编者水平和能力有限，书中若有不足之处，敬请广大读者批评指正。

编　者

2014 年 10 月

目 录

项目一 外贸办公实务概述 ………………………………………………………… 1
任务一 外贸办公实务的含义与作用 …………………………………………… 2
1.1 外贸办公实务的含义 ……………………………………………………… 2
1.2 外贸办公实务的作用 ……………………………………………………… 2
任务二 外贸办公实务的内容与要求 …………………………………………… 3
2.1 外贸办公实务的内容与要求 ……………………………………………… 3
2.2 外贸办公人员的素养与职业道德 ………………………………………… 5
知识训练 …………………………………………………………………………… 7
技能训练 …………………………………………………………………………… 9

项目二 外贸办公礼仪 ……………………………………………………………… 10
任务一 仪表礼仪 ………………………………………………………………… 11
1.1 仪表的概念 ………………………………………………………………… 11
1.2 仪表的基本要求和内容 …………………………………………………… 11
1.3 商务形象塑造的仪表要求 ………………………………………………… 16
任务二 仪态礼仪 ………………………………………………………………… 21
2.1 基本举止仪态 ……………………………………………………………… 22
2.2 体态语言 …………………………………………………………………… 23
任务三 通信礼仪 ………………………………………………………………… 25
3.1 使用电话具体礼仪规范 …………………………………………………… 25
3.2 使用传真具体礼仪规范 …………………………………………………… 27
3.3 使用电子邮件具体礼仪规范 ……………………………………………… 28
任务四 接待礼仪 ………………………………………………………………… 29
4.1 接待前的准备工作 ………………………………………………………… 29
4.2 接待过程 …………………………………………………………………… 30
4.3 合理的称呼 ………………………………………………………………… 31
4.4 合理的问候 ………………………………………………………………… 32
4.5 合理的位次安排 …………………………………………………………… 33
任务五 办公室礼仪 ……………………………………………………………… 34
5.1 人际交往礼仪 ……………………………………………………………… 34
5.2 办公设施使用礼仪 ………………………………………………………… 37
知识训练 …………………………………………………………………………… 41

技能训练 ·· 44
项目三　外贸常用办公设备操作实务 ·· 46
　任务一　打印机 ··· 47
　　1.1　打印机概述 ·· 47
　　1.2　基本操作实务 ·· 47
　　1.3　常见故障处理 ·· 49
　任务二　复印机 ··· 51
　　2.1　基本复印操作 ·· 51
　　2.2　特殊复印操作 ·· 53
　　2.3　复印机使用的技巧与注意事项 ·· 55
　任务三　扫描仪 ··· 57
　　3.1　扫描方法 ·· 57
　　3.2　基本扫描方法 ·· 58
　　3.3　扫描故障处理 ·· 59
　任务四　传真机 ··· 59
　　4.1　设置传真系统 ·· 59
　　4.2　发送传真 ·· 60
　　4.3　接收传真 ·· 61
　　4.4　其他操作 ·· 62
　　4.5　传真故障处理 ·· 62
　任务五　碎纸机 ··· 63
　　5.1　碎纸机概述 ·· 63
　　5.2　碎纸机使用及维护方法 ·· 65
　　5.3　碎纸机常见故障处理 ·· 66
　知识训练 ··· 67
　技能训练 ··· 70
项目四　外贸常用图文编辑与处理 ·· 71
　任务一　Word ·· 72
　　1.1　表格编辑 ·· 72
　　1.2　文字编辑 ·· 74
　　1.3　图像处理 ·· 76
　　1.4　打印设置 ·· 77
　任务二　Excel ·· 78
　　2.1　常用技巧 ·· 78
　　2.2　表格应用 ·· 82
　　2.3　函数公式 ·· 84
　任务三　PowerPoint ·· 90

3.1 常用技巧 ………………………………………………………………… 90
3.2 制作应用 ………………………………………………………………… 91
3.3 转换应用 ………………………………………………………………… 93
任务四　PDF ……………………………………………………………………… 94
4.1 PDF 概述 ………………………………………………………………… 94
4.2 PDF 阅读器 ……………………………………………………………… 94
4.3 PDF 转换成 Word ………………………………………………………… 97
4.4 PDF 转成图片 …………………………………………………………… 97
4.5 PDF 安全性设置 ………………………………………………………… 97
任务五　产品图片拍摄与处理 …………………………………………………… 98
5.1 商品拍摄的特点和要求 ………………………………………………… 98
5.2 器材准备 ………………………………………………………………… 99
5.3 光线的使用 ……………………………………………………………… 99
5.4 商品的布局 ……………………………………………………………… 101
5.5 背景的选择和处理 ……………………………………………………… 102
知识训练 ………………………………………………………………………… 104
技能训练 ………………………………………………………………………… 107

项目五　外贸电子商务平台 ……………………………………………………… 111
任务一　阿里巴巴 ………………………………………………………………… 112
1.1 阿里巴巴国际站简介 …………………………………………………… 112
1.2 Free Member 操作说明 ………………………………………………… 113
1.3 Gold Supplier 操作说明 ………………………………………………… 114
任务二　中国制造网 ……………………………………………………………… 118
2.1 中国制造网概述 ………………………………………………………… 118
2.2 会员类型及服务 ………………………………………………………… 118
2.3 Virtual Office 管理系统简介 …………………………………………… 118
2.4 Virtual Office 主要功能操作说明 ……………………………………… 119
2.5 Virtual Office 辅助功能说明 …………………………………………… 128
任务三　环球资源网 ……………………………………………………………… 129
3.1 环球资源网概述 ………………………………………………………… 129
3.2 专用供应商目录操作说明 ……………………………………………… 130
知识训练 ………………………………………………………………………… 139
技能训练 ………………………………………………………………………… 142

项目六　外贸邮件的收发与处理 ………………………………………………… 143
任务一　Hotmail …………………………………………………………………… 144
1.1 注册 Hotmail 邮箱 ……………………………………………………… 144
1.2 使用 Hotmail 邮箱 ……………………………………………………… 145

任务二　Outlook Express ·· 149
  2.1　Outlook Express 概述 ·· 149
  2.2　Outlook Express 基本设置 ·· 150
  2.3　Outlook Express 使用设置 ·· 160
  2.4　Outlook Express 使用操作 ·· 172

任务三　Outlook 2007 ·· 174
  3.1　启动 Outlook 2007 ·· 174
  3.2　创建邮件账户 ·· 175
  3.3　管理通信录 ··· 179
  3.4　管理邮件 ·· 182
  3.5　管理日程、日历 ·· 183
  3.6　设置数据安全 ·· 183

任务四　Foxmail ·· 187
  4.1　安装 Foxmail 软件 ·· 187
  4.2　设置 Foxmail 账户 ·· 189
  4.3　处理邮件 ·· 190
  4.4　其他操作 ·· 191

知识训练 ·· 194
技能训练 ·· 196

项目七　外贸业务软件操作实务 ·· 197

任务一　iForm™系统软件 ·· 198
  1.1　iForm™概述 ··· 198
  1.2　iForm™安装程序 ··· 198
  1.3　iForm™整套单据制单步骤 ······································· 198
  1.4　CO 原产地证制单申领 ·· 200
  1.5　优惠原产地证制作申领 ··· 201
  1.6　iForm™单单一致 ··· 202

任务二　九城电子申报系统软件 ·· 203
  2.1　iDecl2010 概述 ·· 203
  2.2　产地证操作实务 ··· 204
  2.3　出境货物报检操作实务 ··· 211
  2.4　出境包装报检操作实务 ··· 218

任务三　纵横外贸单证系统 ··· 219
  3.1　安装注册 ·· 220
  3.2　登录系统 ·· 220
  3.3　制单步骤 ·· 220

知识训练 ·· 222

技能训练 ·· 225
项目八　核销退税系统操作实务 ····························· 227
　　任务一　中国电子口岸系统 ································ 228
　　　1.1　电子口岸概述 ······································ 228
　　　1.2　电子口岸操作 ······································ 228
　　任务二　出口收汇系统 ···································· 230
　　　2.1　中国电子口岸出口收汇系统简介 ····················· 231
　　　2.2　出口收汇系统操作实务 ····························· 231
　　任务三　出口退税系统 ···································· 238
　　　3.1　出口退税程序 ······································ 238
　　　3.2　出口退税操作程序 ·································· 239
　　知识训练 ·· 246
　　技能训练 ·· 249
项目九　会议服务 ·· 253
　　任务一　会议概述 ··· 254
　　　1.1　会议的含义、作用及特征 ··························· 254
　　　1.2　会议活动的基本要素 ······························· 254
　　　1.3　会议的种类 ·· 255
　　任务二　会议筹备 ··· 255
　　　2.1　拟订会议计划 ······································ 255
　　　2.2　拟定会议议程、日程、程序 ························· 257
　　　2.3　制发会议通知 ······································ 260
　　　2.4　布置会场 ·· 262
　　　2.5　安排会议食宿 ······································ 263
　　　2.6　准备会议资料、会议用品 ··························· 265
　　任务三　会中服务 ··· 268
　　　3.1　安排会议值班 ······································ 268
　　　3.2　接待采访会议的新闻媒体 ··························· 269
　　　3.3　做好会议记录和简报工作 ··························· 271
　　　3.4　收集会议信息 ······································ 273
　　任务四　会后服务 ··· 277
　　　4.1　编写会议纪要 ······································ 277
　　　4.2　会议文件资料的立卷归档 ··························· 280
　　　4.3　会议经费结算 ······································ 283
　　　4.4　跟踪反馈落实会议精神 ····························· 284
　　知识训练 ·· 288
　　技能训练 ·· 290
参考文献 ·· 292

项目一　外贸办公实务概述

✓ 任务目标

- 了解外贸办公实务的含义和作用
- 掌握外贸办公人员的工作内容、工作性质和工作方法
- 掌握外贸办公人员应具备的知识和技能
- 了解外贸办公人员的素养

✓ 任务导入

张扬在浙江腾达贸易公司做商务文员,他每天都要打扫办公室卫生、接听电话、接待来访的客户、处理各种文书、收集汽车行业相关信息、对公司的计算机进行基本维护,对每一项工作他都能够高效地完成,得到了同事们的一致好评和领导的赏识,年底被评为公司先进个人。

外贸办公人员在外贸企业商务活动中主要从事服务性工作,要求从业人员熟悉公司日常商务活动基本流程,能够胜任商务活动中服务者的角色。具体来说,根据服务内容的不同,外贸办公人员的工作可以分为日常事务性工作、文字处理工作、信息管理工作三个方面。

·外贸办公实务·

任务一　外贸办公实务的含义与作用

1.1　外贸办公实务的含义

什么是外贸办公实务？所谓"实务"，从字面意思上来理解，"实"就是"实际"的意思，"务"就是"事情""从事"的意思。结合字面意思和在实际工作中的情况来看，"实"和"务"合起来可理解为"实际从事的工作或事情"。外贸办公实务是指外贸办公人员所从事的业务活动，主要包括日常事务性工作、文字处理工作和信息管理工作。

日常事务性工作包括办公室环境管理、日常事务管理、相关人员的接待与拜访、日常保密工作。

文字处理工作包括商务文书（如合同、商务函电、外贸单证、邀请函、传真稿、通知等）的阅读和处理、商务文书的存档和保存等工作。

信息管理工作包括企业日常往来业务信息的搜集与处理（如问卷调查、市场基本状况调查、常用电话号码）、办公室日常通信工作（如电话的接打、邮件收发、传真收发等）、办公自动化设备的使用和维护、计算机基本操作和常用办公软件的操作。

1.2　外贸办公实务的作用

从当前的课程学习来看，不管是国际贸易理论，还是国际贸易实务，都很少讲到有关外贸办公人员的一些工作内容和应掌握的技能。外贸办公实务不仅介绍了外贸办公人员应处理的一些工作，也介绍了具体的操作方法。所以，这是一门新兴的学科，是一门应用性的学科，它重点介绍了外贸工作中一些辅助性的工作内容、职责和工作技能，以便能更好地协助和衔接整个外贸工作的顺利开展和进行。

1. 具有辅助性的作用

从与整个外贸业务流程的关系来讲，外贸办公实务属于辅助性的工作，辅助外贸业务员、跟单员、单证员、采购员等完成外贸公司的日常事务。因此，外贸办公人员要始终把握好自己所扮演的角色，在工作中全心全意地辅佐业务员等人，不喧宾夺主，做好自己的辅助性工作。

2. 日常事务的管理作用

外贸办公实务中涉及外贸邮件的收发与处理、外贸常用图文编辑与处理、外贸电子商务平台的操作规范等工作，如：外商的邮件、传真，原则上应在24小时内回复；接到外商的订单时，就要联系工厂核对最新产品报价及国际市场上的平均价格；外商下单后还要及时制作各种文书材料，比如合同、发票等。外贸企业往往是同时开展好几笔业务，所以这些日常事务工作几乎是每天都要处理的。

3. 使外贸业务员的工作更加高效、高质量

由于外贸办公实务所涉及的内容包括外贸办公设备的使用和维护、外贸常用图文编辑与处理、外贸电子商务平台的操作规范、外贸邮件的收发与处理、外贸业务软件的使用及核销退税系统的使用，在以现代化的设备、网络、技术及专业软件的帮助下，可以使外贸办公文员能够使用新的方法和手段代替传统的信息传递、处理工作，这就使得外贸工作的整个流程具有高速处理、储存大量信息的特点，能对外贸业务工作起到很好的辅助作用。

外贸办公人员的工作范围十分广泛，既是业务人员，也是管理人员，可以说，其自身的素质及工作能力、效率直接影响到整个外贸企业的业绩，所以学好外贸办公实务这门课程是很重要的。

任务二　外贸办公实务的内容与要求

2.1　外贸办公实务的内容与要求

外贸办公实务是指外贸办公人员所从事的业务活动，主要包括外贸办公礼仪、外贸办公设备操作、外贸常用图文编辑与处理、外贸电子商务平台、外贸邮件的收发与处理、外贸业务软件操作、核销退税系统操作实务等。

1. 外贸办公礼仪

在实际生活和一切社交活动中，礼仪都是人际交往的重要手段。办公礼仪有助于提高沟通效果，促进商务活动顺利开展。

外贸工作是一种双向性的交往活动，商务交往是一个复杂的过程，由于交往对象的文化背景、思想、观点和态度有所不同，所以交往双方的沟通有时变得不那么容易，甚至产生误解。办公礼仪有助于协调人际关系，提高企业的经济效益；大多数商务活动都是通过人际交往进行的，如洽谈、签约、采购、销售等，在人际关系友好、融洽的氛围下，有利于形成双方合作，促进商务活动成功。

办公礼仪有助于树立个人及企业形象。一个商务人员要注意自己的个人形象，从个人形象的好与坏往往能够推断出公司的实力和信誉情况。如果你的形象良好，不但能为你所代表的企业传递无声的商业信息，宣传组织的形象，还会给你的组织带来有形和无形的财富。在这里，个人的仪表、仪态、商务通信礼仪、接待礼仪和人际交往礼仪等，主要培养的是学生的职业素养、职业形象和职业道德。

2. 外贸办公设备操作

需要耗费大量时间和精力的传统的手工办公方式已经不能适应时代的发展要求，取而

代之的是办公自动化,办公自动化就是利用计算机、复印机、打印机、扫描仪、电话、传真、互联网等数字仪器和设备,以及各类办公软件代替传统手工处理业务的办公方式。办公自动化不仅提高了个人的工作效率,而且还能实现群体协同工作。因此,这部分内容主要是介绍外贸办公人员工作中办公自动化的基础知识以及常用办公自动化设备的使用常识和维护方法。如日常工作中经常用到的复印机、打印机、传真机、扫描机、碎纸机的使用和维护方法,主要培养的是学生的实践动手能力和独立工作的能力。

3. 外贸常用图文编辑与处理

随着计算机和网络技术的飞速发展,外贸办公人员在实际工作中不可避免地会使用计算机,了解计算机的相关知识并熟练使用常用的办公软件能够帮助外贸办公人员更加有效地完成各种日常工作,因此,掌握一定的计算机及办公软件的使用方法和操作技巧是非常必要的。这部分内容主要介绍 Word、Excel、Powerpoint、PDF 等软件的相关知识。Word 是文字处理软件,是打字、排版的好帮手;Excel 有处理电子表格、数据运算、数据统计等功能;PowerPoint 幻灯片制作是汇报的好工具,能够制作出生动的讲义;PDF(Portable Document Format)是一种电子文件格式,这种文件格式与操作系统平台无关,PDF 文件是以 PostScript 语言图像模型为基础,无论在哪种打印机上都可保证精确的颜色和准确的打印效果。现在越来越多的电子图书、产品说明、公司文告、网络资料、电子邮件开始使用 PDF 格式文件,其主要原因是因为 PDF 文件体积小,文件结构稳定,阅读时不易被修改,因而也能避免阅读时因手误对文件的修改。这一部分主要培养学生掌握一些基本的办公软件的工作技能,实践性很强。

4. 外贸电子商务平台

电子商务将传统商务流程电子化、数字化,突破时空限制,降低成本,提高效率,创造了更多贸易机会,有利于广大中小企业开展对外贸易,开拓国际市场,是我国中小企业开拓国际市场的助推器。因此,作为外贸办公人员应掌握相关的外贸电子商务平台的使用技巧,有利于外贸业务的顺利开展。例如,阿里巴巴通过旗下三个交易市场协助世界各地数以百万计的买家和供应商从事网上生意。中国制造网是一个中国产品信息荟萃的网站,面向全球提供中国产品的电子商务服务,目的是利用互联网将中国制造的产品介绍给全球采购商。环球资源是一个 B2B 多渠道的国际贸易平台,亦是大中华地区双边贸易的主要促进者,该网站主要为专业买家提供采购信息,并为供货商提供综合的市场推广服务。欧洲黄页是一种最方便实用的电话簿,能方便地提供齐全详尽的各行各类企业单位的电话号码、商家名称、地址,通过看商家在黄页上刊登的产品和服务的内容还可以判断商家的实力。这一部分内容主要是培养学生从各种渠道获取信息的能力和对外营销的能力。

5. 外贸邮件

由于国际贸易中买卖双方互相见面交流沟通的机会很少,大多数情况下是通过电话、电子邮件的形式进行沟通的,所以,怎样规范地发送和处理外贸电子邮件以及发送电子邮件的礼仪等问题直接关系到外贸营销成果。这里主要培养学生与人交流沟通的能力和及时处理问题的能力。

6. 外贸业务软件操作

这一部分主要介绍了 iForm™ 系统软件、九城电子申报系统软件、纵横外贸单证管理系统软件。例如，九城单证软件是为实现进出口企业对政府贸易管理部门进行电子申报的企业端软件，通过该系统，企业可轻松完成与检验检疫机构之间的业务交互。该系统分为控制模块和业务模块两个部分，由控制台对各业务模块进行管理，目前可实现的业务功能包括电子报检（出入境一般货物报检、出境包装报检）、产地证电子签证（包括一般原产地证书、普惠制产地证书、中国－东盟自由贸易区原产地证书、《亚太贸易协定》证书及金伯利进程证书）、许可证申报（进境动植物检疫许可证申报）及其他电子业务服务。像纵横单证软件，外贸单证员只要一次性输入外贸单证相关资料，整个外贸出口业务流程都可以进行调用，做到单单相符，单单一致。

7. 核销退税系统操作实务

核销就是监控外贸企业交易过程中的每一笔外汇的进和出，外汇管理局设计了一套特别的管理制度，分为出口收汇核销制度和进口付汇核销制度。外贸企业如果不核销外汇，将会被认定是逃汇、套汇，银行也不给结汇或付汇，海关就不会放行，税务局就不给退税，核销单就是在这种制度下产生的。外汇核销的部分程序要在国家外汇管理局的电子口岸系统上进行，核销以后，就可以到税务部门办理退税手续了。出口退税是我们国家的一项外贸政策，是我国对已报送离境的出口货物，由税务机关将其在出口前的生产和流通的各环节已经缴纳的国内增值税或消费税等间接税税款退还给出口企业的一项税收制度，目的是增强我国出口货物的竞争能力，鼓励外贸企业多出口产品。

2.2　外贸办公人员的素养与职业道德

1. 外贸办公人员的素养

（1）智力素养

作为一名外贸办公人员，首先，要有敏锐的观察力，要能"眼观六路、耳听八方"，迅速把握一切有价值的商业信息；其次，要有稳定的注意力，工作中专心，要能够随着领导注意力的变化而转变；再次，要有良好的记忆力，领导交办的事情及客户资料要准确记忆；最后，要有全面思维的能力，能够对事情进行全面分析，学会顾全大局。

（2）知识素养

外贸办公人员应具备的知识素养包括基础知识、行业知识、其他知识。基础知识主要指政治、历史、地理、语文、数学、物理、生物、化学等基本知识；行业知识包括基本应用文的写作、文书的制作和处理、办公室管理知识，还包括至少一门外语、基本的商务知识、法规和基本的外贸知识；其他知识主要是在工作和为人处世中需要用到的社会学、心理学等方面的知识。

2. 业务素养

业务素养是外贸办公人员在具体工作中应该具备的能力，体现为良好的沟通协调能力、团队合作精神、时间管理能力、信息处理能力、贯彻执行能力、创新能力等。

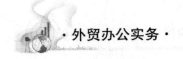

3. 身心素养

外贸办公人员需要具备的身心素养包括以下几点：第一，要有乐观的精神、开阔的胸襟，不埋怨、不随意发牢骚，始终以饱满的热情投身于工作中。第二，工作要有责任心、做事成熟稳妥，领导交代的事要迅速行动，不要拖拉、不要犹豫，不要冒失从事、敷衍了事，做人要稳重，遇事不慌张，从容处理，给人可信任感。第三，要善于反省、做事坚毅，在工作中要有不怕困难的勇气和决心，在遇到困难、挫折、打击的时候，还要善于反省自己，从自身找原因，总结经验和教训，踏踏实实、任劳任怨地坚持工作。第四，要学会自我调节和宣泄，工作中难免会遇到各种挫折和不尽如人意的地方，这个时候要懂得自我调节，把不良的情绪宣泄出去，才不会影响日常的工作。第五，要有健康的体魄和良好的身体素质。现代化的外贸公司工作节奏越来越快，而且时差颠倒，日常事务也很繁杂，对外贸办公人员来说，没有良好的身体素质，就很难应付繁重的日常工作。

4. 外贸办公人员的职业道德

（1）忠于职守，自觉履行各项职责

外贸办公人员首先要忠于自己的企业，做任何事情都要从自己企业的整体形象和利益出发，不要损害企业形象和利益；其次，要忠于自己的工作，工作中要兢兢业业，严格按照企业的规章制度办事，不能越级办事，要恪守本分，做好自身工作；最后，要听从直接领导的工作安排，按照领导的指示办事。

（2）恪守信用，严守机密

对于一个企业来说，企业的信用是其立足于市场的根本，这就要求办公人员把企业的这种精神贯彻到日常工作中，在执行领导交办的各项任务时一定要按时完成，不能拖拉。约见客户时一定要准时，答应客户的事情一定要尽量解决，要做到"言必信，行必果"。如果真遇到什么变化，要事先说明原因，使人信服。外贸人员在日常工作中，可能会接触企业的一些商业性文件，这些商业性资料对竞争对手来说是非常重要的，因此要严守商业机密，自觉加强保密观念。

（3）谦虚谨慎，办事公道

谦虚谨慎，是外贸办公人员应具有的美德，不要自以为是，要平等地同各职能部门协作，虚心听取他们的意见，在工作中要善于协调矛盾，搞好合作。对领导、对群众都要一视同仁，秉公办事，平等相待。办事要公道正派，不能贪图私利，不能总是想到自身的利益，而是多从企业的角度着想，多为企业谋取利益，企业的效益好了，个人才能有更好的发展前途。

（4）钻研业务，掌握工作技能

外贸办公人员也要刻苦钻研，努力学习各种和工作有关的知识，掌握好相关的工作技能，努力适应新时期外贸工作的发展需要。

知识训练

一、判断题

1. 任何保密工作都有一定的保密范围界限，即对一定范围内的人员不保密，对规定范围以外的人员保密。（　　）
2. 遵守一定的商务着装规范是对他人的一种尊敬。（　　）
3. 外贸办公人员是照章办事，听候领导的指示，所以工作死板，不需要什么创新能力。（　　）
4. 外贸办公人员对领导要恪守信用，答应领导的事情要做到，但对客户要根据情况而定，如果有突发事件发生导致我们答应客户的要求而没能做到，就不属于我们不守信用。（　　）
5. 外贸办公人员的工作属于辅助性的。（　　）

二、单选题

1. 外贸办公人员日常事务性工作包括办公室环境管理、日常事务管理、（　　）和日常保密工作。
   A. 商务文书的阅读与处理　　　　B. 相关人员的接待与拜访
   C. 办公室日常通信工作　　　　　D. 计算机基本操作
2. 现在越来越多的电子图书、产品说明、公司文告、网络资料、电子邮件开始使用PDF格式文件，其主要原因是PDF文件体积小，文件结构稳定，阅读时（　　）。
   A. 不易被修改　　　　　　　　　B. 可以看得更清晰
   C. 看起来更正式　　　　　　　　D. 性能更稳定
3. 外贸办公人员需要具备的身心素养包括：要有乐观的精神、工作要有责任心、（　　）、要学会自我调节情绪，还要有健康的体魄。
   A. 情绪不好可以找同事谈心宣泄　B. 重要的事情决定不下可以先拖一拖
   C. 和同事划清界限从不交流　　　D. 要善于反省、做事坚毅
4. 出口退税是我们国家的一项外贸政策，是我国对已报送离境的出口货物，由税务机关将其在出口前的生产和流通的各环节已经缴纳的国内增值税或（　　）等间接税税款退还给出口企业的一项税收制度。
   A. 关税　　　　B. 营业税　　　　C. 所得税　　　　D. 资源税
5. 外贸办公人员首先要忠于自己的企业，其次，（　　），最后，要听从直接领导的工作安排，按照领导的指示办事。
   A. 要忠于自己的工作　　　　　　B. 要忠于自己的岗位
   C. 要忠于自己的部门　　　　　　D. 要忠于自己的同事

三、多选题

1. 外贸办公实务包括哪些内容?（　　）
   A. 外贸办公设备操作　　　　　　　B. 外贸电子商务平台
   C. 外贸常用图文编辑与处理　　　　D. 外贸业务软件操作实务
2. 一名合格的外贸办公人员应具备哪些素养?（　　）
   A. 智力素养　　　　　　　　　　　B. 能力素养
   C. 行业素养　　　　　　　　　　　D. 身心素养
3. 一名合格的外贸办公人员应该具备的职业道德有哪些?（　　）
   A. 忠于职守　　　　　　　　　　　B. 恪守信用
   C. 严守机密　　　　　　　　　　　D. 钻研业务
4. 外贸业务软件主要指（　　）软件。
   A. iForm™软件　　　　　　　　　　B. 九城单证软件
   C. 纵横单证软件　　　　　　　　　D. 金蝶软件
5. 为什么需要学习外贸办公礼仪?（　　）
   A. 有助于树立个人及企业形象
   B. 提高沟通效果，促进商务活动顺利开展
   C. 协调人际关系
   D. 出于礼貌的需要

四、讨论分析题

1. 传统的办公模式和现代化办公模式的区别是什么？

2. 什么是办公自动化？

3. 为什么外贸办公人员需要学习办公礼仪？

4. 外贸中的电子商务平台有哪些？各有什么作用？

5. 核销退税系统是什么？主要的作用是什么？

技能训练

1. 浙江某贸易公司准备召开一次产品销售会议，总经理需要同行业其他公司销售的情况，经理把这项任务交给了公司的外贸办公人员小张。小张通过收集前几个月的相关报纸，并登录网络对其他同行业公司的销售情况进行收集，然后进行统计和分析，得到了其他公司销售的大体情况，并制成统计表格，交到经理手里，保证了会议的顺利进行。

如果你是小张，你将会怎么做？

2. 实习生小明在一家外贸公司当业务员张鹏的助理。今天张鹏的一位新客户说想要了解一下这家外贸公司旗下服装生产厂商的相关服装资料，张鹏就把这任务交给小明，他的一部分工作是把以前在服装厂用胶卷拍摄的相片扫描到电脑里去，然后和相关的服装资料进行图文混排，再打印草稿给张鹏参考。

请你以小明的身份处理好张鹏交给你的这个任务。

项目二　外贸办公礼仪

✓ 任务目标

- 了解个人仪表仪容礼仪知识，个人风度形象礼仪知识，个人基本举止仪态
- 掌握个人仪表仪容礼仪的要求，以及个人服饰搭配、礼仪规范、言谈举止规范等常识
- 掌握正确使用电话的礼仪
- 了解接待拜访礼仪知识
- 掌握上下级、同事、客户之间的相处礼仪
- 了解办公设施使用时应注意的礼仪

✓ 任务导入

日本著名的企业家松下幸之助刚刚开始经营企业时，自己不修边幅，企业也不注重形象，企业发展缓慢，业务难以开展。有一天，他去理发时，理发师不客气地批评他不注重形象，说："松下先生，你是公司的代表，却这样不注重衣冠，别人会怎么想？连人都这样邋遢，他的公司会好吗？"从此，松下幸之助一改过去的习惯，开始注意自己在公众面前的形象，要求员工也要注意形象，讲文明、懂礼貌，生意也随之兴旺起来。现在，松下电器的各类产品享誉天下，这与松下幸之助长期率先垂范，要求员工懂礼貌、讲礼仪是分不开的。

从上面这个案例可以看出，在商务活动中，企业的发展与企业的形象密不可分，企业员工形象是企业形象的缩影，企业员工的商务礼仪、礼貌素养等是企业发展的推动力。因此，商务人员必须学习商务礼仪，了解商务礼仪的构成与特点，养成良好的商务礼仪修养，提升企业形象，提高企业的经济效益和社会效益。

任务一 仪表礼仪

1.1 仪表的概念

仪表和仪容是个人礼仪的第一步,是一个人精神面貌的外观体现,它与一个人的道德修养、文化水平、审美情趣、文明程度有着密切的联系。仪表是指人的外表,包括人的个人卫生、容貌和服饰等方面。仪容指人的外观、外貌,重点指人的容貌。在人际交往中,每个人的仪容都会引起交往对象的特别关注,并将影响对方对自己的整体评价。可谓"你永远没有第二次机会给人留下美好的第一印象"。在商务交往中注重仪表仪容是尊重客户的表现,也是讲究礼貌礼节的一种具体表现。

1.2 仪表的基本要求和内容

仪容的基本要求是洁净清爽、整齐简约、庄重雅致、自然健康。洁净清爽、整齐简约指洁净整齐的整体姿容,做到无污渍、无破旧、无病疮。庄重雅致、自然健康指仪容修饰得体,无夸张过分的装扮,呈现自然健康的状态。

仪容主要指人的容貌。虽然容貌在很大程度上取决于先天条件,但适当的容貌修饰,会使商务人员容光焕发、充满活力,在商务活动中给人留下良好的个人形象。

1.2.1 个人卫生

讲究个人卫生,培养良好的卫生习惯,既是社会公德问题,也是尊重对方的表现。清洁是仪容美的关键,是仪容礼仪的起点。

讲究个人卫生,不仅是指人们应勤洗澡、常刷牙、定期修剪指甲、经常梳头,而且还应注意在个人仪容方面的修饰,包括面部、头发、腋毛、指甲、体味等方面。

面部保持清洁,容光焕发。在日常生活中,尤其是出席社交场合时,男士要注意修剪鼻毛和胡须,必须每天进行剃须修面。对牙齿的要求坚持"三三"制,即每日三餐后的三分钟内要漱口,避免残渣遗留在牙齿上。另外,在出席社交场合前不能吃带有强烈气味的食品,如韭菜、大蒜、臭豆腐等。

对头发的要求遵循"三不"原则,即不能有味,不能打绺,不能有头屑。女士在夏季,尤其是出席社交场合时要注意腋毛的清理。

保持手部清洁,勤洗手。手的清洁与否能反映出一个人卫生习惯的好坏。商务交往中常会使用到手部,在握手、传递、指示、致意时伸出脏兮兮的手会令人恶心、尴尬,应极力避免。指甲应修剪得当,不蓄长指甲,不使用醒目甲彩,不过分装饰。对指甲的要求是勤剪指甲，指甲缝里绝不可残留污垢。女士在商务场合应当选择色泽淡雅的指甲油，指甲油如果出现局部剥落，应当及时清理、修整。剪指甲、涂指甲油等工作都应该私下进行。

对体味的要求包括要勤洗澡、勤换衣、勤换袜，避免产生过于浓重的体味，注意保持口气的清新。咳嗽、打喷嚏时，应用手绢捂住口鼻，面向无人的一侧，避免发出较大声响，并向对方表示歉意。

1.2.2 容貌

容貌的自然美体现在五官端正、皮肤健康上。人的肤质可分为中性、油性、干性和混合性四种类型。每个人必须了解自己的肤质，以便选用不同的化妆品，并采用不同的护理方法。

在商务场合，一个不化妆的职业女性等同于一个不修边幅、不刮胡子的男性。在商务场合，女士化妆是对自我的修饰，也是对他人的尊重。女士在工作中应当化淡妆，这是商务礼仪的基本要求。

日常上班妆的化妆步骤如下。

第一步，洁面。

用洁面产品清洁面部后擦干。随后，在脸上使用化妆水、眼霜和面霜，为化妆做准备。

第二步，涂粉底。

用化妆专用海绵蘸取适量的粉底，采用按压的手法，由上至下在脸上涂抹均匀。脸部和脖子的衔接要自然，不能有明显的分界线。干性皮肤应选择粉底霜，中性或混合性皮肤应选择粉底乳，油性皮肤应选择粉底液。粉底的颜色不应一味追求白，而是应该选择与自身皮肤颜色最为接近的颜色。

第三步，修饰眉毛。

首先是修剪眉毛。先将眼皮、眉心杂乱的眉毛拔除，再用眉梳把眉毛往同一个方向梳理，将过长的眉毛做局部的修剪，使眉毛显得更加整齐。修剪时需要有耐心，一点一点地剪，一次不要剪得过多，以免失误后难以弥补。

其次是描画眉毛。眉毛分为三个部分：眉头、眉峰和眉尾（如图2-1所示），这三者的连线决定了眉毛的形状。眉头的最佳位置应与鼻翼和眼头成一条直线。眼睛直视前方，从鼻翼往黑眼珠外缘向上延伸，与眉毛相交的位置是眉峰的最佳位置。从鼻翼往眼尾方向向上延伸，是眉尾的标准位置。找到了这三个最佳点，先从眉峰到眉尾，用眉笔以点画的方式一点一点地描绘，将眉毛的空隙填满；再从黑眼珠内缘位置画到眉峰，不要画到眉头最前端，以免显得生硬；然后利用斜口眉刷蘸取眉粉，先刷过眉峰到眉尾，再利用余粉从眉头刷向眉峰，将眉形修饰完整。描画时切忌从眉头到眉尾一笔画过来，那样会显得非常不自然。

项目二　外贸办公礼仪

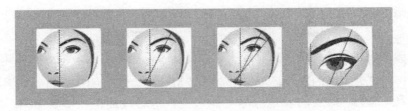

图 2-1　眉头、眉峰、眉尾示意图

第四步，修饰眼部。

首先是涂眼影。首先将基础色，如浅咖啡色、浅粉红色等涂于上眼皮打底，令眼部肤色与整体肤色衔接均匀；再将深色眼影沿睫毛根部涂抹，并向上晕染，使用的颜色应越向上越淡，由睫毛根部开始，色彩是由深到浅的渐变；眉骨下用亮色提亮，色彩过渡要柔和自然。

其次是画眼线。眼线可以改变眼睛的轮廓，具有很强的修饰作用。画眼线时眼睛要向下看，用眼线笔沿上眼睑睫毛根部描画上眼线。然后眼睛朝上看，由外眼角向内眼角描画下眼线。下眼线的长度通常不超过外眼角至内眼角总长度的三分之一。为了让妆面看起来更加自然，可用棉棒将眼线稍稍晕染开来。

最后是涂睫毛膏。首先用睫毛夹将睫毛卷成上翘状。卷曲的方法是：眼睛向下看，将睫毛夹与眼睑的弧线吻合，在睫毛根部合上睫毛夹并稍稍按压一会儿。然后涂睫毛膏，左手将眼皮提起，右手拿睫毛膏的毛刷。涂上眼睫毛时毛刷横向放置，由睫毛的根部向梢部涂抹。涂下眼睫毛时，将毛刷竖起，横向左右涂抹。涂完睫毛膏后睫毛容易粘连，宜用睫毛梳将睫毛梳开。

第五步，刷腮红。

面对镜子，找到脸颊的最高处。对着镜子微笑，从最凸起的地方开始画腮红。刷腮红可以增加脸部的立体感，塑造整体的好气色。

第六步，涂口红。

先涂润唇膏滋润唇部肌肤，然后用唇刷蘸取口红细致地涂抹在嘴唇上。注意不要将口红的颜色沾到牙齿上。

总而言之，商务妆容的目的是对自己的形象进行适当的修饰和美化，整体风格应该端庄、淡雅，妆容颜色的选择应注意与服装的颜色相协调。切忌过于浓艳、华丽或过于时尚、前卫。

1.2.3　服饰

仪表中最重要的组成部分就是服饰。恰当的服饰可以对人体进行修饰，扬长避短，而不得体的装饰却可能弄巧成拙。

服饰是指人的服装穿着与饰品。服装行业中常将服装称为人体的"第二肌肤"，服装在人们的日常生活中具有三大作用：实用性、装饰性、社会性。实用性是指服装可以帮助我们抵御风寒，保洁卫生，防晒驱暑；装饰性是指服装可以帮助我们遮掩体形中的局限，弥补形体不足，美化外表；社会性则是指服装的搭配风格可以体现个人的教育背景、文化程度、职业特点、内在修养等。

莎士比亚说："服饰往往可以表现人格。"服饰和人们的穿着体现着不同民族文化及不同的民俗风情。

1. 服饰的分类

（1）职业装

职业装款式的基本特点是端庄、简洁、持重和亲切。在较为正式的场合，应选择正式的职业套装；在较为宽松的职业环境，可选择造型稳定、线条明快、富有质感的服饰，以较好地表现职业能力。服装的质地应尽可能考究，色彩应纯正，不易皱褶。服装应以舒适、方便为主，以适应一整天的工作强度。

（2）公务礼服

公务礼服是用于较为正式、隆重的会议中迎宾接待的服饰。公务礼服在服饰中的品位和格调方面具有代表性和典型性。公务礼服的优良品质是最为重要的；色彩应以黑色和贵族灰色为主色，忌用轻浮、流行的时尚色系；做工要精致得体，并应特别注意选配质地优良的鞋子。

（3）晚礼服

晚礼服是用于庆典、正式会议、晚会、宴会等礼仪活动的服饰。晚礼服既讲究面料的品质，又讲究细致的款式和做工的精美。女性晚礼服的特色、款式变化较多，需根据不同的场合和需求的风格而定。闪亮的服饰是晚礼服永恒的风采，但全身除首饰之外的亮点不得超过两个。晚礼服多以高贵优雅、雍容华贵为基本着装原则，西式的晚礼服多为开放型，强调美艳、性感、光彩夺目；中式传统晚礼服以中式旗袍为主，注重表现女性端庄、文雅、含蓄、秀美的姿态。

（4）休闲服

休闲服是为适应现代个性化的生活方式而产生的一类服饰，具有生活服饰和职业服饰的双重性。不少职业场所已在职业空间提供了较大的宽松条件，休闲服也成为一些轻松的职业场所适用的服饰。穿着舒适大方是休闲服的基本特点，成熟优雅是休闲服较高的着装层面。休闲服较多地体现了回归大自然的生活理念，从面料、款式上更好地与人体亲密接触，体现了服饰与人体之间更亲密、更坦诚、更自由、更从容的生命规律，是新时尚、新观念的服饰语言。休闲服多使用天然、优质的面料，色彩应亲切、柔和，易于吸汗，不需熨烫等复杂打理。休闲服要特别避免体臭和服装异味，其高度洁净所表现出来的品质和魅力，甚至会高于其他服饰。

2. 着装的要素

（1）色彩要素

色彩是构成服装的重要因素之一。服装色彩非常重要，因为它所占据的面积几乎覆盖了全身。服饰给人的第一感觉首先是色彩，色彩是整个服装的灵魂。每种色彩都有不同的特性，都有独特的色彩感情与个性表现。服饰色彩的情感表达是将不同的色彩进行组合搭配，表现出热情奔放、温馨浪漫、活泼俏丽、高贵典雅、稳重成熟、冷漠刚毅等。

通常的搭配技巧中，重要的是要根据个人的体形、身高、肤色、性格、爱好、季节、地域、场合等综合因素，合理选配。一般而言，黑、白、灰三色是配色中最安全的色彩，最易与其他色彩搭配取得良好的效果。一次着装最好不要超过三种色彩，过多的色彩集于一身会给人以杂乱无章的感觉。胖人适合于穿颜色较深、色彩反差较小的服装；瘦人则应选择颜色较浅、色彩鲜艳的服装；个子矮的人应选择上下一体色的套装；个子高的人则应选择上浅下深的衣服。

遇到特殊场合或特殊目的，选择服装颜色时更要谨慎。例如：面试应聘时，服装的颜色应选择淡雅、沉稳的，像黑色、深蓝色、深灰色等；日常中的约会、做客、便宴等应根据时间安排进行搭配，男士套装配色最适宜的是"米色套装配蓝色衬衫""蓝色套装配浅蓝色衬衫""浅灰色套装配深蓝色衬衫"。

（2）体形要素

人的身材有高矮、胖瘦之分，这些外在条件对于形成一个人的风度美虽不及内在条件重要，但也是很有影响的。我们知道，男性标准体形为"T"形，女性标准体形为"X"形。标准体形的人在选择服装方面有很大空间。不过有很多人体形上或多或少受到一些先天局限，有这样或那样的不完美，这就需要通过服装搭配加以弥补与修饰，使自己更具美感。所谓"人靠衣装马靠鞍"，正是此意。要想让自己的衣着更具美感，首先要先了解自己的体形特点，再选择适合的服装加以搭配，自然会达到理想效果。举例如下。

① "I"形体形。体形偏瘦，现在流行称呼为"骨感美人"。适宜选择衣领处有皱褶、腰袖略显宽松、配有饰边的衣服。

② "H"形体形。体形偏胖，没有什么腰身。适宜选择腰身合体、线条简洁的衣服，忌穿紧身衣。

③ 身高者。较好着装，但也要尽量避免选择穿着高腰、无腰、极短小的外套和背心。

④ 身矮者。适宜选择高腰、超短的外套和背心。靠近面部的衣服部位可配以饰物，以引开别人的视线，忌穿着过于宽松。

⑤ 脖长者。适宜选择高领衣服，尽量避免穿着各种过低型领上衣。

⑥ 脖短者。适宜选择"V"形领或"U"形领的衣服，忌穿高领上衣。

（3）肤色要素

中国人的肤色可分为白净、偏黑、偏红、偏黄和苍白等。选择与搭配服饰时也要注意考虑自己的肤色，服装的色彩要与自己的肤色相协调，才能以美感示人。

肤色白净者，适宜穿着各色服装，可选择的颜色范围较宽，不论穿浅色衣服还是深色衣服都较为适宜，穿浅色衣服显得柔和、素雅；穿深色服装则与白皙的皮肤形成对比，会使肤色显得更白净；特别是色彩鲜亮的服装，更易使穿者突显亭亭玉立的美感。肤色较黑者，一般不适宜穿黑色服装及素雅的冷色调和深暗色调的服装，如墨绿、绛紫、深棕、深蓝等色。因为穿着深色衣服，会显得黑粗、老相。肤色较黑者应选用色彩浓艳的亮色，如橙色、明黄色等，可衬托出黝黑肌肤富有的健美感，或选用海蓝、翠绿、玫红、米色等浅色调的服装，可增添明朗感。肤色偏黄者，不宜选择柠檬黄、白色、黑绿色、黑色及深灰色等，以避免脸色更焦黄，增加"病态"感，而应该选择红色、粉红、米色或棕色服装。

3. 着装原则

所谓着装原则，即目前国际上通用的 TPO 原则。TPO 是英语 Time、Place、Object 三个词首字母的缩写，T 代表时间、季节、时令、时代；P 代表地点、场合、职位；O 代表目的、对象。

（1）时间相符

时间包括每天早、中、晚三个时间段，也包括一年中四季的交替，还包括人生的不同年龄阶段。时间相符是指在选择服装时要考虑时间因素，做到"随时"穿衣。

工作时间的着装不能随便，不能贪图自由自在，要根据工作性质及特点来选择着装，以便于工作、庄重大方为原则。通常，不管是上午还是下午，都必须穿着与"此时此刻"相适合的服装，才能够体现出商务人士的敬业精神。

服饰还应当随着一年四季气候的变化随时更换，不宜标新立异、打破常规，特别是商务人员更要严格遵守时间原则：夏天以凉爽、轻快、简洁为着装格调，冬天则应以保暖、轻便为着装风格，春秋两季可选择余地相对要大一些。

（2）地点相宜

着装应与场合、环境相适应。员工的着装能体现出这个群体的工作作风和发展前景，所以越来越多的商业企业开始重视统一着装，这是很有积极意义的举措，不仅给着装者一份自豪，同时又多了一份自觉和约束。统一的服装也可成为商业企业的标志和象征。

普通场合：指在办公室或者一般商务活动时所处的场合。此时，应当选择符合场景规定的着装。遵循干练、干净、整洁、文明、大方的原则。

正式场合：指各类会议、庆典、仪式、宴请、谈判、外事等隆重庄严的活动的场合。此时着装应遵循庄重、严谨、高雅、得体的原则。目前多选择深色西服套装、中式旗袍、中式套裙或西服套裙等。少数民族人士还可选择本民族服装。

节庆场合：指欢度节日或纪念日，包括亲友聚会、舞会或游园会、参加婚礼、出席庆祝会场合等。此时的着装应当遵循鲜艳、明快、喜庆、时尚、洒脱的原则，但不可过于张扬。

（3）对象相称

我们在出席各种场合时，选择的服装还要与所要面对的对象、活动的目的协调一致。例如：国家领导人在接见他国领导人、高官或使节时会选择穿着深色西装套装；检阅三军仪仗队时则选择穿着军装；到地方上视察工作与群众见面时穿着的是简洁、自然的便装。

1.3 商务形象塑造的仪表要求

对商务人员来说，仪表非常重要。质于内而形于外，仪表是否端庄、大方体现了一个人的内在素养和品位风格。商务人员的仪表可谓是一种标志、一种宣传，更可视为是一种服务。商务人员的仪表应与企业、公司的要求一致，与自己所担当的社会角色一致，在国际商务往来中，还应与国家的要求一致，总体上要维护和改善商务人员在客户群及公众心目中的职业形象。

1.3.1 男士着装要点

男士在正式场合应当穿着西服套装（上下面料相同，颜色一致）。西装里面要搭配白衬衫，白衬衫是商务男士的必备服装。挑选一件得体的西服，应当注意以下四个关键点。

（1）背部。西装分为三种基本款式：上衣后背下摆中间开衩的比较现代的美式风格，贴身、不开衩的意大利式风格；腰部收紧、上衣下摆两侧开衩的比较经典的英式风格。

（2）纽扣。比较经典的西装款式，其袖扣是紧密排列的；比较现代的款式，其袖扣往往有部分重叠。每个袖扣之间有距离的西装请敬而远之，那是低劣品质的表现。袖扣有些是真扣、有些是假扣，主要起装饰作用，切勿轻易把袖扣解开。

西装按照纽扣风格分为单排扣和双排扣。其中单排扣的西服更为正式。单排扣西装常见的有两粒扣和三粒扣，这两种西装讲究"系上不系下"及最下面的一个纽扣都不扣。坐下时应将西服纽扣全部解开，站起时应将除最下面的一个纽扣的其他纽扣都扣上。双排扣西服无论何种情况下都必须系上所有纽扣。

（3）领型。东方人相对西方人来说脸会显得大一些，一般宽领型更适合东方男性的脸型。西装领上的扣眼纯粹是装饰用途。

（4）下摆。一粒扣的西装下摆有比较明显的圆弧，而两粒扣的西装则有较锐利的转角。对于正式的西装来说，穿在身上时下摆的长度应该位于从后背起到脚跟总长度的一半处。

西装的面料应当尽量选择羊毛质地的高档面料，以示庄重。西服袖口的商标应该拆除后再穿。

1. 领带用法

正式场合必须穿西服打领带，领带是西装配饰中"画龙点睛"之物，领带的面料最好选择真丝、桑波缎、采芝绫，其质地柔软，易于打结。领带的系法有平结、双环结、交叉结、双交叉结、温莎结、亚伯特王子结等。

领带的图案色彩可各取所好，但正式场合领带上的颜色最好不超出三种。领带要亲自打理，不可选择"一拉得"领带。领带打法有多种，一般要依据衬衫领型选择，通常遵循"大领配大结，小领配小结"的原则。领带打好后长度以其下端恰巧顶住皮带扣上方为最佳位置（如图2-2所示）。

图2-2 领带长度示意图

正式西装内通常不穿毛衣或毛背心，但可以穿西装背心，但此时领带应放在背心里面。如果使用领带夹，扣上西装扣子时领带夹不能露出。天热时可以拿掉领带、松开领口，但不应将松开的领带继续挂在脖子上。领带的花色应该庄重、保守，一般不选纯黑色、无花纹的领带。

2. 衬衫选取

搭配西装的衬衫应为正装衬衫。职场中的商务人员选择的衬衫应以单色为主，无任何图案为佳。衬衫的颜色与花色要与西装外套协调一致。穿深色西装时宜搭配浅色衬衫。当然，在商界中以白衬衫为最佳选择，白色衬衫在色彩搭配上适宜范围比较广，特别是在国际性的正式商务场合。穿着素色西装时可以搭配细纹或直条的衬衫，太花哨的衬衫不适合正式的商务场合。带有圆点或方格图案的衬衫给人以轻松、平易近人的感觉，适于轻松、舒适的氛围与环境。如果需要表现专业感与权威感，则还是选择单一色系、不带图案的衬衫为宜。如果西装上衣是带有格子或条纹图案的，则最好搭配素色衬衫。

衬衫在穿着过程中要特别注意以下四点。一是衬衫领围大小要合适，以能插入两指为宜，领口应平整、干净、挺括。穿上西装时，西服的领子应紧贴衬衫领，并且衬衫领应高于西装领1~2厘米，西服的领子不能直接接触皮肤，如图2-3所示。二是衣扣要扣好。穿西装所搭配衬衫的所有纽扣都必须系上，只有在穿西装而不打领带的情况下，才需要解开衬衫的领扣。三是袖长要适度。最美观得体的穿法是，曲肘时衬衣袖口应露出西装袖口外1~2厘米，如图2-4所示。四是下摆要放好。即无论是否有穿西装外衣，都要将衬衫下摆束在长裤里面。

图2-3 西服着装领口规范

图2-4 西服着装袖口规范

正确的脚部着装

错误的袜子

图2-5 男士商务着装脚部规范

正装西服应该搭配深色皮鞋，最好是黑色皮鞋，并搭配黑色或深蓝色袜子。特别要注意的是，不能穿白色袜子配黑色皮鞋，这是有些男士常犯的搭配错误。皮鞋以系带皮鞋最为正式。配西装的袜筒应当长及小腿中部并有较好的弹力，保证坐下时小腿皮肤不外露，如图 2-5 所示。袜子应选择纯棉或棉毛混纺透气性较好的质地，千万不能穿着女式丝袜。配西服的腰带以黑色的皮带为佳。

3. 必备物品

公司的徽标：公司的徽标需要随身携带，它准确的佩戴位置应是在男士西装左胸的上方。

钢笔：从事商务活动经常要使用钢笔，正确携带钢笔的位置应该是男士西装内侧的口袋里，不应该在男士西装的外侧口袋里，一般情况下尽量避免把它装在衬衫的口袋里面，这样容易把衬衫弄污。

名片夹：应该选择一个比较好的名片夹存放名片，这样可以保持名片的清洁整齐，避免直接把对方的名片放在口袋中，也可避免因无处存放而拿在手中不停地摆弄。

纸巾：男士在着装的时候，应该随身携带纸巾或者携带一块手绢，可以随时清洁自己面部的污垢，避免尴尬的场面出现。

公文包：在选择公文包的时候，它的式样、大小一般应该和男士整体的着装保持一致。男士的一些物品，像手机、笔记本、笔等都可以放在公文包中。

男士在穿着西装的时候，应该尽量避免口袋中携带很多的物品，这样会使衣服显得很臃肿，不适合商务场合。另外，在穿着西装时，身上的颜色不能超过三种；鞋子、腰带和公文包的颜色应该统一。

1.3.2 女士着装要点

在商务场合中，女士以穿着西服套裙最为正式。

1. 穿着要点

第一，选好款型。选择适合自己的套裙是第一步，也是非常重要的。女士套裙所选用的面料讲究匀称、平整、挺括、柔软等，不仅手感要好、质地要好，还要有弹性，不易起毛、起球、起皱。在色彩方面，套裙应以冷色调为主，至多不超过两种色彩。其图案的选取也宜少不宜多，宜简不宜繁。尺寸上以上衣不肥不瘦、不大不小、不绷不紧最为理想；裙子下摆恰好到穿着者的小腿肚最为丰满之处为最佳。

第二，穿着得法。凡是出席正式场合，商界女性必须将套裙上衣的衣扣全部扣好，不可当着他人的面随意脱下外套。套裙的上衣最短可以齐腰，裙长则不可短于膝盖以上 15 厘米。商界女性还要注意将着装、化妆与配饰的风格协调统一起来，兼顾举止言行，讲究站得稳、坐得端。以中跟深色船型皮鞋搭配套裙为宜，并配以肉色长筒或连裤丝袜。正式场合不宜穿凉鞋，袜口不可暴露在外。丝袜应选择无花纹的肉色丝袜，不能有脱丝、破洞和褶皱，最好在皮包中放置一双丝袜备用。

2. 衬衫选取

商界女性在出席正式商务场合时，也会穿着正装衬衫。衬衫面料应以轻而薄、柔而滑的质地为首选，如真丝、麻纱、罗布、府绸、涤棉等面料。色彩以单色为主，并有意识地将衬衫色与外套色搭配好，通常遵循"外简内繁，内简外繁"的搭配原则。

衬衫除了用于搭配西装外套之外，在一般工作场合也可穿着在外。项链、丝巾、腰链或腰巾的适当搭配，可以减少衬衫给人的拘谨与严肃感，更能显现穿衣品位。

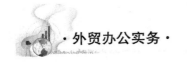

穿着衬衫时要注意以下几点：（1）衬衫一般不直接外穿。商界女性在出席正式的商务活动时，必须穿着西装套裙，搭配正装衬衫。此时，必须保证成套穿着，无论多忙、多累、多热，都不可以在他人面前脱下西装外套，直接将衬衫穿在外面。（2）衬衫下摆放入裙内。衬衫与西装裙搭配穿着时，其下摆不可露于裙外。那样既不美观、大方，还会让人感觉很邋遢，作风不够利落。（3）衬衫纽扣全部系好。这样才显示出严谨认真、传统而稳重。

3. 衬裙搭配

从礼节上而言，穿着套裙必须穿衬裙。尤其是在夏季，穿着浅色套裙时更应穿着衬裙。衬裙颜色以单色为主，还应与外裙色调一致。穿着衬裙时裙腰不可高出外裙裙腰，下摆不可长于外裙下摆。

4. 内衣穿着

商界女性在穿着内衣时要特别注意以下几点：（1）内衣不可不穿。商界女性无论在正式场合还是在一般工作场合，无论选择何种着装，都必须要穿着内衣，不穿内衣是不文雅的，也是对他人的不礼貌与不尊重。（2）内衣不可外露。内衣在穿着时，要注意不可外露。特别是炎炎夏日，女性在一般工作场合多选择半袖甚至无袖上衣，在忙乱之中，内衣肩带很有可能会滑落下来，因此，一定要加以注意，并提早做好防范。（3）内衣不可外透。商界女性在工作场合，不可穿着过于薄、露、透的上衣，使内衣透出来，这是失礼且不文雅的，会有损商界女性得体的形象。

5. 巧搭配饰

配饰是指人们佩戴的装饰物品。恰当的配饰不仅能提高服饰的档次，最重要的是满足人们的审美需求。公众场合佩戴的首饰应以简洁、精致、高雅为宜，不宜多戴，起到点缀作用即可。

（1）首饰与服装相协调

首饰必须同服装匹配协调才美。女性的服装随着四季气候的变化而变化。从款式上看，花哨的服装宜与淡雅的首饰相配；深沉单色的服装可配一些色彩明亮、尺寸稍大的首饰；若是服装上有许多装饰，那么首饰就应该简洁，以免互相冲突；编织毛衣款式可选择玛瑙、紫晶、虎石等原料做成的项链或皮革、木头、贝壳等串制的时装项链；穿着真丝衬衫或裙装时，一条简单的金项链已足够；穿运动服或工作服时不必戴项链和耳环，因为这些饰物不但不能衬托这类服装，反而显得不伦不类。

（2）首饰与环境的协调

首饰的佩戴必须考虑到季节与场合，以免与佩戴时的环境不和谐。例如，年轻女性春夏季可佩戴色彩鲜艳的工艺仿制品，像有机玻璃制成的串珠、别针等，体现夏日的浪漫与活泼；秋冬季可佩戴一些珍珠、宝石、金银等饰品，以显得典雅和清纯。女士平日上班佩戴的首饰宜选小巧精致、淡雅简朴的胸针、耳环、项链等，以不过于耀眼、不妨碍工作为宜；参加晚会或外出做客时，可佩戴大型的胸针、带宝石坠子的项链、带坠子的耳环等闪光的饰品，这样在灯光下会显得更漂亮。

（3）首饰与体貌的协调

选择首饰要与自己的年龄、体型、发式、脸型、职业等相吻合。脖子粗短者不宜带多串式项链，戴长项链显得脖子长一些。圆脸或戴眼镜的女士，要少戴大耳环和圆形耳环。年轻女性则应选择质地佳、颜色好、款式新潮的时装首饰。年龄较大的女士应戴一些较贵重的比较精致的首饰，以衬托自己的庄重高雅。

① 项链的选择与佩戴

项链从质地上分，有金、银、铜、玉、骨、珍珠、象牙等；按款式不同，有镶钻石、宝石的，有景泰蓝的，有链条式的，有带坠的，等等。

② 耳环的选择与佩戴

耳环形状可分为两大类：一类是纽扣式，另一类是悬垂式。耳环的花色多种多样，有花形、圆形、心形、梨形、三角形、方形等。每个人应根据自己的脸型选戴合适的耳环。脸型较大的女性不能用圆形的耳环；脸型小的女性宜用中等大小的耳环；圆脸型的女性宜戴长而下垂的多种形状的耳环，方脸型的人宜戴耳坠的耳环，以使脸形显得狭长些。佩戴的耳环还要与发型相协调，这样才能表现出良好的效果。

③ 戒指的选择与佩戴

戒指虽只是点缀手的饰物，但对人体整体形象的影响不容忽视。戒指的佩戴方法，不同民族因习惯不同而有所区别。在中国，习惯将戒指戴在左手上，因为左手较少用于劳作，戴上戒指不易碰坏。在西方国家，戒指很早就作为信物并演化出婚礼戒指。传说左手中指是爱情之脉直通心窝，戒指戴在上面可被心里流出的鲜血浇灌，从而使佩戴者永葆爱情的纯洁和忠贞不渝。戒指的佩戴形成了一套约定俗成的戴法，它是一种无声的语言，可以反映出佩戴者的择偶和婚姻状况。除大拇指外，双手各个手指都可以佩戴，不过戴在不同的手指上有不同的含义。戴在食指上，表示求婚；戴在中指上，表示处在热恋中；戴在无名指上，表示已经订婚或结婚；戴在小指上，表示独身、终身不嫁或不娶。

④ 手镯和手链的选择与佩戴

手镯和手链，一般只戴一种。手镯的佩戴应视手臂的形状而定。手臂较粗短的应选小细形的手镯；手臂细长的则可选宽粗的款式，或多戴几只小细形的手镯来加强效果。

戴手镯和手链很有讲究。手镯一般戴在右臂上，表明佩戴者是自由而不受约束的。如果在左臂或左右两臂同时佩戴，表明佩戴者已经结婚。手镯如能与耳环或项链同款式，则给人一种和谐美的感觉。此外，戴手镯时不应同时戴手表。

任务二 仪态礼仪

仪态，包括人的表情与举止，是静态表情和动态行为的统一。仪态是外界观察一个人内心世界的窗口，通过仪态可以透视出一个人的精神状态、心理活动、文化修养及审美情趣等。仪态美则指的是姿势、动作的美，是人体具有造型因素的静态美和动态美。培根说过："相貌的美高于色泽的美，而优雅合适的动作的美又高于相貌的美。"主要是因为姿态比相貌更能展现人的精神气质。举止仪态表现为基本的站、坐、行、蹲、卧等姿势及表情。

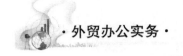

2.1 基本举止仪态

1. 站姿

站立是最基本的一种举止，正确健美的站姿会给人以挺拔笔直、舒展俊美、积极进取、充满自信之感。反之，站立时左歪右斜、挺腹屈腿则会给人以轻浮、不懂规矩、没有教养之感。标准的站姿应该是身体站直、收腹挺胸、头部摆正、两眼平视前方、微收下颌、双腿自然并拢、双脚稍稍分开。男女在站姿方面还略有不同。

男性站立时，一般应双脚平行，分开幅度不可超过肩宽，标准幅度为一脚长。双手应自然放于身体两侧，双脚不可随意乱动。如果站立时间过久，可以将左脚或右脚交替后撤一步，身体重心分落在另一只脚上，但交换不宜过于频繁。

女性站立时，双手自然下垂，叠放或相握于腹前，双腿并拢，不宜叉开。可将重心放置于某一脚上，双腿一直一斜呈"丁"字；或者将双脚脚跟并拢，脚尖分开，张开的脚尖大致相距10厘米，角度约为45度，成"V"字形。切忌叉腰、抱肩、靠墙等姿势；切忌用脚尖或脚跟点地，甚至发出声响。

2. 坐姿

符合礼仪规范的坐姿能展现出一个人积极热情、尊重他人的良好风范。入座时先要礼让尊长，不可抢在来宾、长辈、上级或女士前就座，抢座是失态的表现。无论从什么方向走向座位，通常都讲究"左进左出"。就座时，应转身背对座位，如距其较远，可将右脚向后移半步，等到腿部接触到座位边缘后，再轻轻坐下。穿着裙装的女性要特别注意，入座前先用双手拢平裙摆后再坐下。男士则应将西服扣解开。无论男女，坐下时应尽量不发出声音，即便调整坐姿也要悄无声息，这是一种尊重他人的良好教养。

坐定后的姿势最能展现一个人的职业修养，要特别注意：在正式场合或者有尊长在座时，不宜坐满整个座位，通常，只坐满椅子的三分之二即可。如坐在有扶手的沙发上时，男士可将手分别搭在两侧扶手上，而女士最好只搭一边，倚在扶手上，以示高雅；坐时上身挺直，头部放正，双眼平视前方或面对交谈对象。身体不宜靠在座位的背部，也不允许仰头靠在座位背上或是左顾右盼、低头注视地面。坐稳后，双手应掌心向下，叠放于大腿之上或是放在身前桌面上。侧坐时，双手应以叠放或相握的姿势放于身体侧向的那条大腿面上。起立时，右腿回收半步，用小腿的力量将身体支起，并保持上身的直立状态。

不良的坐姿包括：与人交谈时，双腿不停地抖动，甚至脚跟离开鞋跟晃动；坐姿与环境要求不符，入座后跷起"二郎腿"或前俯后仰；双腿搭在椅子、沙发、桌子上；叠腿呈"4"字形；坐下后双腿拉开成"八"字形或者将脚伸得很远。以上这些不规范的坐姿是不礼貌的，是缺乏教养的表现。

3. 走姿

标准的走姿应优美自然，表情放松，昂首挺胸，略收下颌，立腰收腹，两臂自然下垂，前后摆动，下肢举步应脚尖脚跟相接相送。具体来说，走路时要特别注意以下几点：一是步幅适中，直线前行。步子不要过大也不要过小，一般男士为70厘米左右，女士要略小些，着装不同，步幅也不同，如女士穿裙装、旗袍或高跟鞋时，更要注意放小步幅。二是双肩平稳，自然摆臂。走路过程中，肩与臂都不要过于僵硬，肩不要晃，两臂摆幅不要过大也不要过小，以 30 度为宜。三是全身协调，匀速行走。走路时速度要保持适中，不要忽快忽慢，要有一定的节奏。四是避免走路声响过大。

行走最忌内八字和外八字；不可弯腰驼背、摇头晃肩、扭腰摆臀；不可膝盖弯曲或重心交替不协调；不可走路时吸烟，双手插在裤兜；不可左顾右盼；不可无精打采，身体松垮。

4. 蹲姿

当我们需要从地上捡起东西时，不应弯腰捡拾，因为这样非常不雅。正确的做法是采用蹲姿，蹲姿的标准规范是：下蹲时两腿合力支撑身体，避免滑倒或摔倒，同时，腰背挺直，全身尽量放松。蹲姿有高低式蹲姿和交叉式蹲姿两种基本形式。

高低式蹲姿：下蹲时左脚在前，右脚在后。左小腿垂直于地面，全脚掌着地，大腿靠近。右脚跟提起，前脚掌着地。左膝高于右膝，臀部向下，上身稍向前倾。以左脚为支撑身体的主要支点。

交叉式蹲姿：下蹲时右脚在前，左脚在后。右小腿垂直于地面，全脚掌着地。左腿在后与右腿交叉重叠。左膝向后伸向右侧，左脚跟抬起，脚掌着地。两脚靠紧，合力支撑身体。

下蹲时还要特别注意不要面对或者背对他人下蹲，不要双腿平行下蹲。

2.2 体态语言

美国心理学家艾伯特通过实验把人的感情表达效果总结了一个公式：传递信息的总效果即感情的表达 =7% 的语言 +38% 的声音 +55% 的表情。这说明表情在人际感情沟通中占有相当重要的位置。商务人员的表情运用应讲究自然、亲切、和蔼、友善。在丰富的表情之中，眼神和微笑的运用则最具礼仪功能和表现力。

1. 眼神

"眼睛是心灵的窗户"，我们内心情感的传达主要靠眼神。商务人员在与人交往过程中使用的眼神总体上应当是友善、和蔼、宽容的。但在维护企业甚至国家的经济利益时，如谈判、签约时，眼神中还应适当融入精明强干、不卑不亢，以及充分的自信和果敢。

商务人员的眼神运用要特别注意两点：一是协调好注视时间；二是掌握好凝视区域。

协调好注视时间是指，商务人员在与他人交谈时，为使对方感到舒适，与对方目光相接触的时间要有度。若对对方表示友好，则注视对方的时间应占全部谈话时间的 1/3 左右；若对对方表示关注或者是表示兴趣时，则注视对方的时间应占全部谈话时间的约 2/3 左右；若注视对方的时间不到全部谈话时间的 1/3，则表示瞧不起对方或对对方没有兴趣；若注视对方的时间超过了全部谈话时间的 2/3 以上，则表示可能对对方抱有敌意或为了寻衅滋事。

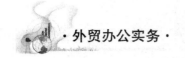

掌握好凝视区域是指商务人员在与他人交谈时，目光停落在对方身体的部位要有所区别和调整。通常应使自己的目光局限于上至对方的额头、下至对方衬衣的第二粒纽扣以上、左右以两肩为准的方框中。在这个方框中，分为三种注视方式：一是公务注视，一般用于洽谈、磋商等场合，注视的区域在对方的双眼与额头之间；二是社交注视，一般用于社交场合，注视的区域在对方的双眼到唇心之间；三是亲密注视，一般用于恋人、家人等亲密人员之间，注视的区域在对方的双眼到胸部之间。

当你被介绍与他人认识时，眼睛要友好地看着对方的脸部，不可上下打量；进入上级办公室时，要注意不要常将目光落在桌上的文件上；上台讲话时，要先用目光环顾一下四周，表示对所有与会者的尊重。社交场合最忌和别人眉来眼去或者用满不在乎的眼神，这是极不礼貌和缺乏修养的表现。

2. 微笑

微笑是一门学问，也是一门艺术。微笑是与人交往过程中最富吸引力、最令他人愉悦，也是最有价值的面部表情。微笑是友善、和蔼、融洽、真诚等美好感情的表现，它能沟通心灵，给人以平易近人之感，可以消除陌生人初次见面时的拘束感。微笑可以和我们的语言相互配合，甚至可以起到语言难以起到的作用。自信的微笑充满着无穷的力量；礼貌的微笑将会如同春风化雨般浸入人们的心田；真诚的微笑则表示对他人的尊重、理解与支持。

商务人员的一言一行能否深入人心，能否给初次见面者留下非常良好且深刻的第一印象，微笑的巧妙运用将起到至关重要的桥梁作用。所以，商务人员在工作过程中，不要吝啬自己的微笑，微笑不仅会带来好心情，还会有助于顺利打通各种复杂的人际关系，易于被他人接受，提高工作效率。

微笑的功能非常巨大，但要注意，微笑一定要恰到好处，发自内心、自然坦诚的微笑才是最美丽、最动人的。商务人员在任何场合都不可故作笑脸，要防止生硬、虚伪、笑不由衷；不要露出笑容后立刻收起。

3. 手势

手势是人们利用手来表示某种含义时所使用的姿势，是人们交际时不可缺少的体态语言。

手势的要求有：与人交谈时的手势不宜过多，动作不宜过大，更不可手舞足蹈；介绍某人或给对方指示方向时，应掌心向上，四指并拢，大拇指张开，以肘关节为轴，前臂自然上抬伸直。指示方向时上体应稍向前倾，面带微笑，自己的眼睛应看着目标方向并兼顾对方是否意会到，这种手势有诚恳、恭敬之意。在任何情况下都不可用拇指指自己的鼻尖或用手指指点他人，这含有妄自尊大和教训别人之意。谈到自己时，应用手掌轻按自己的左胸，显得端庄、大方、可信。同样的一种手势在不同的国家、地区有不同的含义，千万不可乱用而造成误解。

交际中应避免出现当众搔头皮、掏耳朵、抠鼻孔、抠眼屎、搓泥垢、修指甲、揉衣角、用手指在桌上乱画、玩手中的笔或其他工具等动作。

任务三 通信礼仪

在国际贸易中,买卖双方的接触大都是通过电话、传真、电子邮件来进行的,其中,电话这种通信工具已经成为人们在社会交往中使用最频繁、最重要的沟通渠道,也是人们工作、生活中必不可少的交流工具。

3.1 使用电话具体礼仪规范

1. 电话形象

在电话中,最初的印象主要是通过音质而不是所说的话来形成的。因此的人的意见更多的是在怎样通话和音质方面,而不是的人真正说了什么。外贸人员在工作时会经常使用电话,更要掌握电话使用礼仪及规范,维护好自己的"电话形象"。

"电话形象"是指人们在使用电话时留给通话对象以及其他在场的人的总体印象。一般认为,一个人的"电话形象"主要是由他在打电话时的态度、神情、动作、言语、内容及时间长短等方面构成的。"电话形象"体现了一个人的礼貌修养和为人处世的态度。

在电话里与人交谈时,声音的质量在第一印象中占70%,语言只占30%。许多人错误地认为,打电话时反正对方也看不到自己,举止、表情放松些没有多大关系。殊不知,电话另一端的人透过你的声音、语气是可以想象出你打电话时的形象的。因此,商务人员有责任使通话对象享受到清晰而亲切的声音,而不是刺耳、伤人的话语。即使只是通过电话沟通,商务人员也应让对方顺利地听清你所讲的内容,实现有效沟通。

商务人员在办公室里接打电话,要始终保持微笑,要经常使用各种礼貌用语,并且平心静气地与对方沟通、交流,要时刻让对方感觉到亲切友好。

2. 接电话礼仪

(1)及时接电话。电话铃一响,应尽快去接,最好不要让铃声超过三遍。

(2)自报家门。拿起电话应先自报家门,比如:"您好,这里是××公司××部门,我是××,请问您找哪位?"

(3)热情友好。接听电话者虽然是被动方,但也要注意说些"好""是"之类的话语相呼应,让对方感到你在认真听讲,一般不要轻易打断对方的说话。同时还要使用文明用语,要对对方礼貌、热情,态度应谦和、诚恳,语调要平和,音量要适中。询问时应注意在适当的时候,根据对方的反应委婉询问,不能用生硬的口气说话,如:"他不在""打错了""没这人""不知道"等。

(4)及时转述。如果对方找的不是你,那么你应礼貌地请对方"稍等"。找到听电话的人后,要对来接听电话的人扼要介绍一下来电人,以免来电人再次重复。如果找不到听电话的人,你应明确告诉对方他不在,同时提示对方是否需要提供帮助,如:"你是哪里

"你贵姓""需要我转告吗"等,特别重要的内容,如时间、地点、联系事宜、需要解决的问题等,还应重复一遍,以验证记录是否准确无误,之后还要注意及时转达相关电话内容,不可延误。

(5) 不得已中断。接电话时,如果中途有事,必须中断通话走开一下,一般时间不应超过30秒,而且应恳请对方谅解。

(6) 顺序接听。如正在通话时恰好又有电话打进来,一般原则是谁先来电话谁优先。如果不得不请先来者"持机稍候",其等候时间不宜太长,记下第二位来电话人的留言后应立即回来。如果真有必要中断正在进行的通话(例如董事长或总经理有急事找你),可先向通话人道歉,简短说明理由,并保证尽快回电。

(7) 在让人"持机稍候"时,为了表示礼貌,应先征询其意见。如:"您可以稍等一会儿吗?我要马上回个电话"。问完之后要等一下,待得到对方的肯定答复后再离开。再次拿起话筒时,还要先表示一番谢意和说声"对不起"。让人等候时,每隔一会儿就应该核实一下对方是否还在等着,并让对方知道你此时在干什么。比如:"那个电话像是快打完了,您是再等等,还是留个条?"要让对方有选择的余地才合乎礼仪,因为这表示对对方意愿的尊重。在不确定的情况下,不要说"我马上就回来",可以说"我接完那个电话马上再来"。若不能在短时间内再次接听电话,最好不要让对方久等,应另约时间通话。

(8) 礼貌挂断。通话完毕,应等对方挂机后再挂,不要对方话音未落,就挂断电话。挂电话声音不要太响,以免让人产生粗鲁无礼之感。

3. 打电话礼仪

(1) 选好时间。打电话给别人,首先要注意选择适当的时间。通常情况下,公务电话最好避开临近下班以及用餐时间,因为这些时间段打电话,对方往往急于下班或急于用餐,因而极有可能得不到满意的答复。公务电话应尽量打到对方单位,如果确实有必要往对方家里打时,应注意避开吃饭或睡觉时间。通常,最佳打电话时间为:上午9:00至12:00,下午2:00至5:00,晚上8:00至10:00。

(2) 自报家门。电话接通后,先通报自己的姓名、身份。如:"您好,我是××公司销售部的小王。"必要时,还要询问一下对方现在接听电话是否方便,在对方方便的情况下再开始交谈。

(3) 内容简洁。打电话内容要简明、扼要。特别是打重要电话或国际长途时,最好事先做好充分准备,把要找的人的姓名、要谈些什么内容归纳分类写在便条纸上,这样就不容易出现丢三落四的情况了。通话时要干脆利落,不要东拉西扯、没有重点,既浪费了时间,又给对方留下不良印象。

(4) 文明礼貌。通话过程中要讲文明、懂礼貌,态度要诚恳、热情,吐字要清晰,语气要亲切温和。通话时要精力集中,不可边吃边说,更不可一边打电话一边同旁人聊天或兼做其他工作,给对方以心不在焉的感觉。打错电话时,要主动向对方道歉,不可一言不发,挂断电话了事。无论哪方原因掉线,都应主动再打过去并说明原因,而不要等对方打来。通话完毕时要说"再见""打扰您了"等礼节性用语。除此以外,商务人员还要特别注意,绝不可将公家电话私用。

(5) 兼顾举止。电话要轻拿轻放,打电话时要坐端正或站立好,在公众场合和工作时间，商务人员不可坐在桌角上或椅背上，更不可趴着、仰着、斜靠或者双腿离地架于桌上。

（6）适时结束。通话时间长意味着滥用对方的善意。你以为对方正听得津津有味，也许他正恨不得早点儿放下电话。结束通话时，可以把刚才谈过的问题适当重复和总结。比如说："我将在星期五中午前告诉你最后结果。"最后应说几句客气话，如"很高兴和你交谈""谢谢你打来电话"，以显得热情。放话筒的动作要轻，因为这些声音对方能听到，否则对方会以为你在摔电话。话筒没放稳前，千万不可发牢骚、说怪话、对刚才的交谈妄加评论，以免被对方听到，伤害对方。

3.2 使用传真具体礼仪规范

1. 发送传真礼仪

传真机是远程通信方面的重要工具。它是利用光电效应，通过安装在普通电话网络上的传真机，快速地对外发送或接收文件、书信、资料、图表、照片的一种现代化通信联络方式。传真机的主要优点有：操作简便，发送迅速，不易失真，而且可以传递较为复杂的图文资料。因而，在现代外贸活动中使用较多，可部分取代邮递服务。发传真时应注意以下几点。

（1）传真机有自动接收和手动接收两种方式。手动方式需接听传真电话的人给你传真开始的信号，在听到嘀嘀的长音后再开始传真文档。自动方式不需对方人工操作，在拨通传真电话，听到几声正常电话回音之后，就会自动出现嘀嘀的长音，此后就可以开始传真文档。

（2）如有可能，在发传真之前，应先打电话通知对方。因为很多单位是大家共用一台传真机，不通知对方的话，传真的文件有可能会落在别人手上或被丢入垃圾箱。

（3）传真首页标明接收人。一般传真机发传真时要求把文字面向下，按顺序放好。一般应在第一页写明接收人姓名、电话号码以及所在部门的名称；如需要可写明发送人的姓名、传真号、电话号码及所在部门名称及传送文件页数；传真页码一般以 3-1、3-2、3-3 等方式标记，让接收者一看就知道传真总共有 3 页，如果其中某一页不清楚或未收到时，则可以请发送方将此页再传一次。

（4）未经事先得到许可，不应传送太长的文件或保密性强的材料。由于传真机所用纸张的质量一般不高，印出的字迹可能不太清楚，一般保存半年纸张就开始变黄，字迹变淡、变模糊，如需要较长久保存就需将传真件复印。如果接收人需要原件备案，诸如一些需要主管人员亲笔签字的材料，如合同等，则应在传真后将原件用商业信函的方式寄送。

（5）私人事情未经请示最好不要使用公司的传真机，因为传真纸、电费、碳粉、机器耗损等均是附加成本，没有任何公司会喜欢员工使用传真机办私人事情。

（6）公共传真机保密性不高，任何刚好经过传真机旁边的人都可以轻易看见传真纸上的内容，所以传真件不能确保完全保密，因此对于需要保密的文件，最好不用传真传达。

（7）书写传真件时，在语气和行文风格上应做到清楚、简洁且有礼貌。传真信件时必须用写信的礼仪，如称呼、签字、敬语等均不可缺少，尤其是信末签字不可忽略，这不仅

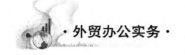

是礼貌问题，更重要的是只有签字才代表这封信函是发信者同意的。

2. 接收传真礼仪

接收传真分为自动接收和手动接收两种。自动接收是在传真机上设定的，按下"自动接收"按钮，"自动接收"按钮变红，传真机进入自动接收状态。手动接收是在拿起连接传真机的电话听筒和对方通电话时，知道对方要发传真过来，按要求给对方发同意接收传真信号，完成传真过程。

接收传真时要注意检查传真机上是否有传真纸，传真纸够不够；接到传真后显示连接状态就可以放回电话听筒；接到传真后要检查传真页是否清晰，页数是否连续，是否齐全，不清楚的也可以要求对方重新发一下；没标清页码的传真件要注意页码顺序；如果传真件上没有写清收件人，又不知道谁是收件人，就要问清楚谁是收件人。

3.3 使用电子邮件具体礼仪规范

电子邮件（E-mail），又叫电子信函或电子函件。它是利用互联网络向交往对象发出的一种电子信件。电子邮件有这样的优势：发送时间快，对于接收者来说快捷方便；缺点是缺乏机密性，不如纸介信件或备忘录正式，不适合传达某些特定类型的信息，当然也缺乏非言语的接触。随着互联网的发展，电子邮件日益普及。商务人员在使用电子邮件的时候，有一些必要的礼节规范是需要注意的。

1. 文字要谨慎

法律规定 E-mail 也可以作为法律证据，所以发 E-mail 时要小心，如果对公司不利的，千万不要写上，如报价等。发邮件时一定要慎重。

2. 语言要简洁

邮件中的主要内容不要太长，语言描述要简练，主题要突出，行文要流畅。最好注明主旨，以便让收信人一看便明确发信的要义。

3. 事先要杀毒

若以附件形式发送邮件，发邮件前应运用杀毒程序进行扫描，以防止将文件中的病毒也一并发给收信人。如果实在没有把握，也可将发送内容剪切至邮件正文中。对于来历不明的信件一定要谨慎处理，最好也先进行杀毒处理，以防万一。

4. 注意写编码

这是电子邮件特有的问题，也是联络能否成功的关键。我国内地与香港、澳门、台湾地区以及国外一些国家的中文编码各不相同，通信时会经常出现乱码。因此，我们向这些地区或国家的客户发送电子邮件时，要用英文注明自己使用的中文编码系统，以确保发信成功。

5. 及时做反馈

收到客户或他人的重要邮件时，一定要及时回复，告知对方信件已经收到，请对方放心。当然，我们在发邮件给别人时，如果需要对方尽快作出回应，则可在邮件中注明"请回复"类字样。

正确的网络礼节需要避免以下行为：全用大写字母输入；说别人的坏话；发送不道德的信息；发送垃圾邮件；发送负面信息；使用幽默和讽刺的话。

任务四　接待礼仪

接待礼仪，又称待客礼仪，指的是在来宾正式拜访时，主人给予来宾的亲切而热情的欢迎和接待中所涉及的礼仪规范。商务接待是外贸公司从事日常对外工作中最普遍的工作之一，因此，商务接待礼仪也成为商务人员在国际商务往来中最为常用的礼仪，它在整个商务沟通礼仪中占有举足轻重的地位。

通常，商务接待工作需要遵守三条最基本的原则：守约、守时、守信。

（1）守约。商务接待过程中首先要遵守的原则就是守约，具体表现为：遵守事先的计划，执行相互间的约定，使商务目的得以落实。无论遇到什么样的困难，都要尽量想办法克服并保证接待工作如约实施。

（2）守时。严守时间在整个商务接待过程中也是非常重要的。守时对双方都是有利的，如果有一方改变拜访或参会时间，会给对方造成工作上的不便，造成人力、物力、财力上的浪费。

（3）守信。守信与守约是一致的，但守信还包括更为广泛的内容。如在商务谈判、商务会见会谈过程中，必须要遵守已经达成的共识，求同存异，共同遵守承诺。经商之人最重商业信誉，一个没有诚信的商家在竞争激烈的商界中是站不稳脚的。

4.1　接待前的准备工作

为了展现商家良好的风范以及待客礼节，在迎接客户前要做好周详的接待计划以及充分的准备工作。

1. 了解对象

不论客户是主动来访还是接受本组织的邀请前来，负责接待的人员都应了解来访的目的、要求、会谈的内容、参观的项目、来访路线、交通工具、抵达和离开的具体时间，来宾的人数、姓名、性别、职务以及来宾的生活习惯、个人爱好、饮食禁忌等，可能的话，找到有关资料，以确定接待规格和日常安排。

2. 美化环境

从礼节角度来讲，从一个企业的会客室、接待室、休息室就可看出这个单位的品质，展示其内涵与风格，常常直接给来访客户留下难以磨灭的第一印象。平时注意室内卫生状况，会客室、接待室、休息室要经常打扫，保持清洁，经常通风，保持空气清新。

接待客户用的房间在装饰及布置陈设时要特别注意：室内摆放适当数量的桌椅是必要

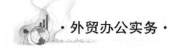

的,有时还可放置一些盆花或插花。将各类奖状、奖杯、奖旗等摆放于室内也是可行的,还可选择一些挂毯、壁画等装饰物布置房间。装饰房间的物品一定要少而精,不可挂过量的装饰物,那样会显得凌乱不堪。

接待来访客户大多会选择在室内,并安排在白天。室内的光线最好以自然光为主,不可过暗。最好选择南向房间,如担心阳光过强,可加设百叶窗或窗帘来调节。接待来访客户所用场所内部的温度最好控制在24摄氏度,最好选择带有空调设备的房间,这样方便调节室内温度。

3. 修饰仪表

所有参与商务接待的工作人员着装必须整洁、大方。接待人员的服饰仪容关系到个人的修养,同时更关系到企业的整体形象。整个接待过程中都要随时保持头发整洁、清爽,手部干净。可穿着公司统一的接待制服,或者男性着深色西装套装、女性着深色西服套裙。女性接待人员还应略施彩妆,以示对客户的尊重及对商务活动的重视。

4. 清点物品

接待客户所用房间内的设施一定不能有任何损坏,每一件陈设物品,特别是茶具、文具等都应保证完整无损、干净无尘。想象一下,递给客户一个杯边有缺口的茶具或者客户一打开杯盖看到茶杯里一圈黄色的茶垢,他会作何感想?

在客户到达前,一定要准备好各类资料与充足的茶点。检查是否带好了名片、工作证等证件;检查手机电池是否充足够用,防止关键时候没电联系不上;检查各类相关资料或合同书是否依客户人数准备齐全;待客用茶点最好选择清爽且容易入口的,水果要挑选新鲜的,清洗干净后再摆放好。

4.2 接待过程

1. 提前恭候,热情迎客

商务人员间的相互拜访大多是事先约好的,在无任何特殊情况的影响下,都应该如约而至。因此,主方接待人员必须严格守时,至少应提前15分钟到达约定地点。考虑客户的身份,必要时还应该提前在大门口恭候对方的到来。对于远道而来的客户,还应派专人前往车站、机场或码头迎接。接到客户后,应该说一声"您路上辛苦了"之类的话,然后立即自我介绍,如有名片更好。

普通的商务拜访中,当客户上门之际,主人应该起身迎接。即使恰巧手头正有工作要忙,也应立即放下手中的工作,对客户热情接待,不能有任何招呼不周、怠慢之举,更不能对客户区别对待。

2. 举止得体,言谈谦和

接待客户时,商务人员要特别注意自己的言行举止。行动要文雅,举止要大方,走路步幅要适中;就座时要轻起轻落;站立时要身姿挺拔,潇洒而稳重。

商务人员接待时要面带微笑,对前来的客户点头致意。主人与客户见面时,应主动伸手与其握手,并以言语表示对对方的欢迎,随即请客户就座。握手时要讲究顺序,握手时间不宜过长，握手有力却不过分。对于女士，握手时更要注意手的力度不宜过大，不能握住女士的手长时间不放，一般三到五秒为宜。

在接待来访客户时，还要特别注意语言谦和，应多使用礼貌用语。比如初次见面，应礼貌地问："请问您贵姓？来自哪家公司？"绝不能问"你从哪来的？叫什么名字？"对客户提出的一些要求应尽量给予满足，对于一时做不到的，要礼貌地说"对不起""非常抱歉"，并讲明理由。

3. 热情款待，服务周到

商务人员在接待来访客户时，无论对方是何种身份，都应一视同仁，热情款待。比如：让座给客户；有需要时帮助客户存取衣帽；为客户递上资料；上饮品时可事先征求一下客户的意见，因为有些客户喜欢喝不同口味的茶，有些客户可能喜欢喝咖啡。要尽量满足客户的需求，使其有"宾至如归"之感。同时，应提前把活动计划安排好，如果可能，客户一来，就应将日程表送到他手上，让他据此安排自己的私人活动。如果没有日程表，一般也要将活动日程安排简单地向客户作介绍；根据活动安排，客户还将与哪些人会面或合作，也应作简要介绍。

4. 稍作挽留，礼貌送客

通常情况下，来访客户不会停留过久，特别是商务性拜访，更讲究效率。但是，无论客户选择停留多长时间，离去的时间和要求都应由客户本人把握并提出。主人或其他接待人员绝不能抢先提出请客户早些离开的要求，即使流露出渴望客户离开的意愿也是很不礼貌的。

当客户提出告辞时，主人通常应对他稍加挽留。例如：热情地请对方"再坐一会儿"。如果对方执意要离开，主人应待客户先起身后自己再起身微笑相送，至少应将对方送至大门外，并且与之握手话别。握手时要注意应由客户先行伸手，否则将有急切地赶走对方之嫌疑。必要时，主人还应送客户上车，并目送其离去。

4.3 合理的称呼

商务交往，礼貌当先；与人交谈，称呼当先。使用称呼，应当谨慎，稍有差错，便贻笑他人。恰当地使用称呼，是商业交往顺利进行的第一步。称呼的基本规范是称谓要准确、妥当，表现尊敬、亲切、文雅，使双方心灵沟通，感情融洽，缩短彼此之间的距离。选择称呼要合乎常规，要照顾被称呼者的个人习惯，入乡随俗。在工作岗位上，人们彼此之间的称呼有其特殊性，要庄重、正式、规范。

1. 称呼的种类和用法

（1）职务称呼

以交往对象的职务相称，以示身份有别、敬意有加，即在社会（包括国家机关、社会企事业单位及社会团体、企业公司等）中的职务、职称、地位，如部长、局长、校长、主任、经理、董事、会长、秘书长、理事等，这是一种最常见的称呼。职务称呼有三种情况：称职务、在职务前加上姓氏、在职务前加上姓名（适用于极其正式的场合），如局长、

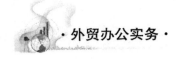

李司长、王晓东处长等。

（2）职称称呼

对于具有职称者，尤其是具有高级、中级职称者，在工作中直接以其职称相称。职称称呼也有三种情况：只称职称、在职称前加上姓氏、在职称前加上姓名（适用于十分正式的场合）。如李伟工程师、李教授、张工程师、刘医师，对工程师、总工程师还可称张工、刘总等。

（3）行业称呼

在工作中，有时可按行业进行称呼。对于从事某些特定行业的人，可直接称呼对方的职业，如医生、会计、律师等；也可以在职业前加上姓氏、姓名，如叶淑芳老师、赵大夫、刘会计等。

（4）性别称呼

对于从事商界、服务性行业的人，一般约定俗成地按性别的不同称呼"小姐""女士"或"先生"，"小姐"是称未婚女性，"女士"是称已婚女性，不过现在"小姐"的称呼有时会产生歧义，在称呼时要慎用或不用。

（5）您、你称呼

除了姓名称呼，还有用"您"和"你"称呼，"您"和"你"有不同的界限，"您"用来称呼长辈、上级和不熟识的人，以示尊重；而"你"用来称呼自家人、熟人、朋友、平辈、晚辈和儿童，表示亲切、友好和随意。

2．国际称谓一般规则

根据我国惯例，在国际交往中，对世界上多数国家的男子称"先生"，对已婚女子称"夫人"、未婚女子称"小姐"或统称为"女士"。这些称呼前面可以加上姓名、职称等。对地位较高的官方人士，按国家习惯可称"阁下"或以职衔加先生相称。如曼丽小姐、维尔逊夫人。对医生、教授、法官、律师及博士等，可单独称之，同时可加上姓氏。

各国人姓名的组成顺序不同。英美人是名在前，姓在后；妇女在婚前一般用自己的姓名，婚后一般是自己的名加丈夫的姓。书写时，名字可缩写为一个字头，而姓不能缩写。西班牙人的姓的倒数第二节为父姓，最后一节为母姓；葡萄牙人的姓正相反，其倒数第二节是母姓，最后为父姓，简称时一般为个人名加父姓。

与法国人的交往中，称呼对方时直称其姓，并冠以"先生""小姐""夫人"等尊称。唯有区别同姓之人时，方可姓与名兼称。熟人、同事之间才直呼其名。德国人在交谈中很讲究礼貌，他们比较看重身份，特别是看重法官、律师、医生、博士、教授一类有社会地位的头衔，而一般情况下，多以"先生""小姐""夫人"等称呼相称，德国人没有称呼"阁下"的习惯。

4.4　合理的问候

1．语言问候

问候语应根据不同场合、不同对象而灵活使用，总的原则是越简单越好。问候的基本规矩是先问候尊者,一般男性先向女性问候,年轻人应先向年老者问候,下级应先向上级问候。问候语有很多,但随着社会的发展进步,人们越来越喜欢用"你好"来表达见面时的喜悦和礼貌。

2. 动作问候

动作有点头、微笑、握手、拥抱、吻礼、鞠躬等。与外国人见面时,视对象、场合的不同,礼节也不同。对日本人等一些东方国家来说,鞠躬是最常见的。欧洲人一般则更喜欢拥抱的礼节,有时还伴以贴面和亲吻。在商务活动中,一般不行此礼。德国人握手很正式,同时伴有几乎感觉不到的鞠躬。对于英国人,最好不要有身体接触。对于意大利人,握手很重要,在业务活动中表示很正式的尊敬。对于拉美人,握手和拥抱很频繁。而阿拉伯和伊斯兰国家,在社交场合中握手后还要在对方脸颊上亲吻,对方要同样回敬。印度人双手合拢放在胸前表示欢迎客人。

3. 问候中的礼貌用语

商务人员在社交问候中应多用、善用礼貌语言,它是尊重人与尊重自己的手段,是展示个人风度与魅力的一次机会。一般来说,主要的问候语有"早上好""下午好""晚上好""你好"等;其他问候语还有"请多关照""拜托了"等拜托语言;"您辛苦了""受累了"等慰问语;"真难为你了""让你受苦了"等同情语;初次见面说"久仰",好久不见说"久违"。

4.5 合理的位次安排

在接待客户并安排他们在接待室或会客室就座时,接待人员须按照一定的礼仪规范安排好每一个人的座次。座次安排得是否妥当是一个很关键的问题,若安排不当,会让在场的人非常敏感,甚至产生误解。

依据接待礼仪的规范,商务人员为来访客户排列具体座位时,可依据以下几种原则。

1. 以右为尊

国际通用礼仪原则之一即:以右为尊,为上,为大。这条原则同样适用于接待礼仪之中。例如在商务谈判中,通常以进门方向为准,以右为尊,以左为卑,即客户居右而坐,主方居左而坐。具体到个人,双方主谈人居中而坐,其他随行人员依据身份高低,以右为尊,由近及远就座于己方主谈人的一侧。

2. 面门为尊

有些时候,宾主双方也会选择面对面而坐,比如正式的商务会见、会谈中,宾主双方均会面对面而坐。这种情况下,通常讲究面门为尊,即以面对正门方向的座位为上座,这一座位应请客方来坐,而主方应背对门而坐。

3. 自由择位

当接待同时来自不同企业、公司及不同部门、不同职务的多方来访者时,如果没有任何特殊要求,可以不必安排具体的座次,而由来访客户自由择位。例如:常见的商务会

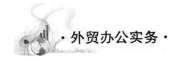

议、展会等，这样既不会让来访客户有厚此薄彼的感觉，也不会让他们过于拘谨。当他们自由选择座位时，主人则可主随客意，顺其自然，不可强行要求客户更换座位或者指定客户坐在何处。

任务五　办公室礼仪

5.1　人际交往礼仪

在自己的工作环境里，建立融洽的人际关系，同事间彼此相互尊重、和睦相处，无疑对自己的生存和发展有着极大的帮助，而且一个愉快的工作氛围，也可以使我们忘记工作的单调和疲倦，缓解工作压力，使我们对生活能有一个美好的心态。遗憾的是，在我们身边，常常听到不少人抱怨办公室里的人际关系过于复杂，并为此而感到烦恼。其实，只要我们为人正直、真诚、坦率，用我们的心努力去沟通、去经营，做个受人欢迎的同事并不是很难的事情。

5.1.1　和上级相处的礼仪

在办公室里与上级主管相处，最重要的就是一定要"尊重上级"，此外还要记住"体谅上级"。学会与上级相处的艺术，懂得与上级相处的礼仪，并把它们作为在工作中遵守的一种日常规范，有利于商务人员的不断进取。

1. 和上级相处的礼仪

遇到上级时，应注意修整一下自己的衣冠，有章证者应佩戴好，以示尊重。在公众场合遇见上级，不需要表示出特别热情，礼貌地道声"您好"就可以了。特别不要说个没完。途中碰到上级，不要佯装看不见而避开。不要在公司电梯里或当办公室有第三者时与上级谈家常，特别是上级的家事，偶尔发现上级的隐私时，应装作没看见、看不清楚或看不懂，不要触及上级隐私，更不要再次提起或在同事间传播。

无论在公司内或公司外，只要上级在场，离开的时候一定要跟上级告别说"对不起，我先走一步了"或者说"再见"。如果上级受邀并参加了你举办的派对或活动，一定要当面致谢，并应再送个小纪念品以示谢意。进上级办公室时应敲门，报上名字，并在门外等待一会儿再进去，可让上级有所准备。迟到、早退与请假都应该自己写假条或打电话向上级本人报告，不要请家人或同事传话。与上级一起出差，最好不要订同一间客房；上级入房间后，宾馆客房成为上级暂时的私人空间，如果要找上级谈工作，必须事先打电话联系，不要贸然去敲门。

要理解上级的命令和要求的意图，切莫机械行事。出了错不要找借口，更不能说"是您叫我这样做的呀"，等等。上级说话时不要插嘴，更不要在被批评的时候插嘴。要学会自我检讨，不能推卸责任。

2. 与女上级相处的礼仪

在与女上级相处时，我们要注意特定的一些礼仪习惯，主要体现在以下四点。

（1）穿着要与上级体现区别。女性下属不要穿得像上级的"孪生姐妹"一样。对年轻的女下属来说，穿得像女上级一样雍容华贵，是对上级成就感的一种微妙侵犯。

（2）适度关心上级，但注意不要侵犯她的隐私。当女上级生病时，记着给她打电话表示问候。无论是男下属还是女下属，都不宜突然登门造访，否则可能会让上级感到受到侵犯，对你产生反感。

（3）记得微笑面对上级。在电梯这些地方碰到女上级时也要对她露出微笑。与男上级相比，女上级可能更关注你与他人融洽相处的能力，而不是你单枪匹马的业绩。

（4）公私分明。最好不要跟女上级交流柴米油盐的心得。人的精力有限，跟她谈持家心得，会引起她的警觉。

3. 和非直属上级相处的礼仪

同非直属上级相处时，我们除了要在言行举止上注意自己的礼仪规范，还要注意非直属上级给予我们的委托和指示。主要应注意以下事项。

（1）在接到非直属上级的委托时，我们首先要征得直属上级的同意。也就是说，其他单位上司的指示、委托均须通过直属上级，由直属上级直接下达命令。

（2）如果是非直属上级给予指示和指导，一定要表达谢意，并告知直属上级。

（3）如果遇到紧急情况，我们可以先将非直属上级给予的事情处理完毕，然后再向直属上级汇报。

4. 和上级相处的禁忌

（1）不要比上级穿得更好。不要试图用你自己的现身说法去影响上级的品位。

（2）捐钱不要超过你的上级。在一些社会活动中，如政府、工会号召向灾区捐钱、捐物，如果你的上级捐了 100 元，你最多捐 85 元。

（3）不要露骨地奉承上级，也不要在背后议论上级的是非。你背后说上级的那些话会很快传到上级的耳朵里，甚至比你说的那些还要难听几十倍。

（4）不要在办公室到处施展你的超人口才。也许你想给上级留下一个深刻的演说家的形象，但遗憾的是，几乎所有的上级都讨厌看见下属喋喋不休。惜言如金是我们应该恪守的最基本的职业素养之一，用最短的句子把自己的观点非常职业地表达出来。

（5）在上级讲话时，别随便打断。

5.1.2 和同事相处的礼仪

同事是与自己一起工作的人，与同事相处得如何，直接关系到自己的工作、事业的进步与发展。如果同事之间关系融洽、和谐，人们就会感到心情愉快，有利于工作的顺利进行，从而促进事业的发展；反之，如果同事关系紧张，经常发生摩擦，就会影响正常的工作和生活，并且阻碍事业的正常发展。

1. 与同事相处的礼仪

处理好同事关系，在礼仪方面应注意以下几点：同事之间要相互尊重；同事之间的物

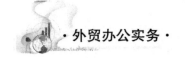

质来往要一清二楚，尤其是金钱上的来往；同事之间要相互关心和帮助，以增强同事之间的感情；切莫在背后议论同事的隐私；对自己的失误或同事间的误会应主动道歉说明。

同事之间相处的禁忌有：不要在公司范围内谈论私生活，无论是在办公室、洗手间还是走廊；不要在同事面前表现出和上司超越一般上下级的关系，尤其不要炫耀和上司及其家人的私交；即使是私下里，也不要随便对同事谈论自己的过去和隐秘思想；如果和同事已经成了好朋友，不要常在大家面前和他（她）亲密接触，尤其是涉及工作的问题要公正，有独立的见解，不拉帮结派；对付特别喜欢打听别人隐私的同事要"有礼有节"，不想说的可以礼貌坚决地说"不"，对有伤名誉的传言一定要表现出坚决反对的态度，同时注意言语还要有风度；不以自我为中心（基本上职场是讲求团队行动），不说闲话或谣言，建立良好、默契的团体氛围；不互相诉苦抱怨（"物以类聚"或是"同病相怜"都是非建设性的表现）；勿忘彼此是在工作场合，要信守承诺（而不是交酒肉朋友）；再亲的朋友也要遵守礼仪；不做金钱上的交往（这是破坏人际关系的元凶）。

2. 与办公室异性相处的礼仪

办公室中，要注意把握自己和异性同事交往时的分寸。如果你们是要好的同事，当然可以多交流，但最好不要把自己的私生活带入其中。即使是极为默契的异性同事，也只应当在工作上更好地配合，互相帮助，在办公室这样的公众场合，不要表现出亲密无间。

女士的礼仪修养应注意以下几点。

第一，女士要庄重、沉稳，切不可轻浮、随便。不管与什么样的男士交往，这一点是绝对需要的。有些女性见到男士后，说起话来滔滔不绝、手舞足蹈、眉飞色舞，不论是出于什么目的，都是不可取的。

第二，女士与男士交往分寸感要强。这里所说的分寸感就是指要掌握一定的度，以合适为好，不要太热情，也不要太冷淡。即使是熟悉的人或者关系亲密的人，在公共场合交往时，也不要表现出亲密无间的样子，更不要给别人以亲昵的感觉，以免给别人造成错觉，留下难以挽回的不良印象。

第三，女士得到男士的照顾是很自然的事情，但是一定要明察秋毫，弄明白男士是出于礼仪还是有其他什么用意，然后根据具体情况恰当处理。

第四，女士要自尊自爱、光明正大、自强不息，工作中不要挑肥拣瘦，随便把重活推给男士，使男士产生反感。女士也不要轻易给男士增添麻烦或造成额外的负担，也不要随便接受男士的邀请或约会。一般不要随便与男士一起进餐，更不要让男士掏钱请客，谨防出现不良后果。

男士的礼仪修养应注意以下几点。

第一，男士一定要正直、正派，使人感到你是一位一身充满正气的人。与女士交往要自然、大方，如果是照顾女士就必须从礼仪出发。当然具体做法还要根据当时当地的客观情况恰当处理。国内和国外礼仪要求不同，因此，在原则上，要把国际上通行的礼仪要求和中华民族的文化传统、风俗习惯结合起来。例如，进出门，要把女士让在前面，上下车为女士打开车门，在使用体力的情况下把轻活让给女士等。

第二，男士要把信誉放在第一位。男士要说话算数、办事负责、工作认真，与女士交往要谦虚、和气、有礼貌、有责任感，这样就会取得女士的信任。

第三，大度是男士最突出、最重要的特征之一。如果男士能从大处着眼、目光远大、胸怀大志、宽厚待人，这样就能赢得周围人们的好感，更会获得女性的赞赏和亲近。

第四，男士要刚柔并济。男士应根据具体情况和环境，大事清楚、小事糊涂，尤其与女性交往和接触，必须善于体察实际情况和需要，要以礼相待，给予必要的关心、照顾。

5.2 办公设施使用礼仪

掌握职场中使用办公设施时需要注意的礼仪：包括在洗手间和电梯里如何与他人相处、如何恰当地使用电脑与办公桌，以及在办公室就餐应注意的要点。

5.2.1 洗手间的使用礼仪

洗手间是我们日常必不可少的地方。使用公共场所的洗手间必须注意遵守以下礼仪，以免影响下一位使用者。

1. 排队

不论是男士还是女士，在洗手间均被占用的情况下，后来者必须排队使用。排队的方法是在整排的洗手间最靠外处按先来后到的次序排成一排，一旦其中某一间空出来时，排在第一位的人自然拥有优先使用权。

在飞机、轮船、游览车、火车等交通工具上，洗手间不分男女。因此男女一起排队是很正常的，此时也不必讲究"女士优先"了。

2. 遇到同事

在洗手间遇到同事时不要刻意回避，但千万不要装作没看见把头低下，给人不爱理人的印象。不要在洗手间聊天，这样会影响工作。不要与上司在同一时间上洗手间，特别是洗手间较小的情况下。有的洗手间采用封闭的门扉，进去时要先敲门，如果确定没人再进；如果你在里面，当有人敲门时，应回答："我在里面。"

洗手间最忌讳肮脏，所以在使用时应尽量小心，保持洗手间的清洁。

3. 使用毛巾、纸巾和烘手机

在国外，大部分厕所都配有烘手机、毛巾和擦手纸巾，这是专为使用者洗手后准备的。在中国，很多公共厕所都没有这些装备。有的地方尽管有，可是不少人也对此视而不见。千万不要洗手后一边走路一边甩动双手，这样会把地板弄湿。不但使地板很容易变脏，而且也会使其他人摔倒。

5.2.2 电梯的使用礼仪

电梯间虽小，但是里面的学问不浅，电梯间的礼仪，能看出人的道德与教养。

1. 遵循的原则

陪同他人乘坐电梯，若无人操作，陪同者应先进后出，以便操纵电梯；若有人操作，陪同者应后进先出。

2. 乘电梯时的礼仪

（1）操作。乘无人值守的电梯时，按键操作是晚辈或下属应做的事情。

(2) 等候。面向电梯、右侧等候。留出左边给从电梯里出来的人，以不妨碍电梯内的人出来为宜。

(3) 进出顺序。等电梯里的乘客走出之后再按先后顺序走进电梯；伴随客人或长辈进入无人值守的电梯时，则先行进入，并操作电梯，礼貌地请客人或长辈进入电梯。一只手按开门按钮，另一只手按住电梯侧门，客人进入电梯后，按下客人要去的楼层按钮。电梯行进中若有其他人员进入，可主动询问要去几楼，然后帮忙按下楼层按钮。电梯内尽可能侧身面对客人，不用寒暄。到达目的楼层后，应一只手按住开门按钮，另一只手做出请出的动作，可说："到了，您先请！"客人走出电梯后，自己立刻走出电梯，并热诚地引导行进的方向。有人值守时，则让客人或尊长者先进入电梯。在自己的目的地楼层快到时，应尽早等候在电梯门旁。不应等电梯门打开后，才匆匆忙忙出来。

(4) 需注意的其他礼仪细节。进出电梯后不要站在近门处；在电梯间要保持安静不要大声说话；要保持清洁卫生，不在电梯内吸烟；电梯每次载客量是有限的，当满员铃响的时候，最后走进的一位要自觉退出电梯。如果最后进入的人比较年长，年轻人应主动退出电梯让年长者先行。

5.2.3 会议室的使用礼仪

1. 保持会议室的环境清洁卫生

使用会议室后，桌面或地下如有污损或脏乱，离开时要随手用抹布或吸尘器进行清理，以保持会议室的清洁。使用后的饮料瓶、纸杯和废纸等废品要放进垃圾桶，个人物品在离开时要带走，勿留在会议室内。不要把易污染环境的物品带进会议室；下雨天使用的雨伞，请放置于室外走廊处；禁止在会议室内吸烟、吃零食、随地吐痰、乱扔纸屑和烟头。

2. 爱惜会议室的设施设备

使用会议室时，要按规程操作有关仪器设备，最好由专人负责；要爱护桌椅。使用后，要把有关设施设备和桌椅复原复位；如有损坏，要立刻报修；使用完毕，要关机器、电源和门窗。

3. 保持会议室的安静

不要在会议室内大声喧哗，进出会议室时要放轻脚步，降低说话声音。

5.2.4 办公区域的使用礼仪

人们在工作过程中，如果情绪是积极的、稳定的，就会很快进入工作状态，不仅工作效率高，而且工作质量好。相反，如果情绪低落，就会降低工作效率，影响工作质量。办公区域环境若能保持干净、整洁、舒适，就会使员工产生积极的情绪，就会充满活力与干劲，工作业绩自然会有所提升。

办公场所最先修饰的应该是办公桌。办公桌是办公的集中点，是进入办公室办理公务的人员注意力最集中的地方，是个人在办公场所的名片。办公桌摆放好了，办公环境就确立了一半。因此，我们一定要注意办公桌的摆放规范。

缺乏组织能力会为业务带来时间和经济上的损失，办公桌摆放、整理得不合理也会带来同样的损失。不要小看一张小小的办公桌，它是直接展现在别人面前的职业形象。上司如果看到你的办公桌乱得像垃圾堆，就有可能给你的管理能力扣分，从而影响你的晋升。

要根据工作流程和文件周转程序，对档案柜和办公桌的位置作妥善安排。要把最为常用的设备，如电话、日用品应放在方便拿取的地方。办公室的照明应当均匀地分布，避免强烈的阳光和阴影，但是光线要足够照亮整个桌子。办公桌要向阳摆放，让光线从左方射入，以合乎用眼卫生。

办公桌上不能摆放太多的东西，桌上的东西要分门别类，并根据使用频率分类摆放。例如，紧急的文件可以用红色文件夹收藏，常用的文件可以用黄色文件夹收藏，然后用标签标好，进行专业的归类。

桌子上只摆放当天或当时处理的公文，其他书籍、报纸不能放在桌上，应归入书架或报架；物品摆放位置要体现顺手、方便、整洁、美观，有利于提高工作效率；文具要放在桌面上；为方便使用，可准备多种笔具：自来水笔、圆珠笔、铅笔等，笔应放进笔筒而不是零散地放在桌上。

人离开办公室时（在办公楼内），工作椅可以原位放置；人若离开办公室短时外出，工作椅要半推进；人离开办公室超过四小时或下班，工作椅应完全推进。

文件资料的摆放要合理、整齐、美观；文件柜内应保持清洁整齐，随时进行清理、整顿。

5.2.5 办公电脑的使用礼仪

电脑是我们工作的重要工具之一，使用电脑，不只是开机、关机、上网那么简单，电脑礼仪也体现着一个人的素质和教养。

1. 办公电脑的清洁

虽然是公司的电脑，但也要倍加爱护，平时要擦拭得干干净净。擦拭显示屏时，应注意不要损坏屏幕。

2. 办公电脑的保养

办公电脑的保养应注意：避免大力敲击回车键盘；避免在键盘上面吃零食、喝饮料；切勿将光碟总是放在光驱里；尽量不要关机后马上重启；避免开着机箱盖运行；防止用手摸屏幕；不要拿电脑主机来垫脚。

3. 办公电脑的使用

学会正确使用办公电脑，如果不会使用可在别人方便时请其帮忙。应注意保养电脑，每次使用之前，若有时间，可将电脑杀毒，保持一个安全的使用环境。注意文件的保密，不要偷看别人的文件，也不要占用他人的存储空间或U盘。不要利用办公电脑在工作期间玩电脑游戏，不要登录色情网站。电脑桌面应经常清理，最好不要放置太多图标。

5.2.6 复印机的使用礼仪

复印机是单位里使用频率较高的办公设备，容易与同事在使用时间上发生冲突。要遵循先来后到的原则，但是如果后来的人印的数量比较少，可让其先印。当先来的人已花费了不少时间做准备工作，那后来者可以等一会儿再来使用。

·外贸办公实务·

不要使用办公室的设备复印私人的资料。

如果碰到需要更换碳粉或处理卡纸等问题,不知道怎样处理时可以请别人来帮忙,不要悄悄走掉,把问题留给下一位同事,让人觉得你不为别人着想,遇到困难和责任不敢承担。

使用完毕后,不要忘记将原件拿走,否则容易丢失原稿或走漏信息,给工作带来不便。使用完毕,要将复印机设定在节能待机状态。

知识训练

一、判断题

1. 圆形脸宜戴项圈或由圆珠串成的大项链，过多的圆线条更能增强脸蛋圆圆的印象。（ ）
2. 郑总要去与德国客户签约，穿了一件白色夹克，配上牛仔裤，显得年轻时尚。（ ）
3. 一位客户在餐厅用餐，发现菜里面有一根头发，便叫来领班。领班微笑着向她道歉，微笑着处理整件事情。（ ）
4. 办公室的电话响起，B男拿起电话："喂！找谁？"（ ）
5. 上班时间，在办公室里，A女感到没事可干，就顺手拿出化妆品，对着镜子化起妆来。（ ）
6. 王经理把自己的名片递给小何，小何双手接过，认真读一遍，然后道："王经理，很高兴认识您！"（ ）
7. 某公司销售部经理A与公关部经理B遇到另一位公司的经理C，A与C相识，于是热情交谈，5分钟后C离开，A对B说，刚才那个人是某公司的经理C。（ ）
8. 迎接远道而来的客户，应该到机场、码头、车站去接，而且要准时。（ ）
9. 引导客户乘坐电梯时，电梯里面没有专门开电梯的人，接待人员应先进入电梯，等客户进入后关闭电梯门，到达时，接待人员按"开"的按钮，让客户先走出电梯。（ ）
10. 在商务场合中，女士以西服套裙的穿着最为正式，但是，在夏天，考虑到天气热，可以配凉鞋穿。（ ）

二、单选题

1. 男士穿西装只能配下列哪种鞋子？（ ）
A. 布鞋　　　　　B. 便鞋　　　　　C. 旅游鞋　　　　　D. 皮鞋
2. 穿着西装时，纽扣的扣法很有讲究，穿（ ）西服，不管在什么场合，一般都要将扣子全部扣上，否则就会被认为轻浮不稳重。
A. 双排扣　　　　B. 两粒扣　　　　C. 三粒扣　　　　　D. 单排扣
3. 下蹲时要避免哪些动作？（ ）
A. 臀部向后撅起　　　　　　　　　B. 双腿叉开
C. 双腿展开，平衡下蹲　　　　　　D. 臀部向下，蹲下膝盖
4. 办公室的电话铃声响了五声，你是商务办公人员，接起电话后，你应该说（ ）
A. 喂！

B. 喂！您好！

C. 您好！吉利公司销售二科，请讲！

D. 您好！让您久等了！吉利公司销售二科，请讲！

5. 你的客户所在公司上午营业的时间为 8 点到 12 点，你应该在（　　）打电话。

A. 8 点整　　　　　B. 9—12 点之间　　　C. 快到 12 点时　　　D. 刚到 12 点

三、多选题

1. 国际商务礼仪的原则包括（　　）。

A. 尊重原则　　　B. 遵守原则　　　C. 自律原则　　　D. 适度原则

2. 西方人崇尚个性独立，忌讳别人询问他的（　　）问题。

A. 年龄　　　　　B. 健康　　　　　C. 收入　　　　　D. 婚姻

3. 与人交往时，不恰当的方式有（　　）。

A. 跷起二郎腿　　　　　　　　　B. 斜视对方

C. 头部仰靠在椅子背上　　　　　D. 以食指点指对方

4. 与人握手时应注意哪些礼仪？（　　）

A. 注意先后顺序，通常是"尊者在先"　B. 应目视对方双眼，面带笑容

C. 时间一般以 3—5 秒为宜　　　　　　D. 握手时可以戴手套和墨镜

5. 办公环境包括（　　）。

A. 办公桌　　　　B. 文件柜　　　　C. 办公设备　　　D. 字帖或字画

四、讨论分析题

1. 李江的口头表达能力不错，人既朴实又勤快，在业务人员中学历又高，领导对他抱有很大的期望。可是他做了销售代表半年多了，业绩总是没有得到提升。到底问题出在哪儿？原来，他是一个不修边幅的人，喜欢留着长指甲，指甲里经常藏着很多"东西"。脖子上的白衣领常常有一圈黑色的痕迹。他喜欢吃大葱、大蒜之类的刺激性的食物。

请从礼仪的角度分析小李业绩为什么上不去的原因。

2. 国内一家效益很好的外贸公司经理叶明，经过多方努力终于使一家德国企业同意与本公司合作，谈判时为了给对方留下精明强干、时尚新潮的好印象，叶明上身穿了一件T恤衫，下身穿一条牛仔裤，脚穿一双旅游鞋，当天他精神抖擞、兴高采烈地带着秘书出现在对方面前时，对方瞪着不解的眼睛看着他，上下打量了半天，非常不满意，此项合作没有成功。

试分析叶明为什么没能使此项合作成功。

3. 某外贸公司采购部经理有事外出，由秘书张某代接电话。正好此时经理办公室电话响了，张某拿起话筒说："你是谁啊？我们经理不在！"过了一会儿此人又打过来，张某就不耐烦地说："不是告诉你了吗，经理不在！"

试分析张某的做法对吗？该如何体现礼貌用语呢？

4. 小刘是某公司业务员，一天，小刘正在办公室打电话，这时有客户来访，可小刘却没有停止打电话，也没有与客户打招呼。客户就只好站在办公室门口等待……

请分析此案例。

5. 在即将召开重要会议之前，另一个部门的一位同事来见小张，说她也要参加会议。她到小张办公室时，离会议开始还有几分钟的时间。小张站起身和她握手并且恭维她的新发型，正在这时小张发现她的长筒袜上有跳丝的地方，还发现她的牙齿上有口红。闲聊片刻，她们一起去参加会议，此时小张才告诉对方袜子和口红的事。

请分析小张的失礼之处。

技能训练

1. 根据以下要求进行站姿礼仪训练。

（1）正确的站姿要求

要想站姿正确，有四个部位要特别注意，即双脚、双肩、胸部、下巴：①头正；②肩平；③臂垂；④躯挺；⑤腿并；⑥身体重心主要支撑于脚掌、脚弓上；⑦头部、上体与下肢应在一条垂直线上。

（2）手位

站立时，双手可取下列手位之一：①双手置于身体两侧；②右手搭在左手上叠放于体后；③双手叠放于体后；④一手放于体前，一手放于体后。

（3）脚位

①"V"字形；②双脚平行分开不超过肩宽；③小"丁"字形。

（4）背靠墙训练站姿

将后脑、双肩、臀部、小腿肚及脚跟与墙壁靠紧，每次持续10分钟，这样坚持训练就会使后背姿态更加完美。

（5）两人背靠背训练站姿

两人一组，背靠背站立，相互将后脑、肩部、臀部、小腿肚及脚跟靠紧，并在相靠处各放一张纸片，不要让纸片掉下来。

（6）头顶书本训练站姿

把书本放在头顶，头、躯干自然保持平稳，不要让书本掉下来。

（7）对镜训练

面对镜子，检查自己的站姿及整体形象，发现问题及时纠正。

2. 根据以下要求进行坐姿礼仪训练。

（1）两人一组，面对面练习坐姿并指出对方的不足。

（2）坐在镜子前面，按照坐姿的要求进行自我纠正，重点检查手位、腿位、脚位。

（3）每次训练时间为20分钟。

重述知识要点：

（1）正确的坐姿要求。

（2）双手的摆放。

（3）双脚的摆放。

（4）女士坐姿：①标准式；②侧点式；③前交叉式；④后点式；⑤曲直式；⑥侧挂式；⑦重叠式。

（5）男士坐姿：①标准式；②前伸式；③前交叉式；④交叉后点式；⑤曲直式；⑥重

叠式。
（6）坐的注意事项。
3. 根据以下要求进行走姿礼仪训练。
（1）摆臂训练

直立身体，以肩为轴，双臂前后自然摆动。注意摆动的幅度适度，纠正过于僵硬、双臂左右摆动的毛病。

（2）步位、步幅训练

在地上画一条直线，行走时检查自己的步位和步幅是否正确，纠正"外八字""内八字"及步幅过大或过小。

（3）稳定性训练

女生穿上高跟鞋，然后将书本放在头顶，保持行走时头正、颈直、目不斜视。

（4）协调性训练

配以节奏感强的音乐行走时注意掌握好走路的速度、节拍，保持身体平衡，双臂摆动对称，动作协调。

重述知识要点：

（1）正确的走姿要求：①头正；②肩平；③躯挺；④步位直；⑤步幅适度；⑥步速平稳。

（2）变向时的行走规范：①后退步；②侧身步。

（3）不雅的走姿。

4. 根据以下要求进行表情训练。

教师传授要领后以学生个人对着镜子自我训练为主。在自我训练的基础上进行分组练习，两人一组进行交流，学会正确使用目光和笑。

（1）目光

目光的具体要求：

① 在接待客户时，问话、答话、递物的过程中，都必须以热情柔和的目光正视客户的眼睛，向客户行注目礼，使之感到亲切温暖。

② 在目光运用中，正视、平视的视线更能引起人的好感，显得礼貌和诚恳，应避免俯视、斜视。

③ 当距离较远或人声嘈杂、言辞不易传达时，商务人员应用亲切的目光表示致意，不致使客户感到受冷落。

（2）笑

笑的具体要求：

① 轻笑时，嘴巴略微张开，一般下牙不露出，发出轻微的声音。

② 微笑时，嘴巴不张开，上、下牙齿均不露出，也不发出声音，做到笑不露齿。

项目三　外贸常用办公设备操作实务

✓ 任务目标

- 了解打印机、复印机、扫描仪的组成部件及工作原理
- 了解碎纸机的工作原理及工作程序
- 掌握打印、复印、扫描、收发传真的操作
- 熟悉打印机、复印机、扫描仪、传真机故障的处理

✓ 任务导入

毕业生小明找到了当地一份外贸业务员助理的工作。上班第一天，业务经理让小明将后天要提交给中国银行的整套信用证结汇单据复印5份，并将复印件扫描成图片格式存档。小明凭着在校期间去学校打印室复印时看到的工作人员的复印操作过程的印象，算是很快地完成了复印任务，但是对于扫描，小明完全不会操作，又不愿在同事面前表现出来。怎么办呢？小明只好求助于网络，希望能在网络上找到有关扫描的操作方法。

从以上案例可见，现代企业高效率办公离不开必备的一些软硬件设备，包括常用的打印机、复印机、传真机、扫描仪等。本项目的任务内容就是介绍复印机、打印机、传真机、扫描仪、碎纸机这五种常用办公设备的日常业务操作。

项目三 外贸常用办公设备操作实务

任务一 打 印 机

1.1 打印机概述

打印机是办公用计算机的常用外部设备。打印机的功能就是把存储在计算机内的办公文稿等内容打印输出，形成书面文件。现有的打印机种类繁多，有单一打印功能的打印机，还有兼具复印、打印、扫描、传真功能于一体的打印机。打印机从原理上主要分为针式打印机、喷墨打印机和激光打印机。

针式打印机与其他种类的打印机相比较，其主要优点有纸张适应性好、独具拷贝打印功能，耗材低廉，操作简单易于维护；其主要缺点有分辨率较低，噪声较大，速度较慢，价格较高。

喷墨打印机的主要优点是具有高分辨率，工作噪声较低，印字机构的可动部件少，可靠性高，打印速度较快，运行功耗低，容易实现高质量的彩色打印、打印头无磨损或很少出现磨损现象，设备体积小（占用空间较小）；其主要缺点有喷墨印字技术同其他非击打式印字技术一样不具备拷贝能力，打印质量与打印速度和墨质、纸张关系密切，耗材（主要指墨盒）成本高。

激光打印机的主要优点是具有高分辨率，打印速度快，打印噪声低，大量打印时平均打印成本最低；其主要缺点有打印的耗材价格昂贵，对纸张的要求很高，要求使用标准的复印纸，不能用普通纸进行打印。

不管是哪种类型的打印机，其基本组件及功能大同小异。下面以三星激光 MFP SCX – 4521F 为例，该款打印机具有复印、打印、扫描、传真等功能，是小型办公设备。

1.2 基本操作实务

1.2.1 安装墨粉盒

在打印或复印的时候，经常会遇到墨粉盒里没墨的状况。这时就得拿出墨粉盒，进行检查。因此，墨粉盒的安装操作很重要，其步骤如下。
（1）打开前门，拿出墨粉盒。
（2）轻轻摇动墨粉盒 5～6 次，使墨粉均匀分布。
（3）拉开墨粉盒手柄并握住它，将墨粉盒插入机器，直至卡到位。

1.2.2 装纸

打印或复印的时候也会遇到纸盘没纸的状况，这时就得往纸盘里装纸，不然打印机无法正常运转，其步骤如下。

（1）握住纸盘，将其向自己的方向拉动。

（2）前后展动纸叠边缘，使纸张分离，然后在平整表面上轻敲纸叠，使之对齐。

（3）装入纸张，使打印面朝上。一定要确保纸盘中纸张的四个角都是平整的，还要注意不能装入过多纸张，不然会导致卡纸。

（4）捏住后纸张导板调整其长度，捏住纸张宽度导板将其滑到纸张边缘。不得过度挤压纸张宽度导板，否则会导致介质变形。如果不对纸张宽度导板进行调整可能会导致卡纸。

（5）如果需要，盖上纸盒盖，以免灰尘落在纸盒中的纸张上。

1.2.3 设置纸张尺寸和类型

将纸张装入纸盘后，需要使用控制面板按钮对纸张的大小和类型进行设置。这些设置将应用于复印和传真模式。对于电脑打印，需要在电脑上的应用程序中选择纸张尺寸和类型。

（1）按"菜单"，显示屏会在顶行显示"纸张设置"。

（2）按滚动按钮（◀或▶），直到"纸张大小"出现在底行，然后按"确认"键进入菜单项。

（3）使用滚动按钮（◀或▶）选择要使用的纸张尺寸，然后按"确认"键保存设置。

（4）按▶按钮滚动到"纸张类型"，然后按"确认"键进入菜单项。

（5）使用滚动按钮（◀或▶）选择要使用的纸张类型，然后按"确认"键保存设置。

（6）要返回待机模式，按"停止/清除"按钮。

1.2.4 打印

该款打印机允许在各种 Windows 应用程序、Macintosh 计算机或 Linux 系统中打印。打印文档的具体步骤可能会因所使用应用程序的不同而异。以下介绍的是在 Windows XP 应用程序下的各种打印。

1. 基本打印

（1）打开要打印的文件。

（2）从"文件"菜单中选择"打印"，将显示"打印"对话框。在打印对话框内选择基本打印设置，这些设置包括副本数量和打印范围等。

（3）从"打印机"名称下拉列表中选择打印机驱动程序。为了充分利用打印机驱动程序所提供的各种打印机功能，请在应用程序的"打印"对话框单击"打印机属性"或"首选项"，然后在弹出的屏幕中单击"属性"。单击"确定"关闭打印机"属性"窗口。

（4）要开始打印作业，在"打印"对话框中单击"确定"或"打印"。

2. 高级打印

除了进行基本打印外，还可以进行高级打印。

（1）在一张纸上打印多页，一张纸上最多可打印 16 页。其操作步骤为：

①更改打印设置；

②在"选项"选项卡上的"布局类型"下拉列表中选择"单面打印多页"；

③在"每面页数"下拉列表中,选择要在每张纸上打印的页数;
④如果需要,在"页面顺序"下拉列表中选择"页面顺序";选中"打印页面边框"可在纸张上的每页周围打印边框;
⑤单击"纸张"选项卡,选择纸张来源、尺寸和类型;
⑥单击"确定",打印文档。

(2) 可以更改页面内容的大小,使其以缩小或放大的形式打印在页面上。其步骤为:
①更改打印设置;
②在"纸张"选项卡上的"打印类型"下拉列表中选择"缩小/放大";
③在"百分比"输入框中输入缩放比例,也可单击▼或▲按钮;
④在"纸张"选项卡中选择纸张来源、尺寸和类型;
⑤单击"确定",打印文档。

(3) 可以将打印作业缩放到任何选定的纸张规格,而无须考虑数字文件的大小。尤其是当希望检查较小文档的详细信息时此选项很有用。其步骤为:
①更改打印设置;
②在"纸张"选项卡上的"打印类型"下拉菜单中选择"适合页面";
③在"输出尺寸"下拉列表中选择合适的尺寸;
④在"纸张"选项中选择纸张来源、尺寸和类型;
⑤单击"确定",打印文档。

3. 取消打印

很多时候在打印过程中出现错误,想取消打印,那么如何操作呢?
(1) 单击 Windows 的"开始"按钮;
(2) 对于 Windows 98/NT 4.0/2000/Me,选择"设置",然后选择"打印机",对于 Windows XP,选择"打印机和传真";
(3) 双击打印机驱动程序图标;
(4) 从文档菜单中,选择"取消打印"。也可以简单地通过双击 Windows 桌面右下角的打印机图标来打开此窗口。还可以通过单击打印机控制面板上的"停止/清除"按钮来取消当前作业。

1.3 常见故障处理

1.3.1 文档卡纸

文档卡纸有 2 种形式:一种是进纸故障,另一种是出纸故障。

通过 ADF(自动进纸器)进纸时,如果出现卡纸,显示屏将显示"文档卡纸"。其处理的方法如下:
(1) 将 ADF 中剩余的纸张取出;
(2) 打开 ADF 顶盖;
(3) 将所卡纸张轻轻地拉出 ADF;

（4）关闭 ADF 顶盖，然后将取出的纸张重新装入 ADF。

如果是出纸故障，可按以下方法排除：

（1）将 ADF 中剩余的纸张取出；

（2）打开 ADF 顶盖；

（3）将发生出纸故障的纸张从出纸盘中取出；

（4）关闭 ADF 顶盖，然后将取出的纸张重新装入 ADF。

出现卡纸情况时，显示屏上出现"卡纸"字样。这时得先判断卡纸的位置，然后采取相应的处理方法清除卡纸。为避免撕破纸张，得小心地缓缓将卡纸抽出。如果卡纸在纸盘中和手动纸盘中，只需轻轻径直外拉卡住的纸张即可将其取出；如果是在热熔区中或墨粉盒附近，得轻轻将墨粉盒拉出，然后将卡纸轻轻向外拉出；如果是在出纸区中，开关前门一次，卡纸会自动从机器退出，然后将纸张轻轻地从出纸盘抽出。如果拉纸时遇有阻力且纸张不移动或出纸盘内看不到纸张，那么通过拉动后盖板上的翼片来打开后盖，将卡纸轻轻向外拉出，然后关闭后盖，开关前门一次以恢复打印。

选择正确的纸张类型可以避免大部分卡纸情况，其处理技巧有以下几种。

（1）"装纸"过程操作，确保可调导板位于正确的位置。

（2）勿在纸盘中装入过多纸张。

（3）勿在打印过程中从纸盘取出纸张。

（4）装纸前将纸弯曲、扇动并弄直。

（5）勿使用有折痕的、潮湿的或严重卷曲的纸张。

（6）不要在纸盘中混装不同类型的纸张。

（7）使用推荐的打印介质。

（8）确保打印介质的建议打印面在纸盘中朝上。

1.3.2　打印故障

当机器出现不打印状况时，要先查找引起故障的原因，然后采取相应的解决方法。

机器不打印的原因如果是机器未通电，那么检查电源线连接，检查电源开关和电源插座；如果是未将机器设置为默认打印机，那么在 Windows 中将打印机选作默认打印机；如果是前门未关、打印机卡纸、未装纸、未安装墨粉盒，那么将门关好、清除卡纸、装入纸张、安装墨粉盒；如果打印机系统出错，可与供应商服务代表联系；如果是端口设置错误，那么检查 Windows 打印机设置，确保打印作业发送到正确的端口；如果计算机有多个端口，请确保机器连接到正确的端口；如果机器配置错误，那么检查打印机属性，确保所有打印设置均正确无误；如果未正确安装打印机驱动程序，那么修复打印机软件。

1.3.3　打印质量问题

（1）如果页面上出现白色竖条或褪色区，其可能的原因与处理方法如下。

①墨粉量不足，可通过摇匀墨粉，暂时延长墨粉盒寿命。如果仍不能提高打印质量，就安装新墨粉盒。

②纸张可能不符合规格，例如纸张太潮湿或太粗糙，就需要更换打印纸张。

③如果整个页面的颜色都很浅，则说明打印分辨率的设置过低或启用了"省墨"模

式。调整打印分辨率并关闭"省墨"模式。

④如果同时出现褪色或污迹现象，说明墨粉盒需要清洁。

⑤机器内 LSU 部件的表面可能脏了，要清洁 LSU。

（2）如果出现丢字的现象，即页面随机出现褪色区，其可能的原因与处理方法如下。

①纸张可能有问题，尝试重新打印作业。

②纸张湿度不均匀或纸上有湿斑，尝试更换纸张。

③纸张质量有问题。由于造纸工艺问题，有时纸的某些地方可能不吸墨，尝试使用其他类型或品牌的纸张。

④墨粉盒可能有故障，取下并安装一个新墨粉盒。

（3）如果页面上出现黑色的垂直条纹，其可能的原因是墨粉盒内的硒鼓可能有划痕，应取下该墨粉盒，安装一个新墨粉盒。

（4）如果出现页面歪斜，其处理方法如下。

①确保正确装入纸张。

②检查纸张类型和质量。

③确保纸张或其他打印介质正确装入纸盘，并且导板与纸叠的接触没有过紧或过松。

（5）如果出现起皱或打褶，那么首先确保正确装入纸张；其次检查纸张类型和质量；然后将纸盘中的纸摞翻过来或者将纸盒内的纸张旋转 180°。

（6）如果出现水平排列的黑线条纹或污点，其可能的原因与处理方法如下。

①可能是墨粉盒安装不正确，取出墨粉盒，然后重新安装。

②墨粉盒可能有故障，取下该墨粉盒，安装一个新墨粉盒。

（7）如果打印出来的纸张卷曲或纸张无法送入打印机，将纸盘中的纸摞翻过来或者将纸盒内的纸张旋转 180°。

任务二　复　印　机

最初的复印机是模拟复印机，随着数码技术的发展，现在的复印机越来越趋于一体化和数字化，越来越多的人喜欢用数码复印机来解决办公中的复印事务。由于现在企业里所用的打印机基本都兼具复印的功能，因此这里仍以任务一里所介绍的兼具复印功能的打印机为例来介绍复印的基本操作。

2.1　基本复印操作

2.1.1　设置复印选项

利用控制面板上的按钮可以选择所有基本复印选项：明暗度、文档类型、复印件尺寸和份数等。如果在设置复印选项时按"停止/清除"按钮，则所有为当前复印作业设置的

选项都将被取消并返回默认状态。否则，它们将在完成正在进行的复印后自动返回默认状态。按"开始"按钮进行复印前，要为当前复印作业设置下列选项。

1. 明暗度

如果原件包含模糊标记和深色图像，则可以调整明暗度，使复印件易于读取。需要调整对比度时应按"明暗度"按钮。每次按此按钮时，标有选定模式的 LED 指示灯就会亮起，可以选择变浅（适用于颜色较深的打印文档）、正常（适用于标准打印或印刷文档）、变深（适用于浅色打印文档或模糊的铅笔标记）三种对比度模式。

2. 原稿类型

原稿类型设置用于选择当前复印作业的文档类型，从而提高复印质量。需要选择文档类型时应按"原稿类型"按钮。每次按此按钮时，标有选定模式的 LED 指示灯就会亮起。可以选择文本（适用于内容主要是文本的文档）、混合（适用于文本和图片混合的文档）、照片（适用于原件是图片的情况）三种图像模式。值得注意的是，复印带有背景颜色的文档（如报纸或产品目录）时，复印件会印上背景色。如果要减少背景色，可将明暗度设置改为变浅或将原稿类型设置改为文本。

3. 缩小/放大复印

使用"缩小/放大"按钮，用户可以缩小或放大复印图像的大小，从文档扫描玻璃板复印原件时其范围为 25%~400%，而从 ADF 复印时范围为 25%~100%。但是文档装载方法不同，可用的放大比例也不同。

（1）选择预定义的复印件尺寸：

①按"缩小/放大"按钮，默认设置出现在显示屏底行；

②按"缩小/放大"按钮或滚动按钮（◀或▶），找到所需的尺寸设置；

③按"确认"按钮保存所做的选择。

（2）调整复印件尺寸：

①按"缩小/放大"按钮；

②按"缩小/放大"按钮或滚动按钮（◀或▶），直到底行出现"自定义：25%~100%"或"自定义：25%~400%"，按确认按钮；

③按滚动按钮（◀或▶），直到显示屏出现所需的复印尺寸；按住此按钮不放可快速滚动到所需的尺寸；

④按"确认"按钮保存所做的选择。

4. 份数

使用"复印份数"按钮可以选择复印 1~99 份。

（1）按"复印份数"按钮；

（2）按滚动按钮（◀或▶），直到显示屏出现所需的数字；按住此按钮不放可快速滚动到所需的数字；

（3）按"确认"按钮保存所做的选择。

2.1.2 准备文档

可使用文档扫描玻璃板或自动进纸器（ADF）装入用于复印、扫描和发送传真的文档原件。使用 ADF，一次作业最多可装入 30 页文档。而在文档扫描玻璃板上，每次只能放入一页文档。

使用 ADF 时，请注意以下事项：（1）注意装入适当大小的文档，不要试图装入复写纸或背面复写纸、涂层纸、葱皮纸或薄纸、有褶皱的纸张、卷曲或包金箔的纸、破损的纸质文档；（2）装入文档前要取下订书钉和回形针；（3）装入文档前要确保纸张上的胶水、墨水或修改液已完全变干；（4）不要装入尺寸或重量不同的文档；（5）不要装入书册、小册子、幻灯片或带有其他不寻常特性的文档。

2.1.3 在文档扫描玻璃板上复印

在文档扫描玻璃板上复印的程序比较简单，其步骤如下：

（1）打开文档盖板。

（2）将文档正面朝下放置在文档扫描玻璃板上，并与玻璃板左上角的定位指示对齐。注意这时要确保 ADF（自动进纸器）中没有任何文档。如果在 ADF 中检测到有文档，它的优先级将高于文档扫描玻璃板上的文档。

（3）关闭文档盖板。关闭文档盖板时，小心勿伤及自己。复印时如果让盖板打开，可能会影响复印质量，增大墨粉用量。如果要复印书中或杂志中的页面，则应打开盖板再开始复印。

（4）使用控制面板按钮自定义复印设置，包括份数、复印件尺寸、明暗度和原稿类型等。要清除设置，使用"停止/清除"按钮。如果需要，可使用特殊复印功能，如海报、自动调整、复制和身份证复印。

（5）按"开始"按钮，开始复印，显示屏显示正在进行复印。

此外，可以在操作过程中取消复印作业，按"停止/清除"按钮停止复印。文档扫描玻璃板上的灰尘可能会使印出的纸张上出现黑点，为了保证复印的质量，要保持扫描玻璃板的清洁。

2.1.4 从自动进纸器复印

（1）将文档正面朝上放入 ADF，一次最多可以装入 30 页。装入时使纸叠末端与纸盘上标记的纸张尺寸对齐。

（2）根据文档尺寸调整文档导板。

（3）使用控制面板按钮自定义复印设置，包括份数、复印件尺寸、明暗度和原稿类型等。要清除设置，使用"停止/清除"按钮。

（4）按"开始"按钮开始复印，显示屏显示正在进行复印。

2.2 特殊复印操作

该款复印机还可使用以下复印功能。

（1）复制：从单页原件打印多份图像副本。

（2）副本自动分页：将复印作业排序。例如，如果复印 2 份 3 页的文档，一份完整的 3 页文档复印完毕后，才开始复印第二份完整的文档。

(3) 自动调整：自动缩放原图像以适合机器中当前装入的纸张。
(4) 身份证复印：在一页纸上打印身份证件的两面。
(5) 海报：将图像打印到 9 张纸上。然后可以将打印的页面粘贴到一起，生成海报尺寸的文档。

2.2.1 复制复印

只有当文档被放到文档扫描玻璃板上时，才可以使用这一特殊的复印功能。如果在 ADF 中检测到文档，则无法进行复制复印。其操作步骤如下：

(1) 将要复印的文档放到文档扫描玻璃板上，合上盖板。
(2) 按"菜单"按钮，直到显示屏的顶行显示"复印功能"。
(3) 按滚动按钮（◀或▶），直到底行显示"复制"。
(4) 按"确认"按钮进行选择。
(5) 如果需要，使用控制面板按钮自定义复印设置，包括份数、明暗度和原稿类型等，但不能使用"缩小/放大"按钮调整复印尺寸。
(6) 按"开始"按扭开始复印。

2.2.2 逐份复印

只有当 ADF 中有文档时，才能使用这一特殊复印功能。其操作步骤如下。

(1) 在 ADF 中放入要复印的文档。
(2) 按"菜单"按钮，直到显示屏的顶行显示"复印功能"。
(3) 按滚动按钮（◀或▶），直到底行显示"副本自动分页"。
(4) 按"确认"按扭进行选择。
(5) 如果需要，使用控制面板按钮自定义复印设置，包括份数、明暗度和原稿类型等。
(6) 按"开始"按钮开始复印。

2.2.3 身份证复印

可将身份证件（如驾驶执照）的两面复印到一张纸上。使用此功能复印时，机器将在纸张的上半部复印证件的其中一面，在下半部复印另一面，而不会缩小原件尺寸。如果装入的证件大于可复印区域，有些部分可能无法复印。只有当文档被放到文档扫描玻璃板上时，才可以使用这一特殊复印功能。如果在 ADF 中检测到文档，则无法使用身份证复印功能。其操作步骤如下：

(1) 将要复印的身份证件放到文档扫描玻璃板上，合上盖板；
(2) 按"菜单"按钮，直到显示屏的顶行显示"复印功能"；
(3) 按滚动按钮（◀或▶），直到底行显示"身份证复印"；
(4) 按"确认"按钮进行选择；
(5) 如果需要，请使用控制面板按钮自定义复印设置，包括份数、明暗度和原稿类型等；
(6) 按"开始"按钮开始复印。机器开始扫描第一面；
(7) 当"设置背面"出现在底行时，打开文档盖板并翻转证件，关闭盖板。

(8) 再次按"开始"按钮。

2.2.4 海报复印

只有当文档被放到文档扫描玻璃板上时,才可以使用这一特殊复印功能。如果在 ADF 中检测到文档,则无法进行海报复印。海报复印的操作步骤如下:
(1) 将要复印的文档放到文档扫描玻璃板上,合上盖板。
(2) 按"菜单"按钮,直到显示屏的顶行显示"复印功能"。
(3) 按滚动按钮(◀或▶),直到底行显示"海报"。
(4) 按"确认"按钮进行选择。
(5) 如果需要,使用控制面板按钮自定义复印设置,包括份数、明暗度和原稿类型等,但不能使用"缩小/放大"按钮调整复印件尺寸。
(6) 按"开始"按钮开始复印。原件文档分为 9 个部分,各部分按顺序逐份扫描并打印。

2.3 复印机使用的技巧与注意事项

2.3.1 复印工作前的注意事项及准备工作

市场上销售的复印机使用的是额定电压,要是将复印机连接在电压太高或者太低的电源插座上时,可能会影响复印机的正常工作,甚至还会损坏复印机。另外,连接到复印机上的电源插座,最好不要再连接其他设备,以免其他设备带电插拔时,会对复印机造成电流冲击,损坏复印机内部的工作电路。与复印机相连的插座必须是三相的,而且电源线一定不能折、不能压;在关闭复印机时,必须先关掉复印机控制面板上的电源,然后再将电源线拔除。

复印机的墨粉一旦用完,一般会在控制面板上出现相应的提示,要是不及时为复印机进行换墨粉,则可能会影响以后的复印效果,甚至会损坏复印机内部的碳粉盒或者感光鼓。所以,一旦发现复印机缺墨粉,就应该及时对复印机进行加墨粉,或者请专业的复印机维修人员来加墨粉;当然,使用的墨粉必须是复印机支持的或者是原装正品墨粉,任何劣质墨粉或质量不高的墨粉都将导致复印机在工作过程中产生许多废粉或粉尘,这些废粉或粉尘一旦掉落在复印机内部的工作电路板上,将会给复印机带来致命性的损伤。

复印机每次工作之前,都要花费很长的时间来预热,预热好后,就能持续工作了。如果要复印多份相同材料,最好先将复印机工作模式设置为"连续复印"状态,并根据复印份数的多少设置好连续复印的页数,以后直接执行控制面板上的"复印"命令,复印机就能自动地将所有份数自动复印出来,这样不但提高了工作效率,而且还能节省操作时间,这种连续复印的功能,特别适合复印大量相同文稿的场合。当然,即使复印的内容各不相同,或复印的份数很少时,也不应该即用即复,而应该将这些不同的任务搜集起来,等到足够多时,才集中开机,进行复印;如果即用即复,那么需要频繁地启动复印机,而每次

启动复印机，都会在一定程度上损伤复印机内部的光学器件，长期下去复印机的寿命可能会缩短。

复印纸的好坏直接影响着复印效果，因此选好纸张也是取得好的复印效果的重要环节。在挑选复印纸张之前，可以先测试一下该纸张能否在自己的复印机中取得好的复印效果。还有一点需要注意的是，选用的复印纸张必须与复印机当前使用的墨粉相兼容，如果不兼容，就可能会影响复印效果。

2.3.2 复印机使用中应注意的事项

正确放置复印纸张可以有效地消除复印机卡纸现象，除此之外，还应该按照说明将复印纸张放在进纸盒中，使用高质量的复印纸，因为在复印机处于不断工作状态时，只有做好持续的供纸工作，才能确保复印效率，一旦复印纸在复印过程中出现异常，比如复印机出现了一次进多纸、不进纸或卡纸，就会影响复印机的持续工作，甚至还会损坏复印机内部的进纸装置。因此，应该尽量使用优质的复印纸，同时在将复印纸放置到进纸盒中时，要注意确保纸张平整，确保纸张不要放得太满，另外，进纸盒的导轨应该调到与纸一样宽。如果发现有纸张卡在复印机内部，应该先关闭复印机电源，再打开复印机盖板，将卡住的纸慢慢从复印机中取出来，而不要强行将卡住的纸张拉扯出来，另外，在取出卡纸的时候，不要划伤感光鼓。

由于复印机每次开机都会花费很长时间来启动，那么在不用复印机时，究竟是直接关闭复印机，还是让复印机处于节能状态呢？正常情况下，要是在40分钟左右的时间内没有复印任务，应该将复印机电源关掉，这样可以达到省电的目的。但是如果在40分钟之内还有零碎的复印任务，就必须让复印机工作在节能状态，因为复印机工作在这种状态时，预热启动的时间将会大大地缩短，而且能够有效地避免因频繁启动造成的对复印机光学元件的损害。

2.3.3 复印机维护

目前复印机使用频率较高，所以如何有效维护复印机、尽量延长其使用寿命就显得尤为重要。一般来说，维护复印机应该注意以下的要点。

（1）确保复印机工作在一个干净的环境中，让复印机远离灰尘的侵袭，同时也要让它远离水，另外，不要在复印机盖板上放置太重的物品。

（2）不要让类似硬币、回形针或图钉之类的金属掉入到复印机，以免这些金属接触到工作电路板，导致复印机内部电子元气件工作短路，从而损坏复印机。

（3）无论是插拔电源、线缆，还是排除卡纸故障等，都必须将复印机电源切断后再进行操作，要是带电操作，那么复印机的寿命将会不知不觉地被缩短。

（4）在清洁复印机时，不要使用化学溶剂，也不要使用质地比较硬的湿布来清洁复印机内部的灰尘、碎纸屑、污迹，更不要使用类似面巾纸之类的纸制品清洁复印机内部，以免将纸屑残留在复印机里。

复印机硒鼓是一种比较昂贵的耗材，倘若想降低复印机的使用成本，就一定要小心保护好硒鼓。另外，保护好硒鼓，对复印机最终的复印效果也有帮助。当从复印机中拿出碳粉盒时，对硒鼓要小心保管，硒鼓对太阳光线比较敏感，必须将硒鼓妥善地放置到阴暗的地方，此外，为了避免弄脏硒鼓表面，必须将其放在干净、平整的地方，而且不能用手去触摸硒鼓，因为手上的油脂可能会永久地破坏硒鼓表面，从而影响复印效果。还有一点需要注意：在取出硒鼓时，如果发现复印机内部有许多废粉存在，那么必须及时将它清理掉，再接通电源进行工作。

任务三　扫　描　仪

　　扫描仪是一种光机电一体化的高科技产品，是继键盘和鼠标之后的又一代计算机输入设备。从最直接的图片、照片到各类图纸图形及各类文稿资料，都可以用扫描仪输入到计算机中进而实现对这些图像形式信息的处理、管理、使用、存储、输出等。目前，作为电脑的常用外设之一，扫描仪已被广泛应用到各个领域。

　　扫描仪有很多种，按不同标准可分成不同类型。根据扫描仪工作原理的不同，可将扫描仪分为手持式扫描仪、馈纸式扫描仪、滚筒式扫描仪、平板式扫描仪、专用胶片扫描仪、实物扫描仪、3D扫描仪和多功能一体机。根据扫描图稿的介质不同，可将扫描仪分为反射式（纸质材料）扫描仪、透射式（胶片）扫描仪及既可扫描反射稿又可扫描投射稿的多用途扫描仪。按用途分类，可将扫描仪分为可用于各种图稿输入的通用型扫描仪和专门用于特殊图像输入的专用型扫描仪。

　　由于不少企业办公所用的打印机还兼具扫描功能，因此，仍以任务一里所介绍的兼具扫描功能的打印机为例来介绍基本的扫描操作。

3.1　扫描方法

　　使用该款机器除了可以完成基本的扫描功能，还可以将图片和文本扫描为计算机中的数字文件。然后，可以使用该文件或将文件发布在网站上或将其创建为可用 Samsung SmarThru 软件或 WIA 驱动程序打印的项目。因此，该系列打印机提供了四种扫描方式，具体如下：

　　（1）从扫描仪的控制面板扫描到应用程序。使用控制面板上的"扫描到"按钮开始扫描。使用"扫描到"按钮从可用应用程序列表中选择 TWAIN 兼容的软件（如 Adobe PhotoDeluxe 或 Adobe Photoshop）并将其指定到本机。要生成可用应用程序列表，必须在打印机设置工具的"扫描设置"选项卡中对其进行配置。

　　（2）使用 TWAIN 兼容软件。可以使用其他软件，包括 Adobe PhotoDeluxe 和 Adobe Photoshop。

　　（3）使用 Windows Images Acquisition（WIA）驱动程序。本机还支持用 WIA 驱动程序

扫描图像。

（4）使用 Samsung SmarThru 软件。启动 Samsung SmarThru，打开"扫描到"开始扫描。

3.2 基本扫描方法

3.2.1 从控制面板扫描到应用程序

这种扫描方法比较简单，其操作步骤如下：

（1）确认本机和计算机都已打开并且连接正确。

（2）将文档正面朝上装入 ADF 或者将单页文档正面朝下放在文档扫描玻璃板上。

（3）按"扫描到"按钮，第一个可用菜单项（如"微软画图"）会出现在显示屏上。

（4）按滚动按钮（◀或▶），选择要将扫描图像发送到的应用程序。

（5）按"开始"按钮开始扫描。选定应用程序的窗口将其打开，其中包含扫描的图像。

3.2.2 使用 TWAIN 软件扫描

如果要使用其他软件扫描文档，需要使用 TWAIN 兼容软件，如 Adobe Photoshop。第一次使用该款机器扫描时，在应用程序中选择此软件作为 TWAIN 源。基本扫描过程包括以下步骤：

（1）确认扫描仪和计算机都已打开并且连接正确。

（2）将文档面朝上装入 ADF 或者将单页文档面朝下放在文档扫描玻璃板上。

（3）打开应用程序，例如 PhotoDeluxe 或 Photoshop。

（4）打开 TWAIN 窗口并设置扫描选项。

（5）扫描并保存扫描的图像。

3.2.3 使用 WIA 驱动程序扫描

该款机器还支持用 Windows Image Acquisition（WIA）驱动程序扫描图像。WIA 是 Microsoft、Windows XP 提供的标准组件之一，可与数码相机和扫描仪协同工作。但 WIA 驱动程序只能用于具有 USB 端口的 Windows XP/Vista 系统。与 TWAIN 驱动程序不同，无须使用其他软件，WIA 驱动程序就可用于扫描和轻松处理图像。

（1）在 Windows XP 系统下使用 WIA 驱动程序进行扫描的步骤如下：

①将文档面朝上装入 ADF 或者将单页文档面朝下放在文档扫描玻璃板上；

②从桌面窗口的启动菜单中，选择"设置"｜"控制面板"，然后选择"扫描仪和照相机"；

③双击打印机驱动程序图标，启动扫描仪和照相机向导；

④选择扫描首选项并单击"预览"查看首选项对图片的作用效果；

⑤单击"下一步"；

⑥输入图片名称，然后选择保存图片的文件格式和目标位置；

⑦将图片复制到计算机后，按屏幕上的说明编辑图片。

（2）在 Windows Vista 系统下使用 WIA 驱动程序进行扫描的步骤如下：

①将文档面朝上装入 ADF 或者将单页文档面朝下放在文档扫描玻璃板上；

②单击"启动"｜"控制面板"｜"硬件和声音"｜"扫描仪和照相机"；

③单击"扫描文档或图片"，随即 Windows 传真和扫描应用程序自动打开，若要查看扫描仪，可以单击"查看扫描仪和照相机"；

④单击"扫描"，随即扫描驱动程序打开；

⑤选择扫描首选项并单击"预览"查看首选项对图片的效果；

⑥单击"扫描"。

如果需要取消扫描作业，则单击"扫描仪和照相机向导"中的"取消"按钮即可。

3.3 扫描故障处理

当扫描仪不工作时，其可能的解决方法有：①确保扫描玻璃板上的扫描文档正面朝下，而自动进纸器中的文档正面朝上；②可能没有足够的可用内存空间来保存要扫描的文档，尝试使用预扫描功能，检查其是否正常工作，或尝试降低扫描分辨率；③检查 USB 或并口电缆是否正确连接；④确保 USB 或并口电缆没有问题；⑤检查扫描仪的配置是否正确。

而当扫描速度很慢时，其可能的解决方法有：①检查机器是否在打印收到的数据，如果是，打印完接收的数据后再扫描文档；②图形的扫描速度要比文本慢得多；③使用扫描模式时通信速度会很慢，因为分析并再现扫描的图像需要大量的内存；通过 BIOS 设置将计算机设置为 ECP 打印机模式，这将有助于提高速度。

任务四　传　真　机

传真机是指在公用电话网或其他相应网络上用来传输文件、报纸、相片、图表及数据等信息的通信设备。由于现在企业办公所用的打印机还兼具传真功能，因此，仍以任务一里所介绍的打印机为例来介绍与传真有关的操作。

4.1　设置传真系统

可用的传真设置选项有以下几种：

（1）分辨率。对于字符为正常大小的文档可改为标准；对于包含小字符或细线的文档或发送使用点阵式打印机打印的文档时可改为精细；对于含有非常精细的内容的文档可改为超精细；对于含有灰色阴影或照片的文档可改为照片；对于包含各种颜色的文档可改为彩色。启用发送彩色传真的两个必备条件是：对方传真机支持彩色传真接收，并且本方采用手动发送传真模式。

（2）响铃应答。可以指定应答来电之前机器响铃的次数。

（3）黑度。可以选择默认的对比度模式，以使传真的文档颜色更浅或更深些。"浅"适用于颜色较深的打印文档；"正常"适用于标准的打印或印刷文档；"深"适用于浅色打印文档或模糊的铅笔标记。

（4）重拨期限。如果远程传真机忙音，本机器可以自动重拨远程传真机。

（5）重拨。可以指定机器尝试重拨的次数。

（6）消息确认。可以设置机器打印报告以显示传送是否成功、发送的页数等。可选项包括"开""关"和"出错时"，"出错时"表示仅在传送失败时打印报告。

（7）图像 TCR。可以禁止在确认报告中包含图像 TCR，以保护隐私和保证安全。可选项为"开"或"关"。

（8）自动缩小。如果接收文档中包含长度与纸盘中所装纸张长度相同或比之更长的页面时，机器可以缩小文档的大小，使其适合机器中所装纸张的尺寸。如果需要自动缩小接收页面，选择"开"。此功能设置为"关"时，机器不会将文档缩小到一个页面上，文档会被分割并以实际大小打印在两个或更多的页面上。

（9）忽略大小。如果接收文档中包含长度与纸盘中所装纸张长度相同或比之更长的页面时，可将机器设置为忽略页面底部多余的部分。如果接收的页面超出了设定的边距，机器会按实际大小将其打印在两个或更多的页面上。如果文档超出边距范围且自动缩小功能被打开，文件将被缩小以适合选定尺寸的纸张，而不会发生忽略多余部分的情况。如果自动缩小功能关闭或失败，边距范围外的数据将被忽略。

（10）接收模式。可以选择默认传真接收模式。在电话模式中，可通过拿起分机电话话筒，然后按远程接收代码来接收传真。也可以按免提拨号（可听到来自远程机的传真音），然后按本机控制面板上的"开始"按钮。在传真模式中，机器应答来电并立即进入传真接收模式。在应答/传真模式中，应答机应答来电，呼叫者可在应答机中留言。如果传真机在线路中检测到传真音，来电将自动转换到传真模式。在 DRPD 模式中，可以使用特色振铃模式检测（DRPD）功能来接收呼叫。只有在设置了 DRPD 模式之后才能使用此选项。

4.2 发送传真

4.2.1 自动发送传真

自动发送传真的步骤如下：

（1）将文档正面朝上装入 ADF 或者将单页文档正面朝下放在文档扫描玻璃板上。使用 ADF 时，一次最多可装入 30 页；而在文档扫描玻璃板上，每次只能放 1 页文档。

（2）根据具体传真需要调整文档的分辨率。使用基于文本的典型文档时，默认文档设置可以得到良好的传真效果。但是，如果发送质量不佳的或含有照片的文档，可以调整分辨率以获得高质量的传真效果。其设置的方法如下：①按控制面板上的分辨率；②可按分辨率或滚动按钮（◀或▶）来选择标准、精细、超精细、照片或彩色；③出现所需的模式时，按"确认"进行选择。

（3）使用数字键盘输入远端的传真机号码。如果指定了速拨号码数字按钮，也可以按此按钮。

（4）按"开始"按钮。

（5）如果将文档放在文档扫描玻璃板上，当文档被扫描到内存后，显示屏顶行将显示"其他页面？"。如果有下一页，则取出已扫描的文档，并将下一页放在玻璃板上，然后选择"是"。根据需要重复上一步。扫描完所有页后，显示屏显示"其他页面？"时选择"否"。

（6）机器开始拨号，并在接收传真机准备就绪后开始发送传真。

如果要取消传真作业，可随时在发送过程中按下"停止/清除"按钮。

4.2.2 手动发送传真

手动发送传真的步骤如下：

（1）将文档正面朝上装入 ADF 或者将单页文档正面朝下放在文档扫描玻璃板上。

（2）根据具体传真需要调整文档的分辨率。

（3）按"免提拨号"，此时可以听到拨号音。

（4）使用数字键盘输入接收传真机的号码。如果指定了速拨号码数字按钮，也可以按此按钮。

（5）在听到远程传真机发出声调高的传真信号时，按"开始"按钮。

同理，如果要取消传真作业，可随时在发送过程中按下"停止/清除"按钮。

4.3 接收传真

传真接收的模式有：①在传真模式中，机器应答接入的传真呼叫，并立即进入传真接收模式；②在电话模式中，可按免提拨号（可听到来自发送机器的传真音）和本机控制面板上的"开始"来接收传真，也可以拿起电话分机的话筒，然后按远程接收代码；③在应答/传真模式中，应答机应答来电，呼叫者可在应答机中留言，如果传真机在线路中检测到传真音，来电将自动转换到传真模式；④在 DRPD 模式中，可以使用特色振铃模式检测（DRPD）功能接收呼叫。"特色振铃"是电话公司的一种服务，通过该服务用户能够使用一条电话线接听几个不同的电话号码，机器内存无可用空间时，接收模式会自动切换为电话。

4.3.1 在传真模式中自动接收

该款机器在出厂时预设为传真模式。在接收传真时，机器以指定的响铃次数应答来电，并自动接收传真。

4.3.2 在电话模式中手动接收

可以按照以下步骤来接收传真电话：

（1）按免提拨号键或拿起电话分机的话筒。
（2）按"开始"按钮，然后显示屏上会出现"1. 正在发送 2. 正在接收"的消息。
（3）按数字键盘上的"2"进行"接收"。
（4）按"确认"按钮开始接收传真。

4.3.3 在应答/传真模式下自动接收

要使用此模式，必须将应答机连接到本机背面的 EXT（分机）插口。如果呼叫者留下消息，正常情况下应答机会存储该消息。如果机器在线路上检测到传真音，将自动开始接收传真。

4.3.4 把传真接收到内存中

该款机器是多任务设备，可以在复印或打印的同时接收传真。如果在复印或打印时接收到传真，机器会将接收的传真存储到内存中。在完成复印或打印后，机器会立即自动打印传真。

4.4 其他操作

4.4.1 重拨前一号码

很多时候需要给最后一个号码发送传真或重复发送传真。要重拨最后呼叫的号码时，按"重拨/暂停"按钮。如果文档被装入 ADF，机器会自动开始发送。如果文档被放在文档扫描玻璃板上，则显示屏会询问"是否装入另一页文档"。如果要添加文档，则选择"是"；如果不需要添加文档，则选择"否"。

4.4.2 确认发送

成功发送完最后一页文档后，机器会发出蜂鸣音，然后返回待机模式。如果在发送传真的过程中出错，显示屏上会显示错误消息。如果收到错误信息，则可按"停止/清除"按钮来清除该信息，然后尝试重新发送一次文档。用户可以将机器设置为在每次传真发送完毕后自动打印确认报告。

4.4.3 自动重拨

如果发送传真时所拨的号码忙或无应答，机器会按出厂默认设置每隔固定时间自动重拨该号码。在显示屏显示"重拨？"时，可按"确认"按钮重拨此号码而无须等待。需要取消自动重拨时，按"停止/清除"按钮。

4.5 传真故障处理

常见的传真故障及处理方法如下：
（1）当机器不工作，没有任何显示并且按钮不起作用时，要拔下电源线插头，然后重新插入插座，确保电源插座有电。
（2）当听不到拨号音时，检查电话线是否正确连接，同时在墙上的电话插孔中插入其他电话，检查插孔是否损坏。

（3）当无法将文档送入机器时，要确保文档表面平整，并且正确放入，同时检查文档的尺寸是否合适，不要太厚或太薄，确保 ADF 的顶盖紧闭。

（4）当无法自动接收传真时，应选择传真模式，还要确保进纸盘中有纸，同时检查显示屏是否显示"内存已满"。

（5）当收到的传真中有空白或者质量很差时，表明发送传真的传真机可能有故障：一是电话线噪声导致线路故障，二是通过执行一次复印操作来检查传真机，三是墨粉可能已用完。

（6）当收到的传真上某些文字变宽时，可能是发送传真的传真机可能临时出现文档卡塞故障。

（7）当发送的文档上有线条时，要检查扫描玻璃上是否有污渍，如果有则进行清洁。

（8）当机器拨号后，无法与对方传真机建立连接时，对方传真机可能是关闭状态、缺纸或无法响应呼叫，需要与对方操作员对话，请求对方解决该问题。

（9）当每页底部或其他页上出现空白区，并且顶部出现一小条文字时，可能是在用户选项设置中选择了错误的纸张设置。

任务五　碎　纸　机

5.1　碎纸机概述

5.1.1　碎纸机的工作原理

碎纸机的主要组成部件包括一组旋转刀刃、纸梳和驱动马达，其功能是将纸张从相互咬合的刀刃中间送入，分割成很多的细小纸片，以达到粉碎、保密和销毁的目的。

5.1.2　碎纸机的发展历史

1. 第一代碎纸机

第一代的传动机构大多是皮带传动，噪声低，但长时间工作，皮带容易出现变形，甚至断裂现象，皮带表面易磨损，出现机器运转打滑。

2. 第二代碎纸机

塑胶齿轮传动，因塑胶齿轮在注塑、缩水等工艺上较难精确掌握，导致齿轮本身的精确度不高，在高速运行下，噪声大；因塑件较脆，韧性差，易出现断齿现象。

3. 第三代碎纸机

采用金属链轮，静音运行，低能损耗，高效切割，切割系统各部件的完美协调实现令人信服的功能。

4. 第四代碎纸机

碎纸机传动机构为金属齿轮传动，金属齿轮克服了上述缺陷，但金属齿轮间很难避免撞击和摩擦声音，由于金属机构的安装精度、齿轮啮合处润滑条件、长期运行润滑效果等技术和维护上的不可控性，高速运转时会出现很大的工作噪声。

5. 第五代碎纸机

金刚密合机芯，采用合金钢材料，金属刀具的淬火处理，完全数控机床加工技术，工艺上保证传动部分安装精度，使磨损降低到最低限度，确保运行的稳定性，降低了噪声。

6. 第六代碎纸机（现代）

高科技多媒体系列粉碎机，技术含量高，可大量碎光盘、软盘、磁带、录像等；带有保护膜的嵌钮面板，保证了前进、后退、停止、满纸停机等功能。产品的环保功能、性能安全方面有了更大的提升，电机过热保护功能、超负载自动停机功能、储纸箱未关自动断电等功能被越来越多地运用了进来。

7. 第七代碎纸机（水冷+风冷技术）

2010年，最新专利制冷技术（水冷+风冷）碎纸机出现了。全新技术应用N倍效能，连续碎纸40分钟以上，其六大革新技术为：A. 冷却系统——大幅度增加机器连续工作时间和快速恢复待机状态，减少人员工作时间，提高工作效率；B. 超静音设计——工作噪声低于55分贝，创造安静舒适的办公环境；C. 防堵卡系统——优秀的齿轮设计有防卡纸现象，使用更放心；D. 碎纸量控制系统——能耗直观地呈现，耗能全在掌握中；E. 触控操作——首次采用触摸技术应用于碎纸机，敢为人先，操控更人性，使用更方便，科技创造时尚；F. 风冷系统——水冷系统相辅相成，让机器更快恢复最佳状态。

5.1.3 碎纸机特性

碎纸机的特性分别是指碎纸方式、碎纸能力、碎纸效果、碎纸速度、碎纸宽度、碎纸箱容积以及其他特性。

1. 碎纸方式

根据碎纸刀的组成方式，现有的碎纸方式有碎状、段状、沫状、条状、粒状、丝状等。市面上有些碎纸机可选择两种或两种以上的碎纸方式。不同的碎纸方式适用于不同的场合，如果是一般性的办公场合则选择粒状、丝状、段状、条状的就可以了，但如果是用到一些对保密要求比较高的场合就一定要用沫状的。当前采用四把刀组成的碎纸方式是最先进的工作方式，碎纸的纸粒工整利落，能达到保密的效果。

2. 碎纸能力

碎纸能力是指碎纸机一次能处理的纸张厚度及纸张最大数量。一般来说，碎纸效果越好，则其碎纸能力则相对越差，普通办公室选用A4纸张，70g，每次处理3~4张就可以满足日常工作需要；如果是大型办公室，则要根据需要选择合适幅面和较快速度的碎纸机。现有大型碎纸机一般都能达到每次60~70张。

3. 碎纸效果

碎纸效果是指纸张经过碎纸机处理后所形成的废纸的大小，一般是以毫米（mm）为单位的。粒状、沫状效果最佳，碎状次之，条状、段状相对效果更差些。不同的场合可根据实际需要选择不同碎纸效果的碎纸机。如家庭和小型办公室不牵涉保密的场合可选用4mm×50mm、4mm×30mm等规格即可；而要求保密的场合根据毁灭资料最低标准，电脑印字文件必须碎至3.8mm以下的纸条；对于高度机密的文件，应采用可纵横切割的碎纸机，最好选用达到3mm×3mm及其以下规格碎纸效果的碎纸机。

4. 碎纸速度

碎纸速度也就是碎纸机的处理能力，一般用每分钟能处理废纸的总长度来表示，如3米/分，表示每分钟可处理的纸张的总长度（没有切碎之前的总长度），当然也有用厘米表示的。

5. 碎纸宽度

碎纸宽度就是碎纸机所要切碎的纸张在进入碎纸机之前的最大宽度，也就是指碎纸机所能容许的纸张的宽度。通常要切碎的纸张要与切口垂直输入，否则整行文字有可能完整保留，资料尽露；另外如果入纸口太细，纸张便会折在一起，降低每次所碎张数，且容易发生塞纸状况，降低工作效率。所以，在选择碎纸机时一定要注意碎纸宽度的选择。

6. 碎纸箱容积

碎纸箱容积是指盛放切碎后废纸的箱体体积。碎纸机生成的碎片存放于下列容器中的一种：低端的碎纸机一般放置于废纸篓的上方，这样切割完的碎片就简单地放置在废纸篓里；稍微好一些的碎纸机则自带废纸篓（碎纸箱）。大多数办公用碎纸机一般都是封闭的带轮子的柜子，能够方便地在办公室里移动，这种碎纸机就牵涉碎纸箱容积的选择。普通办公室和家用碎纸机出于实际需要和占地大小考虑，可选择较小容量的碎纸箱，大小在4~10L为宜；中型办公室以10~30L为最佳；大型办公室可选用50L以上的碎纸箱。

5.2 碎纸机使用及维护方法

有些碎纸机不仅可以碎纸，还可以碎卡、碎CD等。当粉碎对象是纸时，首先插上电源插头，打开电源开关，当指示灯亮时，把废纸放入进纸口里，碎纸机会把废纸自动吸入并进行粉碎。

碎纸机的维护方法有：

（1）碎纸机内的刀具非常锐利，使用时注意勿将衣角、领带和头发等卷入进纸口，以免造成意外损伤。

（2）粉碎文件前，要将订书钉和曲别针等从文件上取下来，以免损坏刀具。

（3）碎纸桶纸满后，应及时清除，以免影响机器正常工作。

（4）不要用碎纸机粉碎布料、塑料和硬金属等物品。

（5）为了延长机器使用寿命，每次碎纸量应稍低于机器规定的最大碎纸量；未说明可以粉碎光盘、磁盘和信用卡的机器，不要擅自将这些物品放入碎纸机粉碎。

（6）为确保机器有长久的使用寿命和良好的性能，不要将机器长时间置于有热源的地

方或潮湿环境中使用。

（7）碎纸机使用完毕，要及时关机并拔掉插头，确保安全。

（8）清洁机器外壳时，需用软布沾上软性肥皂水或清洁剂轻擦，切勿让溶液进入机器内部，不可使用漂白粉、汽油或稀液刷洗。

5.3 碎纸机常见故障处理

（1）当碎纸机出现不通电时，需要检查电源是否接好，是否打开开关，保险管是否被击穿，电路板是否烧坏，垃圾筒是否放好。

（2）当碎纸机有异响时，需要检查刀具是否有损坏，碎纸末是否太多（影响刀具正常工作），齿轮是否损坏，皮带是否松动，带电检查碎纸机是否放稳。

（3）当碎纸机不进纸时，需要检查传感器是否工作正常，电路板是否工作正常，电机是否工作正常，齿轮或皮带是否损坏。

（4）当碎纸机出现倒转时，需要检查电机是否故障，电路板是否故障。

（5）当碎纸机主机不停机时，需要检查传感器是否脱落、松动、断裂或覆盖灰尘，电路板是否烧坏，不支持感应。

（6）当碎纸机卡纸时，有倒退功能的先按倒退键看看是否可自行退出，实在不行就断电后将碎纸部件提出来掉一个头，倒几下，然后再开。切记要断电操作。倘若还不行，可尝试倒过来时用螺丝刀撬掉一些碎纸。

（7）当碎纸机不能碎纸，但打开开关时马达运转的声音正常，这时可能是碎纸机传动系统出了毛病，需进行维修。

知识训练

一、判断题

1. 现代小型企业办公基本都使用集打印、复印、扫描、传真于一体的机器。（　　）
2. 在给打印机装纸时，要使打印面朝下放置。（　　）
3. 在装入纸张后，要对纸张宽度导板进行调整，不然很可能会导致卡纸。（　　）
4. 在打印机的控制面板上按◀或▶滚动到"纸张类型"，然后按"确认"按钮进入菜单项。（　　）
5. 当出现卡纸情况时，应首先判断卡纸的位置，然后根据不同的方法来清除卡纸。（　　）
6. 如果原件包含模糊标记和深色图像，那么可以调整光亮度，使复印件易于读取。（　　）
7. 从自动进纸器进行复印时，将文档正面朝下放入 ADF。（　　）
8. 副本自动分页复印是指将复印作业自动排序。（　　）
9. 只有当文档被放到文档扫描玻璃板上时，才可以使用复制复印功能。（　　）
10. 在扫描时，将单页文档面朝下放在文档扫描玻璃板上。（　　）

二、单选题

1. 从"文件"菜单中选择"打印"选项，不能在弹出的"打印"窗口中进行设置的打印参数是（　　）。
   A. 份数　　　　　　　　　　　　B. 打印范围
   C. 纸张尺寸　　　　　　　　　　D. 打印机驱动程序
2. 关于卡纸故障处理，说法不正确的是（　　）。
   A. 在打印过程中从纸盘取出纸张　　B. 装纸前将纸弯曲、扇动并弄直
   C. 不要在纸盘中混装不同类型的纸张　D. 不要在纸盘中装入过多纸张
3. 关于复印机维护，说法不正确的是（　　）。
   A. 在复印机盖板上可以放置较重的物品
   B. 在清洁复印机时，不要使用化学溶剂，也不要使用质地比较硬的湿布
   C. 确保复印机工作在一个干净的环境中
   D. 硒鼓是一种比较昂贵的耗材，要小心保护好硒鼓
4. 关于传真分辨率设置，说法不正确的有（　　）。
   A. 对于包含小字符或细线的文档或发送使用点阵式打印机打印的文档时可改为超精细

B. 对于含有灰色阴影或照片的文档可改为照片

C. 对于包含各种颜色的文档可改为彩色

D. 对于字符为正常大小的文档可改为标准

5. 关于碎纸机特性的说法，不正确的有（　　）。

A. 碎纸能力是指纸张经过碎纸机处理后所形成的废纸的大小

B. 根据碎纸刀的组成方式，现有的碎纸方式有碎状、段状、沫状、条状、粒状、丝状等

C. 碎纸速度也就是碎纸机的处理能力，一般用每分钟能处理废纸的总长度来度量

D. 碎纸箱容积是指盛放切碎后废纸的箱体体积

三、多选题

1. 下列有关基本打印步骤，说法正确的是（　　）。

A. 打开要打印的文件

B. 从"文件"菜单中选择"打印"，将显示"打印"窗口，在此"打印"窗口内选择基本打印设置

C. 从"名称"下拉列表中选择打印机驱动程序

D. 要开始打印作业，在"打印"窗口中单击"确定"或"打印"

2. 如果打印时出现丢字的现象，即页面随机出现褪色区，其可能的原因与处理方法有（　　）。

A. 张纸可能有问题，尝试重新打印作业

B. 纸张湿度不均匀或纸上有湿斑，尝试使用另一种品牌的纸张

C. 由于造纸工艺问题，有时纸的某些地方可能不吸墨，尝试使用其他类型或品牌的纸张

D. 墨粉盒可能有故障

3. 在复印过程中，利用控制面板上的按钮可以对（　　）进行设置。

A. 明暗度　　　　　　　　　　　B. 原稿类型

C. 复印件尺寸　　　　　　　　　D. 份数

4. 使用 ADF 进行复印，以下说法正确的是（　　）。

A. 注意装入适当大小的文档

B. 装入文档前要取下订书钉和回形针

C. 装入文档前要确保纸张上的胶水、墨水或修改液已完全变干

D. 可以装入尺寸或重量不同的文档

5. 当扫描仪不工作时，其可能的解决方法有（　　）。

A. 确保扫描玻璃板上的扫描文档正面朝下，而自动进纸器中的文档正面朝上

B. 可能没有足够的可用内存空间来保存要扫描的文档，尝试使用预扫描功能，检查其是否正常工作，尝试降低扫描分辨率

C. 检查 USB 或并口电缆是否正确连接

D. 检查扫描仪的配置是否正确

四、讨论分析题

1. 简述在文档扫描玻璃板上进行复印的操作步骤。

2. 试述复印工作前的注意事项及准备工作有哪些。

3. 简述在 Windows XP 系统下使用 WIA 驱动程序如何进行扫描。

4. 简述碎纸机的工作原理及工作程序。

5. 简述如何进行手动发送传真。

·外贸办公实务·

技能训练

1. 小红是国际商务专业大二学生,为了积累外贸工作经验,她利用暑假时间在浙江一家外贸企业进行实习。实习第一天,外贸主管李师傅交给小红一项任务,就是让小红将公司产品的报价单打印出来,然后传真给在广交会上认识的外商客户。假如你是小红,请按李师傅的要求完成这项任务。

2. 教师带领学生参观当地一家外贸企业,详细了解该企业生产的产品。每位学生根据自己所搜集和掌握的有关产品资料,制作一份带有图片的产品宣传册,然后分别对产品宣传册打印、复印、扫描操作,最后上交产品宣传册的打印件、复印件、扫描件的电子版。

项目四　外贸常用图文编辑与处理

✓ 任务目标

- 掌握利用 Word、Excel 制作外贸单证、编辑图文
- 掌握利用 PowerPoint 制作外贸文档
- 掌握 PDF 格式文档的阅读、编辑及设置
- 掌握产品图片拍摄的技巧

✓ 任务导入

2012 年 6 月，国际商务专业毕业的孙红应聘温州一家轻工艺外贸公司，从事外贸助理工作。一天，外贸部主管让孙红制作一份带有插图的出口产品报价单给印度某一客户。产品报价信息的输入对孙红来说是没问题，但是产品图片的拍摄让孙红犯愁了，因为她从没拍过产品的照片，也不知道拍出的效果如何，但也没办法，孙红只好硬着头皮拍摄了产品的图片，很快就将产品图片与报价信息输入 Word 文档，但是编辑了半天，就是没法将这个报价单制作得整齐、清晰、完美，最后不得不请教同事帮忙调整排版图文格式。这时，孙红很是后悔没学好 Office 办公软件及摄影技术，以至于工作过程中碰到不少的麻烦。

众所周知，外贸工作中需要用到很多单据及文件资料。比如用 Word 和 Excel 制作外销合同、发票、装箱单等；用 PowerPoint 制作产品说明书、汇报工作等；还要处理一些 PDF 格式的文档等。基于此，本项目主要介绍 Word、Excel、PowerPoint 和 PDF 在外贸工作中的应用。

任务一　Word

Word 软件目前运用的有 Word 2000、Word 2003、Word 2007 及 Word 2010 版本。当然，Word 2007 和 Word 2010 与之前版本相比，一些基础性的功能还是一致的，但是有些功能更强大。因此以下内容基于 Word 2010 版本的操作来讲述。

1.1　表格编辑

虽说 Excel 制表功能强大，但是我们在制作一些简单的表格时（如个人简历、日程表、工作安排、业务统计等）一般都会首选 Word 来制作完成。若不是太复杂、功能太多的表格，我们几乎都可以用 Word 来实现。

1.1.1　设置行高和列宽

在使用 Word 2010 制作表格时，往往需要准确设置表格中行高和列宽的数值，以下有两种方法可以实现。方法一的操作步骤如下：

（1）打开 Word 2010 文档，单击"插入"标签，在其下的选项卡中选择"表格"，在表格中选中特定的行或列。

（2）单击"布局"标签。

（3）在"单元格大小"中设置"表格行高"数值可以设置行高，设置"表格列宽"数值可以设置列宽。

方法二的操作步骤如下：

（1）打开含有表格的 Word 2010 文档，单击需要设置行高或列宽的单元格。

（2）单击"布局"标签。

（3）单击"属性"按钮。

（4）在弹出的"表格属性"对话框中单击"行"标签，显示其选项卡。

（5）选中"指定高度"复选框设置当前行高数值。

（6）单击"上一行"或"下一行"按钮选择当前行。

（7）单击"列"标签显示其选项卡。

（8）选中"指定宽度"复选框设置当前列宽数值。

（9）单击"前一列"或"后一列"按钮选择当前列。

（10）完成设置后单击"确定"按钮即可。

1.1.2　数据排序

使用 Word 2010 制作和编辑表格时，有时需要对表格中的数据进行排序。其操作步骤如下：

(1) 打开 Word 2010 文档页面，单击表格任意单元格。
(2) 单击"布局"标签，显示其选项卡。
(3) 单击"数据"中的"排序"按钮。
(4) 在"排序"对话框"列表"区选中"有标题行"选项。
(5) 在"主要关键字"区域单击关键字下三角按钮。
(6) 选择排序依据的主要关键字。
(7) 单击"类型"下三角按钮。
(8) 在"类型"列表中选择"笔画""数字""日期"或"拼音"选项之一。
(9) 选中"升序"或"降序"选项，以确定排序的顺序。
(10) 在"次要关键字"和"第三关键字"区分别设置排序关键字，也可以不设置。
(11) 单击"确定"按钮完成数据排序。

注意，如果在"排序"对话框"列表"区选中"无标题行"选项，则标题行也将参与排序，一般情况下这不符合实际需要，因此一般我们都要选择"有标题行"。

1.1.3 创建自定义的表格样式

在使用 Word 2010 制作和编辑表格的时候，常常需要根据实际需求创建自定义的表格样式，以方便以后使用，其操作步骤如下：

(1) 打开 Word 2010 文档，单击表格任意单元格。
(2) 单击"设计"标签显示其选项卡。
(3) 在"表格样式"中单击"其他"按钮。
(4) 在菜单中选择"新建表样式"命令。
(5) 在"根据格式设置创建新样式"对话框中的"名称"文本框中输入新样式的名称。
(6) "样式类型"选择默认的"表格"选项。
(7) 单击"样式基准"下三角按钮，选择比较接近实际需要的表格样式。
(8) 在"将格式应用于"下拉列表中选择"整个表格"选项。
(9) 设置字体、字号、加粗、倾斜等文字格式。
(10) 单击"字体颜色"下三角按钮，在颜色面板中选择合适的字体颜色。
(11) 单击"格式"按钮，在弹出的菜单中选择"边框和底纹"命令。在弹出的"边框和底纹"对话框的"边框"选项卡中设置表格边框，在"底纹"选项卡中设置表格底纹，单击"确定"按钮。
(12) 选中"基于该模板的新文档"选项。
(13) 单击"确定"按钮，就可以在表格样式列表中选择自定义的表格样式。

1.1.4 插入 Excel 电子表格

在 Word 2010 文档中，用户可以插入一张拥有全部数据处理功能的 Excel 电子表格，从而间接增强 Word 2010 的数据处理能力，操作步骤如下所述。

(1) 打开 Word 2010 文档，在"插入"的"表格"分组中单击"表格"按钮，并在打开的菜单中选择"Excel 电子表格"命令。

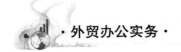

（2）在 Word 2010 文档中插入空白 Excel 电子表格以后，即可在 Excel 电子表格中进行数据录入、数据计算等数据处理工作，其功能与操作方法跟在 Excel 中操作完全相同。

1.1.5　将 Excel 表格粘贴到 Word 文档中

在 Word 2010 文档中，用户可以很容易地将 Excel 中的表格粘贴到 Word 2010 文档中，并且可以选择粘贴的方式（粘贴为图片、仅粘贴文本、保留 Excel 表格格式等）。操作步骤如下所述：

（1）打开 Excel 2010 表格，选中需要粘贴到 Word 2010 文档中的单元格，然后在"开始"功能区单击"剪贴板"分组中的"复制"按钮。

（2）打开 Word 2010 文档窗口，将光标定位到合适的位置，然后在"开始"功能区的"剪贴板"分组中单击"粘贴"下拉三角按钮。在打开的粘贴菜单中可以选择"保留源格式""使用目标样式""链接与保留源格式""链接与使用目标格式""图片"或"只保留文本"选项。

1.1.6　使用公式进行数学运算

在 Word 2010 文档中，用户可以借助 Word 2010 提供的数学公式运算功能对表格中的数据进行数学运算，包括加、减、乘、除以及求和、求平均值等常见运算。用户可以使用运算符号和 Word 2010 提供的函数进行上述运算。

（1）打开 Word 2010 文档窗口，在准备参与数据计算的表格中单击计算结果单元格。在"表格工具"功能区的"布局"选项中，单击"数据"分组中的"公式"按钮。

（2）在打开的"公式"对话框中，"公式"文本框中会根据表格中的数据和当前单元格所在位置自动推荐一个公式，例如"=SUM（LEFT）"是指计算当前单元格左侧单元格的数据之和。用户可以单击"粘贴函数"下拉三角按钮选择合适的函数，例如平均数函数 AVERAGE、计数函数 COUNT 等。其中，公式中括号内的参数包括四个，分别是左侧（LEFT）、右侧（RIGHT）、上面（ABOVE）和下面（BELOW）。完成公式的编辑后单击"确定"按钮即可得到计算结果。

1.2　文字编辑

1.2.1　自动生成目录

在编辑文档的时候，目录有时是必不可少的一项，但在实际情况当中，很多使用者不知道怎样使用 Word 中的目录自动生成的功能，而是自己在首页手动编制，结果常常因为后面格式或者字体的调整，使得目录与正文不符。如果学会利用大纲级别自动生成目录就会方便多了。

（1）首先插入页码。

（2）在文档窗口单击"页面布局"，选择"分隔符"｜"下一页"，也就是前面空出一页。

（3）选择"视图"｜"大纲视图"。

（4）在大纲视图页面，选定要作为一级目录的文字，再选择"一级目录"。同理，选定要作为二级目录的文字，再选择"二级目录"，三级目录的设置也一样。另外，作为正文的选择"正文文本"。

(5) 最后自动生成目录。

1.2.2 分栏

在 Word 2010 中，我们可以对一篇文章进行分栏设置。像我们平常看到的报纸、公告、卡片、海报上面都使用了 Word 分栏的效果。全文分栏的操作步骤如下：

(1) 如果需要给整篇文档分栏，那么先选中所有文字；若只需要给某段落进行分栏，那么就单独选择那个段落。

(2) 单击"页面布局"选项卡，然后在"页面设置"选项组中单击"分栏"按钮，在分栏列表中我们可以看到有一栏、两栏、三栏、偏左、偏右和更多分栏；这里可以根据自己想要的栏数来选择。如果分栏中的数目还不是自己想要的，可以单击"更多分栏"，在弹出的"分栏"对话框的"栏数"后面设定数目，最高上限为11，看需求设置。

(3) 如果想要在分栏的效果中加上"分隔线"，可以在"分栏"对话框中勾选"分隔线"，确定即可。

1.2.3 设置页码

单击菜单栏上的"插入"标签，在其选项卡上的"页眉和页脚"中单击"页码"按钮，其中包括"页面底端""页面顶端""页边距"和"当前位置"选项，在页码列表中选择合适的页码样式即可。如果想从文档的第三页或第四页等其他页码开始设置该怎样操作呢？下面的操作以从文档的第三页开始显示页码为例。

(1) 将光标移至第二页的最后一个字节（必须是开始记页码页的上一页最后），单击"页面布局"｜"分隔符"，在分节符类型中选择"下一页"，确定。这时光标会自动在第三页开始显示。

(2) 单击"插入"｜"页眉"或"页脚"，此时会发现第三页的页眉处写着"第2节"后面是"与上一节相同"而第二页则写的是"第1节"，这说明你已经将前两页分为"第1节"，从第三页开始是"第2节"。但是我们要在"第2节"插入的页码不能"与上一节相同"。所以进入第三步。

(3) 将光标定位在第三页的页眉（即第2节第一页的页眉），单击"设计"｜"链接到前一个"按钮，（将"链接到前一个"按钮取消）关闭页眉中的"与上一节相同"（在页眉右上方的显示将消失）。

将光标定位在第三页的页脚（即第2节第一页的页脚），单击"设计"｜"链接到前一个"按钮，（将"链接到前一个"按钮取消）关闭页脚中的"与上一节相同"（在页脚右上方的显示将消失）。

(4) 在第三页的页脚处，单击"插入"｜"页码"，选择需要的形式。然后再单击"插入"｜"页码"｜"设置页码格式"｜"起始页码"设置为1，完成页码插入。

1.2.4 设置页眉页脚

许多文稿，特别是比较正式的文稿都需要设置页眉和页脚。得体的页眉和页脚，会使文稿显得更加规范，也会给阅读带来方便。一般情况下，文档首页都不需要显示页眉和页脚，尤其是页眉；较长的文稿，各个部分可能需要设置不同的页眉或页脚；一些书稿可能需要设置奇偶页不同的页眉；有的文稿，也许对页眉、页脚的格式和内容有着特殊的要求。下面讲述为 Word 文档设置页眉和页脚的方法。

（1）打开 Word 2010 文档，单击"插入"标签，显示其选项卡。
（2）在"页眉和页脚"中单击"页眉"按钮。
（3）在菜单中选择"编辑页眉"命令。
（4）在"页眉"编辑区编辑页眉的文字内容。
（5）单击"转至页脚"按钮，在"页脚"编辑区编辑页脚的文字内容。
（6）单击"关闭页眉和页脚"按钮。

有时还需要在首页、奇数页、偶数页使用不同的页眉或页脚，其步骤如下：
（1）打开 Word 2010 文档，单击"插入"标签，显示其选项卡。
（2）在"页眉和页脚"中单击"页眉"按钮。
（3）在菜单中选择"编辑页眉"命令。
（4）在"设计"选项卡的"选项"分组中选中"首页不同"和"奇偶页不同"选项即可。

1.2.5　插入和删除水印

很多时候，从网上下载下来的文档尤其是复习参考资料都带有水印，我们不可能将文档和水印一起打印。水印既可以是图片，也可以是文字，并且 Word 2010 内置有多种水印样式。在 Word 2010 文档中插入和删除水印的具体步骤如下：

（1）打开 Word 2010 文档窗口，切换到"页面布局"选项卡。
（2）在"页面背景"分组中单击"水印"按钮，并在打开的水印面板中选择合适的水印即可。
（3）如果需要删除已经插入的水印，则再次在水印面板中单击"删除水印"按钮即可。

1.3　图像处理

1.3.1　插入普通图像

如果我们希望能够在文档中插入一个图片，从而创建图文并茂的 Word 文档，那么操作步骤如下所述：

（1）打开 Word 2010 文档窗口，在"插入"功能区的"插图"分组中单击"图片"按钮。
（2）打开"插入图片"对话框，"文件类型"文本框中将列出最常见的图片格式，找到并选中需要插入到 Word 2010 文档中的图片，然后单击"插入"按钮即可。

1.3.2　插入艺术字图像

在 Word 文字处理软件中，我们可以随意插入或者设置各种型号的艺术文字图像，利用这种方法可以实现图文混排的效果，其操作步骤如下：

（1）打开 Word2010 文档窗口，将插入点光标移动到准备插入艺术字的位置。在"插入"功能区中单击"文本"分组中的"艺术字"按钮,并在打开的艺术字预设样式面板中选择合适的艺术字样式。

(2)打开"艺术字"文字文本框,直接输入艺术字文本即可。用户可以对输入的艺术字分别设置字体和字号。

1.3.3　编辑图像

图像插入到文件后,我们可以用 Word 2010 内置的图像编辑功能对图像进行编辑。第一种方法:如果感觉插入的图片亮度、对比度、清晰度没有达到自己的要求,可以单击"更正"按钮,在弹出的效果缩略图中选择自己需要的效果,调节图片的亮度、对比度和清晰度;如果图片的色彩饱和度、色调不符合自己的意愿,可以单击"颜色"按钮,在弹出的效果缩略图中选择自己需要的效果,调节图片的色彩饱和度、色调,或者为图片重新着色;如果要为图片添加特殊效果,可以单击"艺术效果"按钮,在弹出的效果缩略图中选择一种艺术效果,为图片加上特效。

第二种方法:在图片上单击鼠标右键,在弹出的快捷菜单中选择"设置图片格式",打开"设置图片格式"对话框,在"图片更正"选项卡中设置柔化、锐化、亮度、对比度,在"图片颜色"选项卡中设置图片颜色饱和度、色调或者对图片重新着色,在"艺术效果"选项卡中为图片添加艺术效果。

1.3.4　提取图片

Word 2010 提供了一个非常实用的功能,可以直接在文档中提取任意一张图片,具体操作如下:

(1)打开包含想要提取图片的文档,单击鼠标右键文档中想要提取的图片,在弹出的快捷菜单中选择"另存为图片"命令。

(2)打开"保存文件"对话框,在对话框顶部的"保存位置"中选择图片文件的保存位置,然后在下方的"文件名"文本框中输入图片的名称,在"保存类型"中选择图片的格式。

(3)单击"保存"按钮,即可将文档中所选图片导出为图片文件。此时打开图片文件所在的文件夹可以看到该图片文件。

1.4　打印设置

在 Word 2010 中,用户可以通过设置打印选项使打印设置更适合实际应用,且所做的设置适用于所有 Word 文档,具体操作步骤如下:

(1)打开 Word 2010 文档窗口,依次单击"文件"|"选项"按钮。

(2)在打开的"Word 选项"对话框中,切换到"显示"选项卡。在"打印选项"区域列出了可选的打印选项:

·选中"打印在 Word 中创建的图形"选项,可以打印使用 Word 绘图工具创建的图形;

·选中"打印背景色和图像"选项,可以打印为 Word 文档设置的背景颜色和在 Word 文档中插入的图片;

·选中"打印文档属性"选项，可以打印Word文档内容和文档属性内容（例如文档创建日期、最后修改日期等内容）；

·选中"打印隐藏文字"选项，可以打印Word文档中设置为隐藏属性的文字；

·选中"打印前更新域"选项，在打印Word文档以前首先更新Word文档中的域；

·选中"打印前更新链接数据"选项，在打印Word文档以前首先更新Word文档中的链接。

（3）在"Word选项"对话框中切换到"高级"选项卡，在"打印"区域可以进一步设置打印选项：

·选中"使用草稿品质"选项，能够以较低的分辨率打印Word文档，从而实现降低耗材费用、提高打印速度的目的；

·选中"后台打印"选项，可以在打印Word文档的同时继续编辑该文档，否则只能在完成打印任务后才能编辑；

·选中"逆序打印页面"选项，可以从页面底部开始打印文档，直至页面顶部；

·选中"打印XML标记"选项，可以在打印XML文档时打印XML标记；

·选中"打印域代码而非域值"选项，可以在打印含有域的Word文档时打印域代码，而不打印域值；

·选中"打印在双面打印纸张的正面"选项，当使用支持双面打印的打印机时，在纸张正面打印当前Word文档；

·选中"在纸张背面打印以进行双面打印"选项，当使用支持双面打印的打印机时，在纸张背面打印当前Word文档；

·选中"缩放内容以适应A4或8.5×11纸张大小"选项，当使用的打印机不支持Word页面设置中指定的纸张类型时，自动使用A4或8.5×11尺寸的纸张；

·"默认纸盒"列表中可以选中使用的纸盒，该选项只有在打印机拥有多个纸盒的情况下才有意义。

2.1 常用技巧

2.1.1 自定义排序

Excel 2010中数据排序允许进行自定义排序，通过自定义排序对话框可以对排序的依据进行设置，具体操作步骤如下：

（1）打开要进行数据排序的Excel表格。

（2）切换至"数据"选项卡，单击"排序和筛选"组中的"排序"按钮。

（3）弹出"排序"对话框后，单击"主要关键字"下三角按钮，在下拉列表中选择具体选项。

（4）单击"次序"下三角按钮，在下拉列表中选择"自定义序列"选项。

（5）在弹出"自定义序列"对话框后，在"输入序列"列表框中输入自定义序列内容，然后单击"添加"按钮。此时可以看到在"自定义序列"列表框中显示了输入的序列内容，单击"确定"按钮。

（6）返回"排序"对话框中，单击"确定"按钮。

2.1.2 去掉网格线

有时候我们需要网格线，而有些时候我们不需要，这取决于实际的业务需求。因为有时候想把 Excel 文档当做 Word 文档来使用。Excel 中的网格线设置是以表（Sheet）为单位进行管理的，这也就意味着你可以让一个表显示网格线，而另一个表不显示，这是不冲突的。添加和去除网格线的方法如下：

（1）单击"文件"｜"选项"，弹出"Excel 选项"对话框，选中"高级"。

（2）找到"此工作表的显示选项"，在右侧的下拉列表中选择需要设置的工作表，然后取消选中下方的"显示网格线"复选框，就可以关闭网格线的显示。

（3）若需要修改网格线颜色，则选中复选框，并单击"网格线颜色"下拉按钮，选择颜色，单击"确定"按钮确认操作。

2.1.3 输入长位数字

很多时候我们在 Excel 中制表的过程中会发现，往往有一些数据输入到单元格里面的时候就变了，比如：输入 01，在单元格中只会显示一个"1"了；在 Excel 中输入完整的身份证号时会发现，在单元格中显示的是"4.21221E+17"这样的形式，这是怎么回事呢？其实在 Excel 表格里面，输入数字超过 12 位的数值，Excel 则会自动转换为科学记数格式，如果输入超出 15 位的数值，Excel 则会自动将 15 位以后的数值转换为"0"，所以在 Excel 里输入身份证号或是超过 15 位的数值、以"0"开头的数字，有以下两种方法，以输入身份证号为例。

第一种方法：在输入身份证号码之前，先将输入法切换到"英文状态"，然后在单元格中输入一个单引号"'"，再输入身份证号，此时 Excel 中就可以完全地显示身份证号了（如图 4-1、图 4-2 所示）。

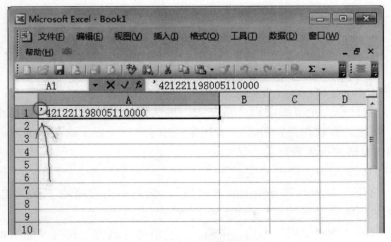

图 4-1　身份证输入

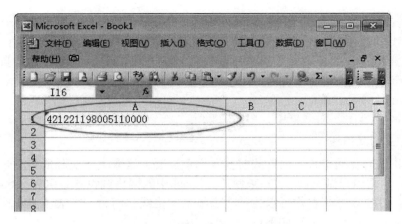

图4-2 身份证数据显示

第二种方法：单击选中需要输入身份证号的单元格，然后单击菜单栏的"格式"中的"单元格"，在弹出的"单元格格式"的"数字"选项卡里面"分类"的下面选择"文本"（如图4-3所示），然后单击"确定"按钮。

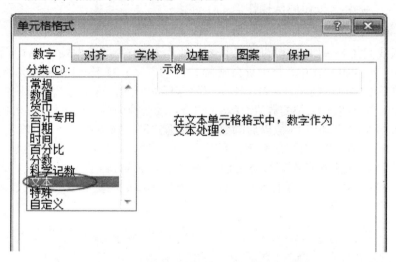

图4-3 "单元格格式"操作

2.1.4 设置密码

Office办公软件在安全方面做得非常完美，因为是办公软件，所以可能会涉及公司机密和隐私等。因此，微软在开发Office每个版本的时候都设置了给文件加密的功能。

Excel 2010表格中设置密码的方法如下：

（1）打开Excel 2010，单击"文件"。

（2）在"文件"界面，选择左边的"信息"，然后单击右边的"保护工作簿"，在下拉选项中选择"用密码进行加密"（如图4-4所示）。

（3）在弹出的"加密文档"中输入密码，然后单击"确定"按钮（如图4-5所示）。

(4) 在弹出的"确认密码"对话框中重新输入一次密码,单击"确定"按钮即可。

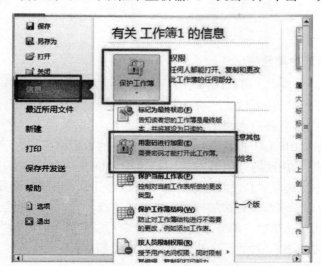

图 4-4　Excel2010 加密操作界面 1

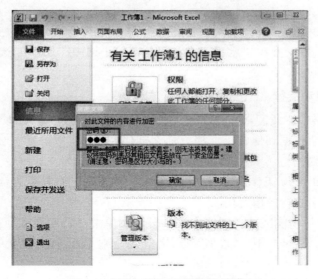

图 4-5　Excel2010 加密操作界面 2

为 Excel 表格设置了密码后怎么样才能取消这些密码呢?方法很简单,只需进入该表格文件,然后重复上述步骤,在弹出的"加密文档"中将输入密码部分留空白,然后单击"确定"按钮即可取消密码。

这里值得注意的是,设置密码有两项。第一项:"打开权限密码"指的是如果将该表格设置密码保存后,必须输入密码才可以打开预览或修改该表格。第二项:"修改权限密码"指的是设置该密码后,我们可以预览读取该表格,但是不能对其修改保存,若修改后则保存为副本。

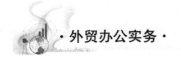

2.2 表格应用

2.2.1 合并后居中单元格

在 Excel 2010 工作表中，可以将多个单元格合并后居中以作为工作表标题所在的单元格。用户可以在"开始"功能区或"设置单元格格式"对话框设置单元格合并。

在"开始"功能区合并后居中单元格的操作如下：

（1）打开 Excel 2010 工作表窗口，选中准备合并的单元格区域。

（2）在"开始"功能区的"对齐方式"分组中，单击"合并后居中"下拉三角按钮。在打开的下拉菜单中，选择"合并后居中"命令可以合并单元格同时设置为居中对齐；选择"跨越合并"命令可以对多行单元格进行同行合并；选择"合并单**元格**"命令仅仅合并单元格，对齐方式为默认；选择"取消单元格合并"命令可以**取消当前**已合并的单元格。

在"设置单元格格式"对话框合并单元格的操作如下：

（1）打开 Excel 2010 工作表窗口，选中准备合并的单元格区域。

（2）单击鼠标右键被选中的单元格区域，在打开的快捷菜单中选择"设置单元格格式"命令。

（3）打开 Excel 2010"设置单元格格式"对话框，切换到"对齐"选项卡，选中"合并单元格"复选框，并在"水平对齐"下拉菜单中选中"居中"选项，完成设置后单击"确定"按钮即可。

2.2.2 设置自动换行

在 Excel 单元格中，我们常常在输入文字的时候会发现如果不手动换行，就会超出单元格的宽度，也许会占据其他的单元格，那么如何在 Excel 中设置"自动换行"，从而省去手动换行这个步骤呢？

（1）打开 Excel 2010 工作表窗口，将目标单元格所在的列设置为合适的固定宽度，然后选中需要设置文字换行的单元格。

（2）在"开始"功能区的"对齐方式"分组中单击"自动换行"按钮即可。

用户还可以在 Excel 2010"设置单元格格式"对话框中设置文字换行，操作步骤如下：

（1）打开 Excel 2010 工作表窗口，选中需要设置文字换行的单元格。

（2）单击鼠标右键被选中的单元格，在打开的快捷菜单中选择"设置单元格格式"命令。

（3）打开 Excel 2010"设置单元格格式"对话框，切换到"对齐"选项卡，选中"自动换行"复选框，并单击"确定"按钮即可。

2.2.3 拆分单元格

处理 Excel 数据时有时需要把单元格的内容拆分为两列，其操作步骤如下：

（1）如果数据已经录入，那么就在需要分列的字符间加入空格、逗号、分号或其他符号。

（2）选择需要分列的单元格区域，单击"数据"｜"分列"，弹出"分列"对话框。

（3）选择分隔符号，然后单击"下一步"，选中"空格"，然后下方出现数据分列预览。

(4) 选择列数据格式及目标区域，单击"完成"按钮。

需要说明的是，分隔符可以任意加，比如空格、逗号、分号等。如果想分成 3 列或更多，可以在字符间加 2 个或更多分隔符；如果想固定单元格字符长度，就在第 2 步时选择"固定宽度"，然后下一步手动拉动宽度标杆。

2.2.4　锁定单元格

在制作大量的 Excel 表格的时候，我们可能会忘记哪些数据是非常重要的，可能一个误操作就会导致一些自己辛苦做完的数据丢失。所以，一些重要的数据不仅要保存备份，而且最好是将一些"单元格锁定"起来，这样就不会出现误操作或误删除而导致删除重要数据。

（1）打开 Excel 2010，选中任意一个单元格，单击鼠标右键，在打开的快捷菜单中选择"设置单元格格式"命令。

（2）切换到"保护"选项卡，在这里我们可以看到默认情况下"锁定"复选框是被勾选的，也就是说一旦锁定了工作表，所有的单元格也就锁定了。按 Ctrl + A 快捷键选中所有单元格，接着再单击鼠标右键，在弹出的快捷菜单中选择"设置单元格格式"，切换到"保护"选项卡，把"锁定"前面的小方框去勾，单击"确定"按钮保存设置。

（3）选中需要保护的单元格，勾上"锁定"复选框。

（4）切换到"审阅"选项卡，在"更改"组中单击"保护工作表"按钮。

（5）弹出"保护工作表"对话框，在"允许此工作表的所有用户进行"列表框中可以选择允许用户进行哪些操作，一般保留默认设置即可。

（6）在这里我们还可以设置解开锁定时提示输入密码，只需在取消工作表保护时使用的"密码"文本框中输入设置的密码即可。

当尝试编辑被锁定的单元格时，会出现提示对话框，如果要解除锁定，那么切换到"审阅"选项卡，在"更改"组中单击"撤销工作表保护"按钮即可。

2.2.5　设置斜线表头

利用"设置单元格格式"中"边框"选项卡的两个斜线按钮，可以在单元格中画左、右斜线。如果想在单元格中画多条斜线，就必须利用"绘图"工具，方法是：在"插入"功能区，单击"插图"分组中的"形状"按钮，单击"直线"按钮，待光标变成小十字后拖动光标，即可画出需要的多条斜线。只要画法正确，斜线可随单元格自动伸长或缩短。至于斜线单元格的其他表格线，仍然按上面介绍的方法添加。当然，斜线单元格的数据输入要麻烦一些，通常的做法是让数据在单元格内换行（按 Alt + 回车键），再添加空格即可将数据放到合适位置。

2.2.6　设置日期和时间数字格式

在 Excel 2010 工作表中，用户可以将被选中的单元格设置为日期和时间专用的数字格式，以便更适合实际需要。Excel 2010 提供了 17 种日期数字格式和 9 种时间数字格式。在 Excel 2010 中设置日期和时间数字格式的步骤如下：

（1）打开 Excel 2010 工作簿窗口，选中需要设置日期或时间数字格式的单元格。在被选中的单元格上单击鼠标右键，在打开的快捷菜单中选择"设置单元格格式"命令。

（2）在打开的"设置单元格格式"对话框中切换到"数字"选项卡，并在"分类"列表中选中"日期"或"时间"选项，然后在日期或时间类型列表中选择需要的日期或时间格式即可。

2.2.7 固定表头

有时候我们在 Excel 中统计数据时希望将表头一些名称固定不动，然后滚动下面的数据来浏览数据。

（1）首先，将光标定位到需要固定表格的下面。

（2）单击"视图"选项卡中的"冻结窗格"即可。

2.3 函数公式

使用表格避免不了计算一些加减乘除（+、-、*、/），小点的数目我们可以用心算，但是数目大了，最好是想点其他的办法。以下分别讲述 Excel 自动求和、求差、求积等方法。

2.3.1 手动求和

在制作一些数据表格的时候经常会用到公式运算，其中包括将多个表格中的数据相加求和。求和是我们在 Excel 表格中使用比较频繁的一种运算公式，将两个表格中的数据相加得出结果，或者是批量将多个表格相加求得数据结果。

如图 4-6 所示，将 A1 单元格与 B1 单元格相加求和，将求和出来的结果显示在 C1 单元格中。

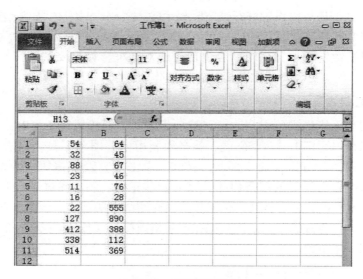

图 4-6 原始数据表格

首先，选中 C1 单元格，然后在编辑栏中输入" =A1+B1"，再按下键盘上的回车键。相加求和出来的结果就会显示在"C1"单元格中（如图 4-7、图 4-8 所示）。

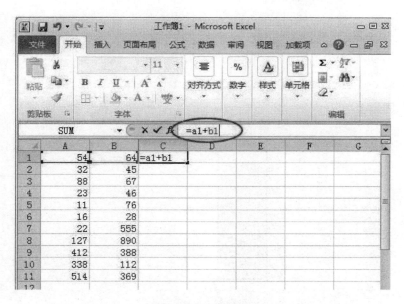

图4-7 求和操作

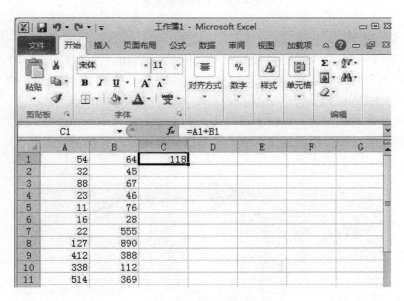

图4-8 求和结果

多行或多列批量求和的方法同上,我们将 A 列中数据与 B 列中的数据相加求和,结果将显示在 C 列中。具体操作如下:

(1)首先,需要将 A1 与 B1 两个单元格相加求和。选中 C1 单元格,在编辑栏中输入"=A1+B1",然后回车(如图4-7所示)。

(2)将光标移动到 C1 单元格右下方,直到光标变成黑色十字形的时候,按下鼠标左键不放,拖动到最下方,此时,A 列与 B 列中的相加结果就全部显示在了 C 列中了(如图4-9所示)。

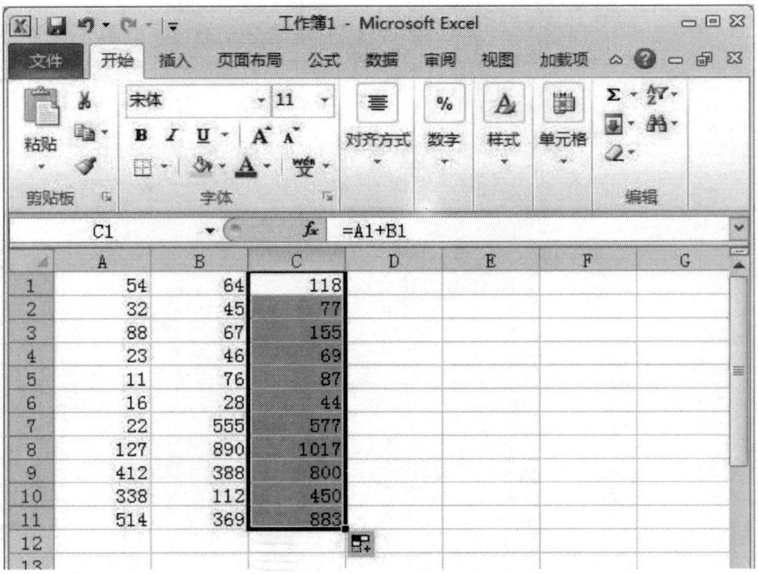

图 4-9　多行求和结果

2.3.2　手动求差

Excel 求差的方法与求和的方法相近,打开 Excel 表格,单击 C1,在 C1 中输入" = A1 - B1"(如图 4 - 10 所示),再按下键盘上的回车键。相减的结果就显示在"C1"单元格中(如图 4 - 11 所示)。

如果多行求差的话,第一步按上述步骤进行,然后单击 C1 单元格,当鼠标变成一个黑色十字形的时候,按住鼠标左键不放,往下拖;拖完后,放开鼠标你就可以看见所有的结果都会显示出来(如图 4 - 12 所示)。

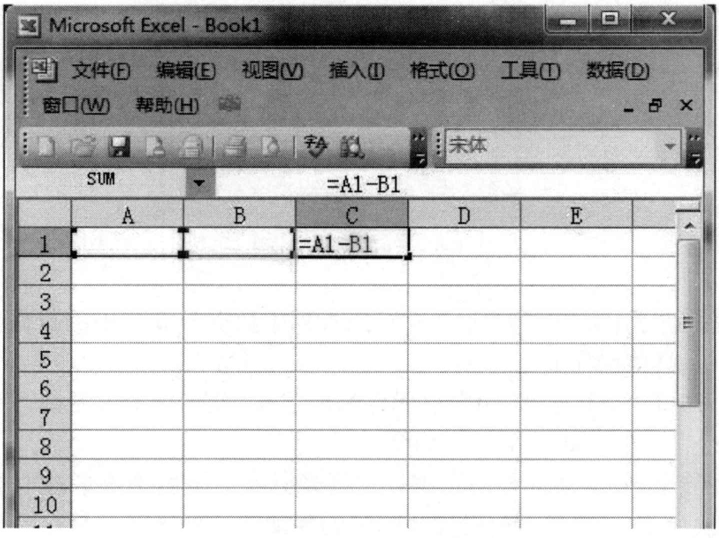

图 4-10　求差操作

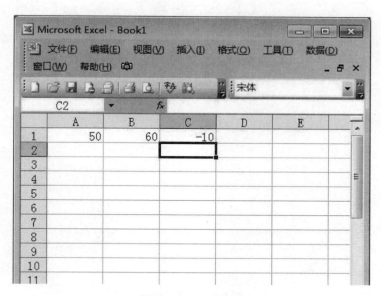

图 4-11　求差结果

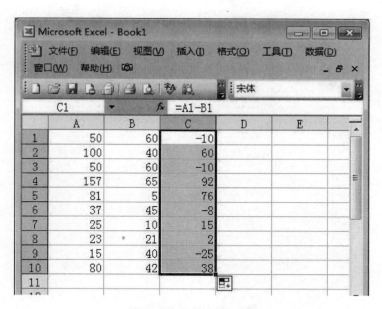

图 4-12　多行求差结果

2.3.3　手动求积

（1）单击 C1 单元格，然后输入公式"= A1 * B1"（如图 4-13 所示）。

（2）单击其他空白地方，C1 单元格就显示出乘法的结果。

（3）选中 C1 单元格，当光标变成十字形的时候按住鼠标左键不放，往下拖。

（4）放开鼠标，所有自动求积的计算即完成（如图 4-14 所示）。

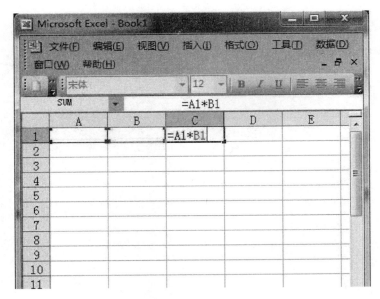

图 4-13 求积操作

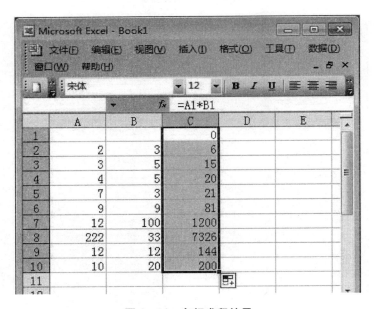

图 4-14 多行求积结果

2.3.4 手动求商

(1) 单击 C1 单元格，然后输入公式"=B1/A1"（如图 4-15 所示）。

(2) 单击其他空白地方，C1 单元格就显示出除法的结果（如图 4-16 所示）。

(3) 选中 C1 单元格，当光标变成十字形的时候按住鼠标左键不放，往下拖。

(4) 放开鼠标，所有自动求商的计算即完成（如图 4-17 所示）。

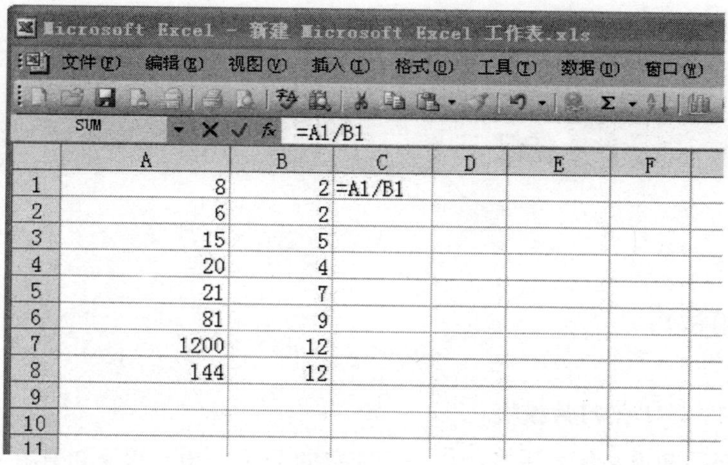

图 4-15　求商操作

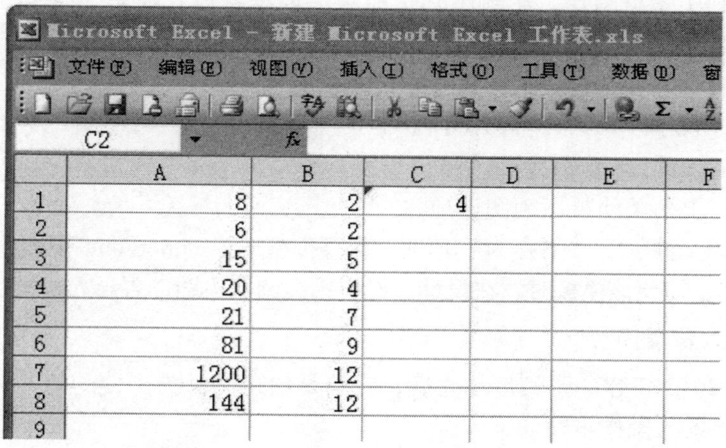

图 4-16　求商结果

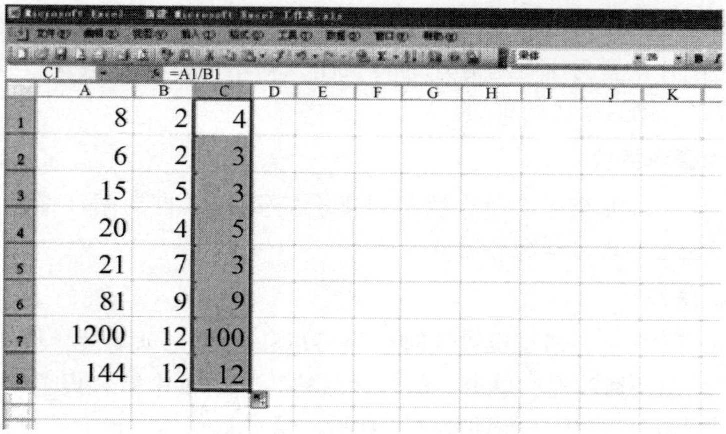

图 4-17　多行求商结果

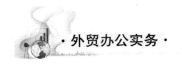

任务三 PowerPoint

3.1 常用技巧

3.1.1 制作 PPT 幻灯片模板

许多新手都不知道从何入手去制作一个完整的 PPT 模板，以下讲述在 PowerPoint 2010 中如何制作 PPT 幻灯片模板，基本操作如下：

（1）准备 PPT 素材图片。在制作 PPT 模板前要准备放置在第 1 张 PPT 的图片，放置在内页 PPT 的图片、logo 等图片。

（2）新建一个 PPT 文件，此时应显示的是一张空白 PPT 文件。

（3）单击"视图"|"幻灯片母版"。

（4）将要插入的图片插入到第一页。

（5）单击右上角关闭母版视图选项。

（6）单击"文件"|"另存为"选项，保存类型选择 PowerPoint 模板。模板已经做好，当新建一个文档，需要该模板时，在设计一栏中选择浏览主题，再导入本模板即可。

3.1.2 插入背景图片

PowerPoint 2010 新建一张幻灯片之后，背景是白色的。为了使幻灯片精美，可以插入各种图片作为背景。操作步骤如下：

（1）输入文字，在白色背景上单击鼠标右键，选择"设置背景格式"。

（2）在"填充"选项卡中，勾选"图片或纹理填充"，单击"文件"按钮。

（3）弹出本地对话框，选取一张图片并打开。

（4）如要将图片设置为所有幻灯片的背景图，则单击"全部应用"按钮。若只作为本张幻灯片的背景，则直接关闭即可。

3.1.3 自动循环播放

在产品展销会、人才招聘会上，我们可能会需要 PPT 自动循环播放。在 PowerPoint 2010 中可以很轻松地实现自动循环播放效果。

1. 设置放映法

在 PowerPoint 2010 中，通过设置计时已经可以让 PPT 自动播放，但只能自动播放一遍，怎么实现自动循环播放呢？单击"幻灯片放映"选项卡中的"设置幻灯片放映"，在"设置放映方式"窗口中选中"循环放映"即可。这样操作后，PPT 就可以自动循环播放了，直到按 Esc 键才会停止。

2. 转存视频法

如果要自动循环播放的 PPT 不止一个，设置放映方式就不起作用了。此时可以考虑将这些 PPT 转存为视频文件，再设置循环播放。单击"文件"选项卡，选择"保存并发送"｜"创建视频"｜"计算机和 HD 显示"，从下拉列表中选择 960×720，用这种模式播放时比较清晰。再单击"创建视频"按钮，在弹出窗口中输入文件名和保存位置，单击"保存"即可。

重复操作将所有 PPT 转换成 WMV 视频文件，再将它们添加到播放器的播放列表中，设置为循环播放即可。

3.1.4 创建及取消超链接

超链接是 Web 页面最为重要的组成部分，使用 PPT 能够创建各种各样的超链接，既可以跳转至当前演示文稿或 Web 页的某个位置，也可以跳转至其他 PowerPoint 演示文稿或 Web 页中，甚至可以跳转至声音和图像等多媒体图像上，进行联网播放。正因为实现了超链接，用户才可以在因特网上享受"冲浪"的感觉。在 PowerPoint 中可以使用以下两种方法来创建超链接：

（1）利用超链接按钮创建超链接。选中需要超链接的对象、图片或网址。单击菜单栏"插入"｜"超链接"按钮（"地球"图标）；或者单击鼠标右键对象文字，在弹出的快捷菜单中单击出现的"超链接"选项。接着在弹出的"插入超链接"对话框下面的"地址"文本框中输入你要加入的网址，单击"确定"按钮即可。也可以让对象链接到内部文件的相关文档，在"插入超链接"中找到你需要链接文档的存放位置。

（2）利用"动作设置"创建 PPT 超链接。同样选中需要创建超链接的对象（文字或图片等），单击菜单栏"插入"｜"动作"按钮。弹出"动作设置"对话框后，在对话框中有两个选项卡"单击鼠标"与"鼠标移过"，通常选择默认的"单击鼠标"，单击"超级链接到"单选按钮，打开超链接选项下拉菜单，根据实际情况选择其一，然后单击"确定"按钮即可。若要将超链接的范围扩大到其他演示文稿或 PowerPoint 以外的文件中，则只需要在选项中选择"其他 PowerPoint 演示文稿"或"其他文件"选项即可。

操作完 PPT 如何超链接网址后，会发现超链接的对象文字字体颜色是单一的蓝色，那如何修改 PPT 超链接字体颜色呢？进入"设计"选项卡，单击"主题"选项组中的"颜色"，在下拉菜单中选择"新建主题颜色"。在弹出的"新建主题颜色"窗口中的最下面，就可以看到"超链接"和"已访问的超链接"，就可以任意设置颜色。设置好后可以在右边的"示例"中看到超链接的效果，单击"保存"按钮即可。

对于在 PPT 中不满意的超链接或者想要改变超链接网址，该怎么取消该对象的超链接呢？只需要选中链接，然后单击鼠标右键，在弹出的快捷菜单中选"取消超链接"即可。

3.2 制作应用

3.2.1 加入背景音乐

随着 PPT 幻灯片一页一页地翻滚，再配上一段美妙的音乐，这样一来就可以让我们在

演示或演讲时更容易吸引听众,听课时听众也不会觉得枯燥乏味。那么我们如何才能在 PPT 中插入背景音乐呢?就算插入了音乐我们又该如何让它自动循环播放呢?

(1)启动 PowerPoint 2010,选择"插入"选项卡,找到"媒体"选项组,选择"音频"下的"文件中的音频"。

(2)然后选择"动画",单击小喇叭之后再选择上方的"动画窗格",此时右方出现一窗口,单击鼠标右键想要插入的音乐,选择"效果选项"。此时就可以自定义背景音乐的播放页数了。

3.2.2 添加动画效果

在日常工作中需要面对客户并介绍产品,这就需要制作幻灯片。要使自己的幻灯片更加绚丽夺目,制作幻灯片的时候,就需要加入动画切换效果。

用 PowerPoint 2010 可以将演示文稿中的文本、图片、形状、表格、SmartArt 图形和其他对象制作成动画,赋予它们进入、退出、大小或颜色变化甚至移动等视觉效果。

PowerPoint 2010 中有以下四种不同类型的动画效果。

(1)"进入"效果。例如,可以使对象逐渐淡入焦点、从边缘飞入幻灯片或者跳入视图中。

(2)"退出"效果。这些效果包括使对象飞出幻灯片、从视图中消失或者从幻灯片旋出。

(3)"强调"效果。这些效果的示例包括使对象缩小或放大、更改颜色或沿着其中心旋转。

(4)动作路径。使用这些效果可以使对象上下移动、左右移动或者沿着星形或圆形图案移动(与其他效果一起)。

可以单独使用任何一种动画,也可以将多种效果组合在一起。例如,可以对一行文本应用"强调"进入效果及"陀螺旋"强调效果,使它旋转起来。

对单个对象应用多个动画效果,操作如下:

(1)选择要添加多个动画效果的文本或对象。

(2)在"动画"选项卡上的"高级动画"组中,单击"添加动画",如果有多个对象需要设置相同的动画效果,就可以使用"动画刷"。

切换是向幻灯片添加视觉效果的另一种方式。幻灯片切换效果是在演示期间从一张幻灯片移到下一张幻灯片时在"幻灯片放映"视图中出现的动画效果。用户可以控制切换效果的速度,添加声音,甚至还可以对切换效果的属性进行自定义。

幻灯片切换效果,PowerPoint 2010 的操作如下:

(1)在幻灯片浏览视图或者普通视图中选择一张或者多张。

(2)单击"幻灯片放映"菜单下的"幻灯片切换",就会打开对话框。

(3)在"幻灯片切换"任务窗格下的"应用于所选幻灯片"中选择切换效果;在"速度"区域中选择切换效果。

(4)在"换片方式"中,可选择"单击鼠标时""每隔"。

(5)在"声音"列表框中选择所需要的声音,如果要求在幻灯片演示过程中始终有声音,那么就选中"循环播放,到下一声音开始时"复选框。

（6）要将切换效果应用到全部幻灯片上时，选择"应用于所有幻灯片"。

3.2.3 添加备注

对于使用 PPT 来进行演讲的人来说，在演讲之前一定会做好课件及准备工作，到哪一页该讲哪些内容，如何去讲，等等。在 PowerPoint 中有个备注功能，可以记载演讲者的一些演讲课件，演讲者可以将课件存放到备注当中，然后通过设置，让观众在看 PPT 幻灯片放映时不显示备注，而在演讲者的屏幕上却显示备注。具体操作步骤如下：

（1）首先将投影设备或其他幻灯片输出设备连接到笔记本或 PC 上，在 Windows 7 中按 Win 键＋P 并选择"扩展"模式，将当前笔记本或 PC 的显示器与投影显示输出设备设置为"扩展模式"。

（2）在 Ribbon 界面中选择"幻灯片放映"选项卡，再单击"设置幻灯片放映"按钮，然后在弹出的"设置放映方式"窗口的下拉列表中选择要将演示文稿在哪个显示设备上进行放映，再勾选"显示演示者视图"选项，最后单击"确定"按钮。

（3）按 F5 键开始进行演示，此时在演示者屏幕上出现的是备注提示的"演示者视图"。其中左侧是当前演示页的预览状态，右侧是提前准备好的演讲备注内容。此外，在另一个投影输出设备上，与会者只能看到幻灯片的演示页，而看不到演示者的备注内容。

3.3 转换应用

3.3.1 PPT 转换成 Word 文档

在 PPT 演示文稿做好后，有时希望再把其中的内容导入 Word 中，做成文案。具体操作如下：

（1）打开所要转换的 PPT 文件，选择"设计"｜"页面设置"。在弹出的对话框里，设置幻灯片的高度和宽度，然后单击"保存"按钮。

（2）单击"文件"｜"保存并发送"，选择"创建讲义"。在弹出的对话框中，选择"备注在幻灯片下（B）"，单击"确定"按钮。等待转换完成。

（3）打开转换好的 Word 文档进行编辑。转换好的 Word 文件比较杂乱，需要编辑。

3.3.2 PPT 转换成 PDF 文档

（1）使用 PowerPoint 2007 打开想要转换的幻灯片文件，然后单击左上角的"文件"选项。

（2）单击"另存为"按钮，在弹出的对话框中的"保存类型"选项中，选择 PDF，单击"保存"即可。

（3）如果只需要转换演示文稿的一部分到 PDF，或者有其他一些需求，那么在保存前，单击"选项"按钮，即可做一些特殊调整。

另外还可通过"文件"｜"保存并发送"｜"创建 PDF/XPS 文档"选项将文档转换成 PDF，效果和"另存为"一样。

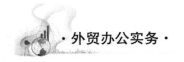
·外贸办公实务·

任务四 PDF

4.1 PDF 概述

PDF 全称 Portable Document Format，译为便携文档格式，是一种电子文件格式。这种文件格式与操作系统平台无关，也就是说，PDF 文件不管是在 Windows、UNIX，还是在苹果公司的 Mac OS 中都是通用的。这一性能使它成为在 Internet 上进行电子文档发行和数字化信息传播的理想文档格式。越来越多的电子图书、产品说明、公司文告、网络资料、电子邮件开始使用 PDF 格式文件。

Adobe 公司设计 PDF 文件格式的目的是为了支持跨平台上的、多媒体集成的信息出版和发布，尤其是提供对网络信息发布的支持。为了达到此目的，PDF 具有许多其他电子文档格式无法相比的优点。PDF 文件格式可以将文字、字形、格式、颜色及独立于设备和分辨率的图形图像等封装在一个文件中。该格式文件还可以包含超文本链接、声音和动态影像等电子信息，支持特长文件，集成度和安全可靠性都较高。

用 PDF 制作的电子书具有纸质书的质感和阅读效果，可以"逼真地"展现原书的原貌，而显示大小可任意调节，给读者提供了个性化的阅读方式。PDF 文件可以不依赖操作系统的语言、字体及显示设备，阅读起来很方便。这些优点使读者能很快适应电子阅读与网上阅读，无疑有利于计算机与网络在日常生活中的普及。

PDF 主要由三项技术组成：第一，衍生自 PostScript，可以说是 PostScript 的缩小版；第二，字形嵌入系统，可使字形随文件一起传输；第三，资料压缩及传输系统。

PDF 文件使用了工业标准的压缩算法，通常比 PostScript 文件小，易于传输与储存。它还是页独立的，一个 PDF 文件包含一个或多个"页"，可以单独处理各页，特别适合多处理器系统的工作。此外，一个 PDF 文件还包含文件中所使用的 PDF 格式版本，以及文件中一些重要结构的定位信息。正是由于 PDF 文件的种种优点，它逐渐成为出版业中的新宠。

Adobe 公司以 PDF 文件技术为核心，提供了一整套电子和网络出版解决方案，其中包括用于生成和阅读 PDF 文件的商业软件 Acrobat 和用于编辑制作 PDF 文件的 Illustrator 等。

4.2 PDF 阅读器

PDF 常用的阅读工具主要有以下两种。

1. Adobe Reader

Adobe Reader 也被称为 Acrobat Reader，是美国 Adobe 公司开发的一款优秀的 PDF 文

件阅读软件,用于打开和使用在 Adobe Acrobat 中创建的 Adobe PDF 的工具。虽然无法在 Adobe Reader 中创建 PDF,但是可以使用 Adobe Reader 查看、打印和管理 PDF。在 Adobe Reader 中打开 PDF 后,可以使用多种工具快速查找信息。如果收到一个 PDF 表单,那么可以在线填写并以电子方式提交。如果收到审阅 PDF 的邀请,那么可使用注释和标记工具为其添加批注。使用 Adobe Reader 的多媒体工具可以播放 PDF 中的视频和音乐。若 PDF 包含敏感信息,则可利用数字身份证或数字签名对文档进行签名或验证。Adobe Reader 的优点是稳定性和兼容性好,但缺点是体积庞大,启动速度慢。

Adobe Reader 最新版本在优化了本身的启动性能外,更增加了很多安全、实用、便携的新功能:(1)更安全地查看和注释任何 PDF 文档,借助新的保护模式有助于保护计算机软件和数据免受恶意代码的侵扰;(2)增强的注释工具,即使用便签和荧光笔工具标注 PDF 文档,标注并与他人共享您的反馈;(3)与表单及富媒体交互,包括 PDF 包、CAD 文件和 Flash 等多媒体内容,填写、保存和发送 Reader 表单;(4)支持移动设备。

在 Adobe Reader X10 版本之前,Adobe Reader 都只有单纯的浏览功能,而 Adobe Reader X10 在真正意义上加入了部分编辑功能,在一定程度上可以对 PDF 文档进行编辑:(1)加注释;(2)加高亮;(3)PDF 文档转文本文档(TXT 文件);(4)其他文档转 PDF 文档(需要注册)。这些功能在以往的 Adobe Reader 版本里是没有或者难以完成的,有一些往往还要借助其他软件。

2. Foxit Reader

Foxit Reader(旧名:Foxit PDF Reader),是一套用来阅读 PDF 格式文件的软件,由福建福昕软件所研发;2009 年 9 月 3 日推出 3.1.1 Build 0901 最新版本。Foxit Reader 是一套自由使用的软件,操作系统主要以 Microsoft Windows 为主,且只要有 Win32 执行环境的操作系统皆可使用。

Foxit Reader 小巧快速,安装方便,允许浏览、审阅及打印任何 PDF 文档,可以抵抗各种流氓软件或恶意攻击,为用户提供快速、流畅、安全的阅读体验。此外,还具有高度安全性和隐私性。Foxit Reader 高度尊重用户的安全性和隐私性,没有用户的许可不会主动访问互联网。而别的 Reader 却会在用户不知晓的情况下,主动从后台连接到互联网。Foxit Reader 完全不带有任何间谍软件。

Foxit Reader 桌面版和移动版可以满足用户在 PC、笔记本电脑、平板电脑、手机、电子书等移动设备上高质量解析、显示和处理 PDF 文档。

Foxit Reader 可以在文档上画图、高亮文本、输入文字,并且对批注的文档进行打印或保存。Foxit Reader 4.0 版本拥有以下功能。

(1)注释工具:此模块包含有 Typewriter 工具、注解工具、文本标记及图形标记工具。

(2)图形标注工具:使用图形标注工具可添加各种形状的标注,包括箭头工具、线条工具、正方形工具、矩形工具、圆形工具、多边形工具、云形工具等。

(3)打字机工具:包括打字机工具、标注工具、文本框工具,使用这些工具给 PDF 文档添加文本标注,在标注文本框或普通文本框中编辑文本。

(4)文本阅读:使用福昕 PDF 阅读器中菜单栏中"工具"下的"文本阅读"这一功

能来预览从 PDF 文件转化为文本文件的效果；Foxit Reader Pro Pack 后即可保存文本文件并激活"文本阅读"单击鼠标右键后弹出的快捷菜单中的"复制"选项。

（5）文本转换：此插件通过福昕 PDF 阅读器菜单栏中"文件"下的"另存为"这一功能将一份完整的 PDF 文档转成简单的文本文件。

（6）交互式表单填充：PDF 表单基本操作，即填充、打印表单；PDF 表单高级操作，如保存修改好的表单，导入/导出表单数据。

（7）英文拼写检查：当在填写英文表单或用 typewriter 插入英文文本时，这个工具可以帮助您检查英文拼写对错并在单词下标出曲线提示错误。如果在拼错的单词上单击鼠标右键，就会看到一份建议替换的单词表。需另外下载安装一个包含英文词典的 add-on。

（8）高级编辑工具：高级编辑工具是指菜单"工具"里的测量工具、放大镜工具、图片工具、附件工具、链接工具、标注选择工具。

（9）测量工具：测量工具主要包括距离工具、周长工具和面积工具，用于测量 PDF 页面的距离、周长及面积，并把测量结果自动转换为真实值。

Foxit Reader 5.1 版本拥有的新功能如表 4-1 所示。

表 4-1　Foxit Reader 5.1 拥有的新功能

功　能	特　点
XFA 表单填写	XFA（XML 表单）可以根据数据的大小，自动重新调整自身以适应用户或外部数据源（例如数据库服务器）提供的数据，而不需要手动重新设计表单
朗读功能	通过安装支持 SAPI 5（语音应用程序编程接口 5）的语音引擎，实现 PDF 文档文本的有声阅读
自定义阅读器皮肤	通过几个简单的单击操作，便可更换喜欢的阅读器皮肤；选择常用工具栏模式或标签工具栏模式；更加舒适的操作界面，更加稳定的程序运行；简洁易用的界面布局；更好的用户体验
自定义快捷键	创建自己的自定义快捷键；使您的工作更加高效；使您更轻松地完成日常任务
支持标签式工具栏模式	简洁的工具栏列表；带来更好的用户体验
搜索注释和书签	高级搜索，轻松地在当前 PDF 文档中搜索文本；搜索更加精确
支持 Windows 活动目录信息权限管理服务	打开 RMS 保护的 PDF 文件；提高信息安全，建立权限管理体系；改善业务流程，节省时间和金钱
Windows（资源管理器）浏览缩略图	在 Windows（资源管理器）中显示 PDF 文件缩略图；预览当前文档
Outlook 预览	在 Microsoft Outlook 2003、2007 及 2010 版本中预览 PDF 附件
"适合可见区域"模式	显示 PDF 页面内容使其符合窗口宽度
拆分窗口模式	在两个窗口（拆分命令）或四个窗口（表格式拆分命令）中查看 PDF 文件；支持多个窗口配置，易于操作；同时更新修改内容；最大限度地提高效率

4.3 PDF 转换成 Word

（1）安装 MS Office 2010。

（2）用 PDF 阅读软件打开扫描版文件，并且使用"文件"｜"打印"功能。打印机选择"发送至 OneNote 2010"，然后选择打印的范围，单击"确定"按钮。

（3）在 OneNote 中单击鼠标右键选择"复制此打印输出页中的文本"，然后单击"粘贴"按钮。

4.4 PDF 转成图片

在实际办公过程中，我们有时候需要把图片做成 PDF 格式，有时候又需要把 PDF 格式的转成图片格式的，那么怎么把 PDF 转成图片呢？在这里分别介绍利用 Adobe Acrobat X 和 Foxit Phantom 5 软件来转换的操作步骤。

1. 使用 Adobe Acrobat X 转换

（1）首先用 Adobe Acrobat X 打开需要转换为图片的 PDF 文件。

（2）单击"文件"｜"另存为"｜"图像"｜PNG（具体格式也可以根据需要选择）。

（3）弹出"另存为"对话框，单击右侧的"设置"按钮。

（4）弹出"另存为 PNG 设置"对话框，我们可以对导出图片的分辨率、色彩值等参数进行设置。

（5）单击"确定"以后返回"另存为"界面，取好文件名称以后单击"保存"按钮。

（6）到保存目录下找到图片，用看图软件打开，检查效果。光标在上面呈手状，表示已经是图片而无法选取上面的文字了，表明转换完成。

2. 使用 Foxit Phantom 5 转换

（1）用 Foxit Phantom 打开需要转成图片的 PDF 文件。

（2）单击"文件"｜"另存为"｜"图片"｜PNG。

（3）弹出"导出为图像"对话框，设置需要转换的页数。

（4）单击"确定"以后，弹出"另存为"对话框，单击右侧的"设置"按纽。

（5）弹出"导出到 PNG 图像格式设置"对话框，可以设置转出图片的分辨率等。

（6）单击"确定"以后，返回上一界面，设置好文件名，单击"保存"按钮。

（7）到保存目录下找到图片，用看图软件打开，检查结果。光标在上面呈手状，表示已经是图片而无法选取上面的文字了，转换结束。

4.5 PDF 安全性设置

PDF 是一种应用很广泛的文档格式，当我们创建 PDF 文档后，出于某种原因，不希望别人对 PDF 文档进行复制或打印传播，并且希望保证文档的完整性。那么就需要对 PDF 文档进行保护设置，利用 Adobe Acrobat 8 Professional 或其他 Adobe Acrobat Reader 版本也可以实现这一功能。具体操作步骤如下：

（1）首先打开需要处理的 PDF 文件。

（2）单击"安全"｜"显示安全性属性"，可以看到当前的文件是没有任何限制的。

（3）现在我们就开始对文件进行限制，单击"安全"，选择"口令加密"，勾选"限制文档编辑和打印"，然后输入密码，单击"确定"按纽。

（4）将 PDF 文件关闭，然后用 Adobe Reader 再打开文件的时候发现已经加密了。此时的打印和复制都已经不能使用了。

任务五　产品图片拍摄与处理

如何才能把商品真实、清晰地呈现在进口商的面前，是出口商必须掌握的一项基本技能。商品拍摄不同于艺术摄影，不需要体现照片的艺术价值和较高的审美品位，但这并不意味着最终的影像是枯燥乏味的。

由于大部分外贸人员没有接受过摄影培训，拍出的照片不理想，因此为了提高外贸人员商品拍摄的水平，在此简单地介绍拍摄产品图片的技巧。

5.1　商品拍摄的特点和要求

商品拍摄对象，从广义上来说，指的是一切可以出售的物体，它包括自然界的花卉、树木、瓜果、蔬菜、日常用品、工业用品、手工艺品、历史文物等。这里要讲的是从狭义的角度来看，拍摄的表现范围是室内饰物、花卉、器皿、工艺品等一些体积较小，可以人工摆放的物品。

商品拍摄不同于其他题材的摄影，它不受时间和环境的限制，一天 24 小时都可以进行拍摄，拍摄的关键在于对商品进行有机的组织、合理的构图、恰当的用光，将这些商品表现得静中有动，栩栩如生，通过照片给买家以真实的感受。

商品拍摄的特点主要有以下几点：

（1）对象静止。商品拍摄区别于其他摄影的最大特点是它所拍摄的对象都是静止的物体。

（2）摆布拍摄。摆布拍摄是区别于其他摄影的又一个显著特点，不需要匆忙的现场拍摄。可以根据拍摄者的意图进行摆布，慢慢地去完成。

（3）还原真实。不必要过于追求意境，以致失去物品的本来面貌。

商品拍摄的总体要求是将商品的形、质、色充分表象处理，而不夸张。

形，指的是商品的形态、造型特征以及画面的沟通形式。

质,指的是商品的质地、质量、质感。商品拍摄对质的要求非常严格。体现质的影纹层次必须清晰、细腻、逼真,尤其是细微处以及高光和阴影部分。对质的表现要求更为严格。用恰到好处的布光角度,恰如其分的光比反差,以求更好地完成对质的表现。

色,商品拍摄要注意色彩的统一。色与色之间应该是互相烘托,而不是对抗,是统一的整体。"室雅无须大,花香不在多",在色彩的处理上应力求简、精、纯,避免繁、杂、乱。

5.2 器材准备

既然是用于外销而且还要上传网络平台的商品拍摄,就要有一款适合静物拍摄的相机,最好有微距功能。

三脚架,是我们从事商品拍摄乃至其他各类题材拍摄不可或缺的主要附件。为避免相机晃动,保证影像的清晰度,使用三脚架是必需的。

灯具,是室内拍摄的主要工具,如果有条件,应具备三只以上的照明灯。建议使用30W以上的三基色白光节能灯,价格相对便宜,色温也好。

商品拍摄台,是进行商品拍摄必备的,但也可以因陋就简,灵活运用。办公桌、茶几、方桌、椅子和大一些的纸箱,甚至光滑平整的地面均可以做拍摄台使用。

背景材料,如果到照相器材店购买正规的背景纸、布,费用很大,在小的房间里使用起来也不一定方便。所以,可以到文具商店买一些全开的白卡纸来解决没有背景的问题(千万不要用复印纸),也可以到市场买一些质地不同(纯毛、化纤、丝绸)的布料来做背景使用。

5.3 光线的使用

商品拍摄与其他题材摄影相比,在光线的使用方面有一定的区别。商品拍摄的对象多数是能够放在拍摄台上的东西,物体的质感表现、画面的构图安排,较其他的摄影题材表现要求更高。而且拍摄中灯光使用较多,自然光使用较少,所以在画面布局和灯光处理方面比较复杂。下面介绍两种拍摄商品时的光线使用方法。

1. 室内自然光

如果使用室内自然光拍摄商品,就应该了解这种光线的特点和使用要求。这种看似简单而且容易使用的光线条件,很可能导致拍摄的失败。室内自然光是由户外自然光通过门窗等射入室内的光线,方向明显,极易造成物体受光部分和阴暗部分的明暗对比,既不利于追求物品的质感,也很难完成其色彩的表现。对于拍摄者来讲,运用光线的自由程度就会受到限制。

要改变拍摄对象明暗对比度大的问题,一是要设法调整自己的拍摄角度,改善商品的受光条件,加大拍摄对象与门窗的距离;二是合理利用反光板,使拍摄对象的暗处局部受光,以此来缩小商品的明暗差别。利用室内自然光拍摄商品照片,如果用光合理、准确,拍摄角度适当,不但能使商品的纹路清晰、层次分明,还能达到拍摄对象受光亮度均匀、画面气氛逼真的效果。

在商品拍摄光线的使用方面，如果有条件的话，最好还是利用人工光源，根据自己对商品拍摄的理解认识去进行拍摄实践。

2. 人工光源

人工光源主要是指各种灯具发出的光。这种光源是商品拍摄中使用非常多的一种光源。它的发光强度稳定，光源的位置和灯光的照射角度，都可以根据自己的需要进行调节。

使用人工光源进行拍摄，要根据拍摄对象的具体条件和拍摄者对于表现方面的要求来决定。灯光是以点状光源或是柔光棚光源及反射光线等形式对商品发生作用的。许多情况下，拍摄对象的表面结构决定着光源的使用方式。

在一般情况下，商品拍摄是依靠被摄商品的特征吸引买方的注意，光线的使用会直接关系到被摄商品的表现。要善于运用光线明与暗、强与弱的对比关系，了解不同位置的光线所能产生的效果。

侧光，能很好地显示拍摄对象的形态和立体感；侧逆光，能够强化商品的质感表现；角度较低的逆光，能够显示出透明商品的透明感；角度较高的逆光，可用于拍摄商品的轮廓形态。

熟悉和掌握上述各种位置灯光的作用和效果，在拍摄过程中，可以先使用一只照度较大的单灯在拍摄对象的前后、左右不同的位置进行照明试验，细心观察不同位置光线所能产生的不同效果，了解它对拍摄对象的表现所产生的作用。

利用室内灯光进行商品拍摄，其光线的类型大致可以分为主光、辅助光、轮廓光、背景光、顶光、地面光等几种。在一般情况下，拍摄的过程只采用三至四种光线类型即可。对于拍摄者来说，在布置各种类型的光线时，切忌将所有的灯光一下子全部照射到被拍摄对象及其背景等处，这样做势必造成光影的混乱。

正规的布光方法，应该注重使用光线的先后顺序。首先要重点把握的是主光的运用。因为主光是所有光线中占主导地位的光线，是塑造拍摄主体的主要光线。当主光作用在主体位置上后，其灯位就不再轻易移动。然后再利用辅助光来调整画面上由于主光的作用而形成的反差，要适当掌握主光与辅助光之间的光比情况。

辅助光的位置，一般都安排在照相机附近，灯光的照射角度应适当高一些，目的是降低拍摄对象的投影，不致影响到背景的效果。辅助光确定以后，根据需要再来考虑轮廓光的使用。

轮廓光的位置，一般都是在商品的左后侧或右后侧，而且灯位都比较高。使用轮廓光的时候，要注意是否有部分光线射到镜头表面，一经发现要及时处理，以免产生眩光。其后再按照拍摄需要，考虑背景光等其他光线的使用。

全部所需光线部署好以后，再纵观全局，做一些必要的细微调整。当然这种有主有从、有先有后的布光顺序是针对一般情况的。而对一些特殊的拍摄对象，光线的使用并不一定拘泥于从主光到辅助光再到轮廓光这种用光顺序。有的时候只需要一只灯照明，有的时候将顶光作为主光使用。所以，拍摄者可通过反复实践，掌握用光的规律，就能很好地把握商品拍摄中光线的使用效果了。

下面将几种拍摄不同表面结构商品时的光线运用方法作一介绍。

（1）拍摄粗糙表面商品时的光线运用。有许多商品具有粗糙的表面结构，如皮毛、棉麻制品、雕刻等，为了表现好它们的质感，在光线的使用上，应采用侧逆光或侧光照明，这样会使商品表面表现出明暗起伏的结构变化。

（2）拍摄光滑表面商品时的光线运用。一些光滑表面的商品，如金银饰品、瓷器、漆器、电镀制品等，它们的表面结构光滑如镜，具有强烈的单向反射能力。直射灯光聚射到这种商品表面会产生强烈的光线改变，所以拍摄这类商品时，一是要采用柔和的散射光线进行照明；二是可以采取间接照明的方法，即灯光作用在反光板或其他具有反光能力的商品上反射出来的光照明商品，能够得到柔和的照明效果。

（3）拍摄透明商品时的光线运用。玻璃器皿、水晶、玉器等透明商品的拍摄一般都采用侧逆光、逆光或底光进行照明，就可以很好地表现出静物清澈透明的质感。

（4）拍摄无影静物时的光线运用。有一些商品照片，画面处理上完全没有投影，影调十分干净。这种照片的用光方法是：使用一块架起来的玻璃台面，将要拍摄的商品摆在上面，在玻璃台面的下面铺一张较大的白纸或半透明描图纸，灯光从下面作用在纸的上面。通过这种底部的用光就可以拍出没有投影的商品照片，如果需要也可以从上面给商品加一点辅助照明。这种情况下，要注意底光与正面光的亮度比值。

3. 光线与气氛

商品拍摄出来所表现的气氛，会给予购买者一种情感反应，这种气氛的形成是在拍摄过程中由于光线的作用而产生的。由特定的光线所表现出来的气氛，只有在有意识地保留这种光线照明特征的情况下，才能真正体现出来。比如，在逆光的照明条件下，拍摄对象的明暗反差会很大，被摄物体朝向照相机镜头的这个"面"往往会呈现在阴影中，如果不恰当地使用过量的辅助光线，从物体的正面照射，把物体的背光面照得很亮，去表现被拍摄物体更多的细部层次，这样做不仅会失去画面上逆光拍摄的光线感觉，更重要的是还会破坏画面的整体气氛。

气氛的表达要借助光线的作用，而光线的作用则是依据主体的表现需求。在遇到上述情况时首先应想到如何协调质感表现、气氛渲染与主体内容表达之间的关系，根据所使用光线的造型作用和特点，调整好主光与辅助光的光比结构，利用画面气氛，更好地刻画静物拍摄画面的主体。

5.4　商品的布局

商品的布局，在这里我们可将其理解为静物画面的构图。商品拍摄在构图方面遵循摄影的一般构图要求，只是在某些方面，商品拍摄的构图要求更高、更细。因为商品拍摄不同于其他的摄影题材，它是通过拍摄者主观意图摆设出来的，所以构图就要求更加完整、严谨，画面中各类关系的处理也要求合理。商品在画面中布局的过程，就是建立画面各种因素的开始。这其中包括主体的位置、陪体与主体关系、光线的运用、质感的表现、影调与色调的组织与协调、画面色彩的合理使用、背景对主体的衬托、画面气氛的营造等。

按照构图的基本要求，在简洁中求主体的突出，在均衡中求画面的变化，在稳定中求线条和影调的跳跃,在生动中求和谐统一,在完整中求内容与形态的相互联系。在准备拍摄之前,要对被拍摄商品进行仔细的观察,取其最完美、最能表现自身特点的角度,然后将其放在带有背景的静物拍摄台上。构图时要根据不同的拍摄对象作不同的安排。拍摄历史文物,为求其平稳、庄重,一般都放在画面居中的位置上;拍摄陶瓷奔马,就应该在主体的奔跑方向前留出一些空间;拍摄细长的静物,就可以将其放在画面中间略偏向一边的位置上,用其投影来达到画面的平衡;拍摄大一些的物体,画面布局应当充实,给人一种大的感觉;拍摄小的静物,画面上就可适当留些空间,让人感觉其小;拍摄多个物体,就应考虑相互的陪衬和呼应关系。

传统的静物拍摄构图形式有以下几种。

1. △型(三角形)构图

△型构图就是我们常说的三角形构图,这种构图是静物拍摄最常用的一种方式。它所表示的静物画面具有稳定性和庄严的感觉。三角形构图要注意的就是主次的关系,一般形成不等边的三角形,显得既稳定又不呆板。

2. ▽型(倒三角形)构图

与三角形构图相反,这种倒三角形构图极富动感,在不稳定的情绪中求得感觉上的变化,这种构图形式也是商品拍摄中较为常用的一种。

3. S型构图

S型构图,优美而富于变化。虽然在商品中这种构图形式比较少见,但是如果用它的表现力借助线条的作用,会拍出一幅非常好的商品照片。

4. 对角线构图

在这种构图形式中,由于主体的倾斜,加强了画面的冲击力度,给人以强烈的动感。

以上这四种构图方法是较为传统的构图形式。商品拍摄的构图形式和布局没有固定不变的模式,借鉴的目的不是要照搬,而是要在应用基础上发挥自己的创新才能。

5.5 背景的选择和处理

商品拍摄中,背景在表现主体所处的环境、气氛和空间方面,在表现整个画面的色调及其线条结构方面,有着很重要的作用。由于背景的面积比较大,能够直接影响画面内容的表现。背景处理的好坏,在某种程度上决定了静物拍摄的成败。

背景使用的材料主要有专用的背景布/纸、呢绒、丝绒、布料、纸张和墙壁等。

1. 背景灯光的运用

在商品拍摄中,背景灯光如果运用合理,不仅能在一定程度上清除一些杂乱的灯光投影,同时也能更好地渲染和烘托主体。背景灯光的布光有两种形式:一种是将背景的照明亮度安排得很均匀,尽可能地在背景上没有深浅明暗的差异;另一种是将背景的光线效果布置成中间亮周围逐渐暗淡的效果,或背景上部暗逐渐向下过渡的光线效果。通过用光线对背景的调整,可以使背景的影调或色彩既有明暗之分又有深浅之别,将拍摄对象与背景融成一个完美的整体，会得到非常好的拍摄效果。

如果将背景灯置于主体物的背后，从正面照亮背景，就会在背景上形成一个圆形的光速环。灯光位置距离背景的远近，决定了光束环的大小，可以根据主体表现的需要自行调整。这种方法既简便，又可以表现出较好的画面效果。

2. 背景色彩的处理

背景色彩的处理，应追求艳丽而不俗气、清淡而不苍白的视觉效果。背景色彩的冷暖关系、浓淡比例、深浅配置、明暗对比，都必须从更好地突出主体对象这个总前提出发。可以用淡雅的背景衬托色彩鲜艳的静物，也可以利用淡雅的静物配以淡雅的背景。在这方面没有一定的规律和要求，只要将主体和背景的关系处理得协调、合理即可，黑与白在商品拍摄背景中的使用，已逐渐受到人们的重视，对于主体的烘托和表现，黑与白有着其他颜色背景达不到的效果。尤其是白背景会给人一种简练、朴素、纯洁的视觉印象，将主体表现得清秀明净、淡雅柔丽。

3. 背景的"虚化"处理

如果在室外拍摄景物照片，会受到杂乱背景的影响。因此，为了不影响主体的表现，对背景进行虚化处理是很必要的。处理的方法：一是采用中长焦距的镜头进行拍摄，发挥这种镜头焦距长、景深小的性能，虚化背景；二是拍摄时尽量不用太小的光圈，避免产生太大的景深；三是控制主体与背景之间的距离，来达到虚化背景的目的。

如果在室内运用自然光拍摄静物照片，利用较慢的快门速度，在拍摄开启快门的时候，同时将背景进行左右或上下的快速移动，同样可以达到虚化背景的目的。但需要两个人进行操作，快门速度也应该在 1/2 秒以下。

商品拍摄完毕后，可以利用 Photoshop、Word 里的图片处理工具来编辑拍摄好的图片。

总之，一定要让人看清楚图片里是什么，一眼就可以看出这张图片里传达的信息。要利用不同角度全方位地展示产品。图片色彩要鲜明，光线柔和清晰，角度要好，要注意画面的构图，同时还要注意产品的摆放方式应醒目。

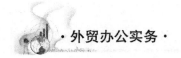

知识训练

一、判断题

1. 外贸工作中使用的 Word、Excel 可以自定义模板。（　　）
2. Excel 工作簿文件的扩展名是 XLs。（　　）
3. Word 中的所有功能都可通过工具栏上的工具按钮来实现。（　　）
4. 在 Word 表格中，不能改变表格线的粗细。（　　）
5. 在 Word 中，通过鼠标拖动操作，可将已选定的文本移动到另一个已打开的文档中。（　　）
6. 在 Word 中，单元格的内容只能够是文本。（　　）
7. 在 Word 中，一个表格的大小不能超过一页。（　　）
8. 在 Excel 单元格输入公式时，必须以 "＝" 开头。（　　）
9. 一个 Excel 工作表的可用行数和列数是不受限制的。（　　）
10. 如果已在 Excel 工作表中设置好计算公式，则当在工作表中插入一列时，所有公式必须重新输入。（　　）
11. 在 Excel 工作表中，可以插入并编辑 Word 文档。（　　）
12. 在 Word 打印预览窗中，可通过浏览文档观察文章段落在页面上的整体布局，但不能对其编辑修改。（　　）
13. 利用 Excel 的选择性粘贴功能，可以将公式转换为数值。（　　）
14. 在 Excel 工作表的单元格中，可以输入文字，也可以插入图片。（　　）
15. 在 Word 文档中，可以插入并编辑 Excel 工作表。（　　）

二、单选题

1. 在 Word 中可以选取矩形区域的文字块，方法是在按住（　　）键的同时按住鼠标左键并拖动。
   A. Shift　　　　　　B. Alt　　　　　　C. Ctrl　　　　　　D. Tab

2. 保护一个工作表，可以使不知道密码的人（　　）。
   A. 看不到工作表内容　　　　　　B. 不能复制工作表的内容
   C. 不能修改工作表的内容　　　　D. 不能删除工作表所在的工作簿文件

3. 在 Excel 中，可使用（　　）功能来校验用户输入数据的有效性。
   A. 数据筛选　　　　B. 单元格保护　　　　C. 有效数据　　　　D. 条件格式

4. 将 Word 表格中两个单元格合并成一个单元格后，单元格中的内容（　　）。
   A. 只保留第 1 个单元格内容　　　　B. 只保留第 2 个单元格内容
   C. 2 个单元格内容均保留　　　　　D. 2 个单元格内容全部丢失

5. Excel 的三个主要功能是（　　）。
A. 电子表格、图表、数据库　　　　　　B. 文字输入、表格、公式
C. 公式计算、图表、表格　　　　　　　D. 图表、电子表格、公式计算
6. 在 Word 中，（　　）实际上对文档的编辑、排版和打印都将产生影响。
A. 页面设置　　　　B. 字体设置　　　　C. 打印预览　　　　D. 页码设置
7. 如果 Excel 某单元格显示为#DIV/0，这表示（　　）。
A. 除数为零　　　　B. 格式错误　　　　C. 行高不够　　　　D. 列宽不够
8. 在 Word 中表格可以进行（　　）。
A. 透视分析　　　　B. 分类汇总　　　　C. 绘制图表　　　　D. 排序
9. 在默认情况下，单元格中的文本（　　）对齐。
A. 靠右　　　　　　B. 靠左　　　　　　C. 居中　　　　　　D. 两端
10. 在 Word 中下面的（　　）不能从一个单元格移动到另一个单元格。
A. 按键盘的方向键　　　　　　　　　　B. 按 Tab 键
C. 按回车键　　　　　　　　　　　　　D. 单击下一个单元格

三、多选题

1. 在 Word 中插入超链接时可以连接到（　　）。
A. 原有文件　　　　B. 原有网页　　　　C. 本文档中位置　　D. 新建文档
E. 电子邮件地址
2. 合并单元格的方法是（　　）。
A. Ctrl + Shift + Enter
B. 单击"表格"｜"合并单元格"
C. 单击鼠标右键在快捷菜单中选择"合并单元格"
D. 单击工具栏上的"合并单元格"按钮
3. 引用运算符包括（　　）。
A. 空格　　　　　　B. 冒号　　　　　　C. 句号　　　　　　D. 逗号
4. 在 Excel 工作表中单击"文件"｜"打印"命令，打开"打印内容"对话框。下面哪些单选按钮在"打印内容"对话框的"打印内容"选项区中？（　　）
A. 选定区域　　　　B. 整个工作簿　　　C. 选定图表　　　　D. 当前页
5. 在 Word 中制作表格，其列宽可以进行（　　）调整。
A. 平均分布列宽　　B. 根据窗口大小　　C. 根据内容　　　　D. 按固定列宽
6. 下面关于 Word 中，表格处理的说法正确的是（　　）。
A. 可以通过标尺调整表格的行高和列宽
B. 可以将表格中的一个单元格拆分成几个单元格
C. Word 提供了绘制斜线表头的功能
D. 不能用鼠标调整表格的行高和列宽
7. 有关 Excel 表格排序的说法不正确是（　　）。
A. 只有数字类型可以作为排序的依据　　B. 只有日期类型可以作为排序的依据
C. 笔画和拼音不能作为排序的依据　　　D. 排序规则有升序和降序

8. 在 Excel 中，可以在活动单元格中（   ）。
   A. 输入文字　　　　　　　　　　　　B. 输入图形
   C. 设置边框　　　　　　　　　　　　D. 设置超级链接
9. 在 Excel 中的"单元格格式"对话框中，可以设置所选多个单元格的是（   ）。
   A. 对齐方式　　　　B. 字体　　　　C. 底纹　　　　D. 合并或拆分
10. 在 PowerPoint 的演示文稿中可以插入的对象有（   ）。
   A. Microsoft Word 文档　　　　　　　B. Microsoft Office
   C. Microsoft Excel　　　　　　　　　D. Microsoft Equation

四、讨论分析题

1. 在 Word 中怎么为图片加上边框？

2. 试述将 PDF 格式的文档转换成 Word 文档的步骤。

3. 简述 PowerPoint 设置超链接及修改超链接字体颜色的步骤。

4. 简述拍摄商品图片应注意的事项。

技能训练

1. 按照如下要求对下面的提单更正保函进行编辑。

本公司装运贵公司（或代理）之船名 XIN OU ZHOU 航次 0044E 货载，提单号码 EG-LV23456，兹因原提单上所列示与本公司资料不符，今欲将之更正为：

（9）ALSO NOTIFY PARTY（COMPLETE NAME AND ADDRESS）

显示如下信息：

CONTINENTAL AGENCY INC.

535 BREA CANTON RD.

WALNUT CA 9179

TEL：909–5898883　FAX：909–5897773

请贵公司惠予更正或加盖更正章。本公司保证更正内容绝对属实，并保证更正后绝不擅自涂改。若因上述情事或更正内容不实，或擅自涂改原更正资料而发生贸易纠纷或违反卸货港海关之规定，致使贵公司遭受任何损害或支付任何费用（包括诉讼费及律师费用等），本公司愿无条件负担一切损害赔偿责任并偿还贵公司支付之费用及其利息。

此致

EVERGREEN LINE

1. 立保函人＿＿＿＿＿＿＿＿＿　　　　2. 立保函人＿＿＿＿＿＿＿＿＿

（发货人）（请盖公司及负责人章）　　（订舱货代）（请盖公司及负责人章）

＿＿＿年＿＿＿月＿＿＿日　　　　　　＿＿＿年＿＿＿月＿＿＿日

电话＿＿＿＿＿＿＿＿＿　　　　　　　电话＿＿＿＿＿＿＿＿＿

联络人＿＿＿＿＿＿＿＿＿　　　　　　联络人＿＿＿＿＿＿＿＿＿

（1）为全文添加标题，标题文字为"提单更正保函"（不包括引号），并设置为黑体、二号、加粗，标题文字"居中"对齐；

（2）除标题外的文字设置为宋体、小四、1.5 倍行距；

（3）为页眉、页脚添加文字"温州简达贸易有限公司"，字体均设置为宋体、五号、加粗、居中；

（4）除标题外的正文进行"分栏"，栏数为2；

（5）在文档右上角插入如下公司标志图片，选择合适大小（参考高度为3厘米），版式为"四周型"；

（6）完成后另存到 D 盘外贸单证文件夹，以自己的姓名来命名。

2. 根据如下货物信息，利用 Excel 缮制一份销售确认书、发票及装箱单给货代公司（见以下空白模板）。

EXPORTER：

WENZHOU　DEXING TRADING CO.，LTD

NO. 20-1 ZHONGSHAN ROAD，WENZHOU CHINA

TEL：0086 577 65032244　FAX：0086 577 65033344

IMPORTER：

Euro 09 JBCo

Bul. Shipchenski Prohod 23

Electronics Works － low building, floor 6

1574 Sofia，Bulgaria

TEL：＋ 258 2 970 36 00

FAX：＋ 359 2 970 38 55

S/C NO.：JJJX5683245　　　DATE：May. 18th, 2010

INVOICE No.：JJJX 0518　DATE：July. 14th, 2010

PRICE TERM：FOB NINGBO，CHINA

PORT OF SHIPMENT：NINGBO PORT，CHINA

PORT OF DESTINATION：VARNA，BULGARIA

SHIPPING MARKS：N/M

品名	件数（CTNS）	数量（PCS）	毛重（KGS）	净重（KGS）	体积（CBM）	总价（USD）
RADIATOR	196	1 620	2 941.2	1 985.1	25.08	19 582.85

PAYMENT TERM：20% DEPOSIT IN ADVANCE，THE BALANCE AFTER COPY OF B/L

PACKING：NEUTRAL PACKING，TO BE PACKED IN CARTONS

DELIVERY TIME：IN THE BEGINNING OF JULY, 2010

WENZHOU DEXING TRADING CO.,LTD

NO.20-1 ZHONGSHAN ROAD,WENZHOU CHINA
TEL: 0086 577 65032244 FAX: 0086 577 65033344

SALES CONFIRMATION

S/C NO.:
DATE:

TO:

FROM:
TO:

Marks & No.	Qty(pcs)	Description	Unit Price	Amount
************	************	************	************	************
TOTAL				

PRICE TERM:
PAYMENT TERM:
PACKING:
DELIVERY TIME:
PORT OF SHIPMENT:
PORT OF DESTINATION:

WENZHOU DEXING TRADING CO.,LTD

NO.20-1 ZHONGSHAN ROAD,WENZHOU CHINA
TEL: 0086 577 65032244 FAX: 0086 577 65033344

COMMERCIAL INVOICE

INVOICE No.:
DATE:

TO:

FROM:
TO:

Marks & No.	Qty(pcs)	Description	Unit Price	Amount
************	************	************	************	************
TOTAL				

WENZHOU DEXING TRADING CO.,LTD

WENZHOU DEXING TRADING CO.,LTD
TEL: 0086 577 65032244 FAX: 0086 577 65033344

PACKING LIST

INVOICE No.:
DATE:

TO:

FROM:
TO:

Mark & No.	QTY(PCS)	PKGS(CTNS)	N.W(KGS)	G.W(KGS)	VOL.(CBM)
					25.080
************	************	************	************	************	************
TOTAL					

3. 走访温州地区某一外贸企业，了解并收集该企业的信息，并对该公司进出口的商品进行拍摄，然后将这些产品图片资料及收集到的企业信息，利用 PowerPoint 制作一份公司简介材料。要求拍摄的产品图片清晰、PPT 画面美观。

项目五　外贸电子商务平台

✓ 任务目标

- 了解阿里巴巴国际站、中国制造网及环球资源网的架构及服务功能
- 掌握阿里巴巴国际站付费会员的操作
- 掌握中国制造网英文站高级会员的操作
- 掌握环球资源网专用供应商用户的操作

✓ 任务导入

李楠毕业于杭州某大学市场营销专业，毕业后回到温州一家企业上班，从事国内销售业务。李楠工作勤奋，又有灵活的头脑，不到3年，销售业绩做得不错，得到老板的赏识，晋升为销售经理。一天，李楠在看报纸时了解到同行的一家企业在国外市场做得非常好。这时李楠萌生了将业务拓展到国外的想法，而且这一想法也得到了老板的肯定。但是他们面临的一大难题是如何让国外的客户知晓自己的企业，并且将产品推广出去并卖给他们。李楠想到可以参加交易会，这样就有结识外商促成交易的机会。交易会可行，但举办的时间却不频繁。后来了解到可以利用电子商务平台国际网站来拓展海外业务。但是这么多的电子商务网站，该选择哪个效益最好呢？这也是李楠与企业的人员值得考虑深究的问题。

从以上案例可以看出，利用电子商务平台开展海外贸易是通行并且普及的事情。但是针对自己的产品，选择合适的电子商务平台，做到成本效益最大化却并不是件容易的事情。熟悉并掌握这些电子商务平台的操作技巧，以便更有利于推广业务，也是至关重要的事情。因此，本项目主要介绍三大电子商务平台。

任务一 阿里巴巴

阿里巴巴为全球领先的小企业电子商务公司,也是阿里巴巴集团的旗舰业务。阿里巴巴在1999年成立于中国杭州市,通过旗下三个交易市场协助世界各地数以百万计的买家和供应商从事网上交易。三个网上交易市场包括:集中服务全球进出口商的国际交易市场、集中国内贸易的中国交易市场,以及透过一家联营公司经营、促进日本外销及内销的日本交易市场。此外,阿里巴巴也在国际交易市场上设有一个全球批发交易平台,为规模较小、需要小批量货物快速付运的买家提供服务。为了转型成为可让小企业更易建立和管理网上业务的综合平台,阿里巴巴亦直接或通过其收购的公司(包括中国万网及一达通),向国内贸易商提供多元化的商务管理软件、互联网基础设施服务及出口相关服务,并设有企业管理专才及电子商务专才培训服务。阿里巴巴亦拥有Vendio及Auctiva,这两家公司为领先的第三方电子商务解决方案供应商,主要服务网上商家。

1.1 阿里巴巴国际站简介

1.1.1 性质与特点

阿里巴巴交易平台主要有服务全球进出口商的阿里巴巴国际站(Alibaba International,www.alibaba.com)、阿里巴巴中国站(www.china.alibaba.com)和阿里巴巴日本站(http://japan.alibaba.com)。

阿里巴巴国际网站是世界领先的B2B电子商务公司,通过英文交易平台每天为来自全球世界各地数以百万计的买家和供应商提供交易服务。

阿里巴巴国际站的核心价值是:

(1)买家可以寻找搜索卖家并发布采购信息;

(2)卖家可以寻找搜索买家并发布公司及产品信息;

(3)为买家、卖家行为提供了沟通工具、账号管理工具。

阿里巴巴国际站的特点是:

(1)互动——社区(Community)频道,客户可以了解贸易相关的知识,互相分享贸易经验,讨论贸易相关话题,等等。

(2)可行——阿里巴巴国际站的Trust Pass会员(目前已取消)和Gold Supplier经过第三方的认证,增加了公司信息的可信度,使买家买得更放心。

(3)专业——人性化的网站设计、丰富类目、出色的搜索和网页浏览,简便的沟通工具、账号管理工具。

(4)全球化——客户遍布全球,同时阿里巴巴国际站具有全球影响力。

1.1.2 会员类型

阿里巴巴国际站的会员类型有 Free Member 和 Gold Supplier 两类。其中 Gold Supplier 又分为 China Gold Supplier 和 Global Gold Supplier。Gold Supplier 是阿里巴巴最高等级的付费会员，享有如下功能：①拥有专业二级域名的网页；②拥有后台管理系统；③可以与所有买家直接联系；④信息排名优先；⑤无限制的产品信息发布；⑥第三方认证；⑦其他服务。

1.1.3 网站构架

阿里巴巴国际站架构由导航、搜索（Search）、类目（Browsed by category）和社区（Community）组成。

导航栏将买卖双方最常用的六个功能模块进行了集成，它位于阿里巴巴国际站首页的右上角，由 Buy、Sell、Community、My Alibaba、My Favorites、Help 部分组成。My Alibaba 模块的主要功能有信息交流与管理中心、发布产品信息、创建公司简介、分析在线实时交易行为。

搜索栏位于首页正上方很醒目的位置，它可以按照 Products、Suppliers 和 Buyers 三种不同的方式来进行查找。

类目位于首页的左侧，这一区域按照产品的类别建立了 Agriculture 等 42 个一级类目，一级类目下又有若干二级子类目，二级子类目下又有若干三级子类目，通过类目的一级一级查找，最后也是可以查找到相关的信息。

社区是为买卖双方提供的资讯分享专区、论坛、外贸经典文章、安全交易提示、新闻、海外展会、进口国国情、合作服务等方方面面的实用信息，为买卖双方开展网络贸易提供了引导和帮助。

1.2 Free Member 操作说明

1.2.1 买方操作

1. 注册

在阿里巴巴国际站首页的右上方有个免费注册的入口，单击 Join Free 进入注册页面，填写相应的内容进行注册。

2. 产品搜索

打开阿里巴巴国际站首页后，在搜索栏里按产品类目输入想要的产品名称，然后单击 Search 按钮，接着界面就会出现搜索结果，即与产品名称有关的产品信息列表。在这些产品信息列表里，还可以通过选择搜索结果页面左边的分类导航栏项目，进而缩小搜索结果范围，以便更精确地查找所需产品。

如果搜索结果不符合要求，也可以选择发布询盘（Dost Buying Reguest），即询盘。这是阿里巴巴为买方提供的一种灵巧的采购服务，称为定制采购（Customized Sourcing）。通过使用定制采购，阿里巴巴针对买方的询盘，细选出符合要求的供应商。阿里巴巴的行业

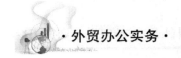

专家完善买方的询盘内容，以便供应商能更准确地知道买方想要查找的产品，这些行业专家会为买方搜索到符合要求的高品质的供应商。最后在符合要求的这些供应商中挑选出最好的报价信息发送给买方。买方在发送询盘内容之前以及供应商在发送报价内容之前，阿里巴巴的行业专家都会事先检查和完善询盘内容和报价内容。

3. 联系供应商

在产品搜索结果中，如果有用户感兴趣的产品，单击 Contact Supplier 按钮或者在产品列表或产品信息详细说明页面直接给供应商发送询盘，或者单击 I'm Online Chat Now 链接与供应商进行即时的在线洽谈。

4. 查看供应商的回信

单击 My Alibaba | Message Center，在出现的收件箱里查找供应商的报价信息，然后开始与用户潜在的供应商进行互动联系。

1.2.2 卖方操作

1. 申请注册

在首页的右上方有个免费注册的入口，单击 Join Free Now 按钮进入注册页面，填写相应的内容进行注册。整个注册流程不超过 1 分钟，就轻松地成为免费会员。

2. 建立免费的公司网站

简单地填写公司简介，建立自己公司的免费网站。记住：如果在阿里巴巴上没有自己公司的简介说明，买方是查找不到用户的。因此，一定要创建自己公司的简介，其具体操作步骤如下：

首先，用自己的账号登录阿里巴巴国际站，然后单击导航栏上的 My Alibaba，在出现的菜单栏上选择 Company Profile，在弹出的信息录入窗口，完成信息的录入。信息资料输入完毕后，用户就得到一个免费的公司网站。

3. 发布产品信息

在阿里巴巴上发布的产品越多，吸引潜在买家的机会也就越多。免费会员可以发布 50 个产品信息。进入 My Alibaba，进行产品信息的发布、管理与完善。具体的产品信息发布步骤如下：

（1）准确地选择所要发布的产品的种类。
（2）填写产品信息资料。
（3）检查产品信息的完整性。
（4）提交。产品信息资料填写完毕后，单击"提交"按钮，等待审批。审批通过，发布的产品信息将在 24 小时内呈现在用户的网站上。

1.3 Gold Supplier 操作说明

1.3.1 登录 My Alibaba

打开阿里巴巴国际站首页后，单击导航栏右上角的 My Alibaba，在弹出的对话框里输

入登录的账号和密码,然后单击 Sign in 按钮。在此,如果想修改登录密码,可以单击 My Alibaba | Account Settings | Change Password 来设置登录的新密码。在修改密码时,会出现安全问题回答对话框。若是忘记了安全问题的答案,可以根据页面上的指示来重置安全问题。如果当初没有设置完全问题,那么这一步就可以省略。

1.3.2 创建公司简介

创建好的公司简介将呈现在用户公司的网站上。公司简介包括公司名称、公司类型、经营的产品或服务种类及其他背景信息。那么访问了用户公司网站的买家可以对用户进行评价,并将用户作为潜在的贸易伙伴。公司简介要体现用户公司的优势和特色,越是有优势,越是有特色,越是能吸引潜在的客户。因此公司简介必须完整、正面反映公司的性质。创建公司简介的具体操作步骤为:单击 My Alibaba | Company Profile,在弹出的编辑公司简介页面,将信息填写完整。

在填写"公司类型"时,可以根据公司的情况,多填写几个。其次,可以增加公司视频和公司的照片,以便买家能在线观看到公司的情况。提供的信息越多,留给潜在买家的印象越好。详细的公司简介必须包括以下内容:公司名称、历史、主营产品、公司规模、年销售量、主要业务市场、客户、管理认证、宗旨等。值得注意的是,主营产品要填写上公司所有产品的关键词,主营行业也是如此,因为买家就是通过产品关键字和行业搜索到用户的。

为了显示公司的优势和增加买家的信任,作为 Gold Supplier 会员,可以上传 8 张认证或荣誉获奖证书至公司简介。具体的操作步骤是:单击 My Alibaba | Company Profile | Gold Supplier Status,单击页面底部的 Add New Certificates 按钮,然后将弹出的对话框内容填满即可。上传的证书被审核通过的话,会显示在自己公司网站的证书模块一栏。

1.3.3 网站设计

设计网站时可以从系统提供的 21 个模板中选择最适合自己公司品牌风格和产品性质(如产品颜色、种类等)的模板。

网站设计除了风格很重要外,对于橱窗产品的选择也很重要。因为橱窗产品在阿里巴巴国际站搜索结果享有排名优先的地位,所以橱窗上放的产品一定要仔细选取:①可以选择一些热门的搜索词放在橱窗产品上,因为越是热门的产品,潜在搜索的买家肯定是最多的,另外,使用橱窗产品来竞争热门产品的排名效果会很好;②可以查看曾经收到过的询盘,哪一款产品的询盘最多,就可以把这款产品放到橱窗上。

1.3.4 发布产品信息

在阿里巴巴上要想被买家查找到,第一步要做的事情是在线发布产品信息。发布的产品信息越多,联系用户的买家也可能越多。Gold Supplier 会员可以无限制地发布产品,并且信息排名优先,因此要大量地发布产品信息,为自己公司争取到尽可能多的贸易机会。是发布产品信息的操作步骤如下:进入 My Alibaba,单击菜单栏上的 Selling 模块,然后进入 Display New Products,在弹出的窗口填写产品信息(尤其是必须填写的栏目),填写无误后,单击 Submit 按钮即可。提交要求被审核通过后,产品信息将会在 24 小时内展示在用户公司网站上。

发布产品信息的成功与否直接关系到交易的成败。因此发布产品信息要注意以下事项：

（1）产品名称。因为买家会通过产品名称来搜索产品，产品名称出现在搜索结果的核心位置，是搜索引擎的第一匹配要素，用于买家准确定位用户的产品，因此要选择具有描述性的产品名称。例如 Electric Mountain Bike 相比 Bike 要好。据统计，与糟糕的产品名称相比，有效的产品名称及相关的关键词在点击率方面要高出 15%。

（2）产品关键词。产品关键词也是买家用来搜索产品、公司或交易指引的一项重要内容。80% 多的阿里巴巴会员是通过搜索引擎来寻找他们想要的产品，因此要选择最相关的关键词来获得较靠前的搜索结果排名，让潜在的客户能更容易找到用户的产品。Gold Supplier 可以为每个发布的产品选择 3 个关键词。切勿选择无关的关键词，无关的关键词会导致无效的搜索结果，而且会使买家觉得用户不专业。

可以使用产品名称的同义词和相关词作为关键词，要注意正确拼写、避免使用特殊字符和符号及保持与产品名称相关的描述性文字。避免使用产品型号来作为关键词。

关键词的选取方法有：①从客户的询盘内容中分析关键词，看客户用什么词来描述他想要的产品；②Google 等搜索引擎相关搜索，Google 的相关搜索都是搜索量比较大的词；③同行使用的产品关键词，包括国内的同行，还有国外的同行，我们可以到国外做同类产品的网站上，看他们的产品用的是什么关键词；④根据阿里巴巴国际站后台帮助来选取和设置。

（3）产品类别及属性。选择与用户产品最相关的产品类别，因为有 1/3 的潜在买家是通过类别搜索来寻找产品的。产品属性是对产品特征及参数的标准化提炼，便于买家在属性筛选时快速找到用户的产品。

（4）产品图片。大多数阿里巴巴上的买家喜欢带有图片的产品列表，而且会发送询盘。所以，要使用高质量的产品图片来吸引买家。首先产品图片要清晰、清洁、生动、专业；其次图片的大小不能超过 3MB。同一产品要给买家展示从不同角度拍摄的图片，同一产品可以上传 6 张不同视角、颜色、细节的图片。为了防止产品图片被别人使用，可以在图片上添加水印。

（5）简要描述。简要描述也会显示在搜索结果页面上，相当于用户产品的广告语，用来展示用户与其他供应商的不同特点与优势，因此要确保简要描述也能吸引客户。简要描述只有 5 行、128 个字符，因此其文字要简洁并具有信息量。

（6）详细描述。详细描述是用来对用户的产品进行多维度介绍的，是全面展示用户的专业度的重要途径。除了要包括基本的产品信息（如产品名称、性能）外，还要包括付款条件、品质、规格、包装条款等。

发布产品信息后，还要对产品信息进行管理，比如编辑或修改产品信息。具体的操作步骤是：单击 My Alibaba | Selling | Manage Products。除了做好上述事项外，使用 Product Groups 能使买家更容易地搜索到用户，使用 Product Showcase 能使搜索结果的曝光率增加 8 倍。

Product Groups，也就是产品组，即对产品进行分组，可以使潜在的买家更有效地浏览用户的产品。在这里，用户可以尽可能多地创建多个产品组，但建议最好不要超过 10 个，以免让买家觉得眼花缭乱。创建产品组的具体步骤是：Selling | Manage Product Groups，然后单击右上角的 Add a New Product Group。

若要对已创建的产品组进行修改或删除,可以进入 Selling | Manage Product Groups,然后选中所要修改的产品组进行编辑或删除。

若要改变产品组的次序,则单击标签栏上的 Resort Product Group,然后按照用户喜欢的顺序拖放产品组进行重新排序。

合适的橱窗产品能获得较高的搜索排名,并且曝光率是普通产品的 8 倍。添加橱窗产品的具体步骤是:进入 Selling,选择左边导航栏上的 Manage Product Showcase,然后单击 Add Products Now,弹出对话框,用户可以从对话框的下拉列表中选择产品种类,然后添加产品至 Product Showcase,最后单击 Close 按钮即可。

若要对 Product Showcase 里的产品进行重新排列或调整分组,可以进入 My Alibaba | Selling | Manager Product Showcase,然后通过拖放产品来重新排序,最后单击 Save 按钮即可。

1.3.5 寻找买家

除了等待买家来联系用户外,为了开发更多潜在的贸易机会,用户也可以主动寻找和联系买家。寻找买家的方法有以下三种:

1. 按类别搜索

在阿里巴巴首页,进入 Sell 模块,单击 Buyers 标签,按类别浏览购买信息,比如服饰类、化学制品类、能源类等,然后过滤掉无关的购买信息,找到与自己所卖产品最相关的购买信息。

2. 按关键词搜索

在阿里巴巴首页,进入 Sell 模块,单击 Buyers 标签,在搜索栏里输入关键词来寻找最近的购买信息,然后根据类别、地区、创建的日期、购买类型等筛选结果。

3. 按采购信息搜索

在阿里巴巴首页,进入 Sell 模块,可以看到页面右上角发布的最新采购信息,进而可以根据这些最新的采购信息来寻找潜在的买家。

1.3.6 发送报价

根据按购买信息搜索的结果,单击 Contact Now 直接给潜在的买家发送报价邮件或者通过即时信息工具发送即时信息。如这些买家已登录 TradeManager,看到他们在线时,用户可以在 TradeManager 与他们进行即时洽谈。这是与买家讨论购买产品最好的方法,而且也是达成交易最快的方法。

买家每天会收到成千上万的报价函,那么怎么让自己的报价函吸引客户的眼球呢?主要有以下几个技巧。

1. 有吸引力的主体行

使用明确且直截了当的主体行可以使用户的报价在众多竞争者中脱颖而出。

2. 买家关注的内容

发送的报价要完整并简洁,应包含以下内容:①公司生产率的简要介绍;②简单的交易条件,包括支付条款、交货及售价范围;③进一步联系的邀请;④直接联系方式。

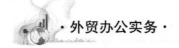

3. 随附图片

为了脱颖而出，可以在报价函里随附3张图片，而且这些图片应该从不同角度来展示自己的产品。

1.3.7 查看回复信息

进入 Message Center 查看用户发送和接收到的邮件。Message Center 除了发送和接收邮件功能外，还有对邮件进行储存、分类和过滤的功能。Message Center 邮箱可以容纳无限制的邮件。首页显示的是最近 90 天的所有邮件，90 天之前的邮件按时间顺序进行储存，用户可以通过工具栏的下拉菜单来访问。时间超过两年的邮件将被自动删除。进入 Message Center，单击发送者的名字或主题，就可看到邮件的详细内容。单击 Reply 按钮，可以对邮件就行回复。为了给买家留下印象，在回复的邮件里可以单击 Attach Photo 按钮来添加产品图片，发送前可以单击 Preview 按钮进行预览，确保无误后单击 Send 按钮，即可发送。发送的邮件会显示在"已发送"信箱。

任务二　中国制造网

2.1　中国制造网概述

中国制造网创建于 1998 年，是由焦点科技开发和运营的国内最著名的 B2B 电子商务网站之一。中国制造网汇集中国企业产品，面向全球采购商，提供高效可靠的信息交流与贸易服务平台，为中国企业与全球采购商创造了无限商机，是国际上有影响力的电子商务平台。

2.2　会员类型及服务

中国制造网为全球采购商提供信息发布与搜索等服务。中国制造网通过电子商务平台为中国供应商和全球采购商提供会员服务，分为免费注册会员和付费会员。免费注册会员可以通过虚拟办公室发布并管理企业、产品和商情信息；收费会员（目前为中国供应商）除享有注册免费会员的所有服务外，还可以发布网上展示厅、专业客服支持、在产品目录和搜索结果中享有优先排名的机会。焦点科技还通过电子商务平台向付费会员提供产品展台、横幅推广等增值服务以及认证供应商服务，在互联网上增加更多的展示机会，增加与目标全球采购商的接触机会，从而达成交易，获得收入和利润。

2.3　Virtual Office 管理系统简介

因为针对的是国际贸易业务，所以以下介绍的内容是以高级会员的身份在中国制造网国际站登录 Virtual Office 系统后的各项操作流程。中国制造网 Virtual Office 提供了中、英文双语操作界面，但发布的所有信息均应为英文信息。为了方便阅读，以下所有截图均为中文截图。其所有操作菜单均与英文界面逐一对应。

Virtual Office 管理系统是一个全面的推广操作平台，为高级会员提供企业形象展示、产品发布、询盘管理等多方位服务，让用户在线管理更轻松。Virtual Office 系统的功能有产品、商情、分组、会员信息、信息中心、展示厅风格、自定义栏目、数据专区、联系客服、TM 聊天工具、行业报告、焦点商学院、数据罗盘。

产品：发布大量专业、详尽的产品信息，并支持自动生成精美产品图册供用户下载。

商情：发布供求或合作商情信息，扩展商业机会。

分组：让用户的产品、商情展示得更有条理，便于买家查阅；加密组让用户的新产品推广免于抄袭之虞。

会员信息：发布基本公司信息；分账户功能让用户的管理更轻松，实现账号专人管理、询盘专人处理。

信息中心：提供询盘收发、下载、分配等功能，并可对买家进行筛选式管理。

展示厅风格：提供 24 款展示厅模板及近千张行业特色图片，自由设计组合及搭配。

自定义栏目：突破网站固定栏目限制，上传更多图文并茂的公司宣传卖点；并可上传一段公司视频，进一步提升买家认可度。

数据专区：通过各种数据分析的图表提供推广效果的发展趋势，以及较能引起买家关注的产品，从而帮助用户获得更好的推广效果。

联系客服：提供各种在线帮助说明；更有线下专属客服支持，400 热线电话直接连通，即时反馈、即时解答。

TM 聊天工具：让用户和买家随时在线洽谈，体验畅快沟通。

行业报告：定期发布各种行业报告，为用户的市场推广运筹帷幄。

焦点商学院：提供网络推广技巧、贸易实战技巧等在线培训课程，并提供视频培训课程，用户可以随时了解各地培训会动态。

数据罗盘：在线数据分析平台，通过中国制造网上的海量数据协助用户，分析行业趋势，进行推广优化等，为用户提供决策支持。

2.4 Virtual Office 主要功能操作说明

2.4.1 登录

访问 Made-in-China.com 首页，在页面右侧上方登录框内输入用户在 Made-in-China.com 的登录名（Member ID）或指定邮箱及密码（Password）和验证码（Verification Code），即可登录高级会员 Virtual Office 管理系统。

如果忘记密码，就单击登录框内的 Forgot Password 进入密码索取页面，可通过以下两种方式找回密码。

（1）Find Password by E-mail：输入登录名及指定邮箱地址，单击 Find，指定邮箱即刻自动获取密码重置邮件。

（2）Find Password by Hint：输入登录名，根据密码提示问题可逐步获取密码。

2.4.2 Virtual Office 主界面

单击 Virtual Office 登录主页，主要包含如下内容。

新功能介绍：发布中国制造网最及时的新功能介绍，邀请用户立即体验更多、更新的服务。

账号资源使用情况提醒：账户完善度百分比呈现，帮助用户全面了解账号资源利用率，可单击查看详情，进一步查询明晰化分析。

当年服务列表：详细列出当年服务期内现有内容，帮助用户及时了解享受的服务情况。

买家搜索：通过关键词、目录和国家，寻找意向买家，帮助用户主动开发海外商务。

在线下载高级会员手册：可以在线下载高级会员使用手册，免去用户保存手册的烦琐，随下随看。

658培训预告和邀请函下载：658培训工程由焦点商学院主办，旨在与用户分享经验智慧，帮助用户提升国际市场竞争力。

采购风暴：大买家采购需求的报名记录及反馈。

展会记录：预订展会提醒，发布展会评价和参展报告。

会员图标：实现会员图标与公司主页的链接，增加公司的公信度。

服务评价和建议反馈：发布对于服务人员的评价以及网站功能、服务的建议、反馈。

2.4.3 My Products（产品）

"产品"为用户提供全方位的产品信息展示功能。单击主菜单栏的"产品"，进入其管理界面（默认"管理产品"界面）。"产品"模块的功能分列如下。

产品添加：发布产品图文信息，并支持多图上传，在线编辑图片，提高信息发布效率。

管理产品：修改、删除、更新产品信息，及时优化管理。

管理组：具有增加组、管理组和产品分组3个功能，方便用户更快捷地进行分组管理。

分配产品：选择产品分配给指定的业务员，协助主账户管理询盘和产品信息。

设置主打产品：设置7款主打产品，重点推广。

产品排序：调整产品组、所有产品在Showroom（展示厅）的显示顺序。

产品图册：选择对应产品，自动生成精美的产品图册，可随时发送给买家进行产品推介。

产品展台：选择重点产品在首页展台优先显示，自由调整布局。

1. 添加新产品

单击左侧菜单"添加产品"，进入产品信息添加页面，在此用户可以添加各项产品说明，全面展示用户的产品资讯。

（1）图片

在添加新产品页面的图片栏目，用户选择10个产品上传多张图片，每个产品最多可上传6张，可以多角度、多方面地展示用户的产品。上传的多张图片可随时进行排序，按住鼠标左键进行前后拖曳即可。在中国制造网产品板的搜索结果中优先显示排序最靠前的一张产品图片。当买家单击进入公司展示厅后，可浏览该产品配备的所有图片。

发布图片时，单击"编辑图片"，进入图片编辑界面，可以通过裁剪、缩放和添加水印工具对图片进行编辑，从而提高用户发布信息的效率。用裁剪工具可以对图片进行大小裁剪，这里建议调整成正方形为佳。缩放工具可以对图片进行缩放调整，使得图片展示更为统一规范。添加水印工具允许用户自主选择水印的颜色、尺寸及透明度，实现统一化的水印管理，在有效保护图片版权的同时，体现专业化的企业管理。

（2）产品属性

添加产品时，针对不同的终极目录，系统将自动提供相应的相关产品属性选项供用户选择。同时，用户也可以自行添加设置。

（3）目标市场

根据用户已经出口或希望出口的市场，选择"目标市场"。

（4）产品分组

产品分组是指整理用户的展示厅产品类别。将用户的产品分入对应的产品组时，可以从下拉列表框内进行选择，让用户的展示厅更条理化。

（5）交易条件

完善产品"交易条件"可以提升信息品质，吸引买家关注。

2. 管理产品信息

单击左侧菜单"管理产品"，在这里用户可以对所有产品信息进行相应的管理。信息质量直接影响推广效果，那么如何设置高质量的产品信息，更好地发挥其宣传作用呢？

（1）使用国际上通行的产品名称并配以对应型号说明。

（2）选择准确的产品目录，便于买家及时、准确地查找到用户的产品。在匹配产品特性的基础上，可多元化设置产品目录，拓展有效曝光渠道。

（3）设置专业、全面的产品关键词。关键词搜索是买家的主要搜索方式之一，设置时以"相关性"为基本原则，相关性过低将影响用户的搜索结果排名。

（4）提供专业、丰富的产品描述。翔实的产品资讯不仅让买家对用户的产品有全面的了解，更能增强买家对用户专业度的认可。

（5）提供大小适中（100—300KB 之间尤佳）、清晰美观（产品完整、纯色背景为佳）的产品图片，激发买家进一步了解的兴趣。

3. 管理组

"分组"突破了网站目录限制，提供个性化的产品或商情信息统筹管理，用户可自主创建产品或商情类别，让买家浏览时更一目了然。以下操作以"产品"板下的"管理组"为例。单击"产品"｜"管理组"，进入其管理界面。

那么如何创建分组呢？

（1）单击"增加组"按钮，创建组名。

（2）单击"产品分组"按钮，将产品移动至对应组下，分组创建成功后，用户可以随时修改组名、删除组名及调整产品分组类别。

加密产品组让用户对新产品、新专利推广更安心，更有针对性，效果更好。那么如何使用加密产品功能呢？

（1）创建分组，将该组设置为加密组，设置浏览该加密组密码。

（2）将需要加密的产品移动到加密组（其操作同产品分组）。

（3）加密成功。用户的展示厅内出现加密组，访问者输入密码后才可查看该组内产品信息。买家可在用户的产品展示厅以发送询盘的形式索要访问密码；用户亦可通过邮件向意向买家发送访问密码，主动介绍自己的加密产品。

被加密的产品不会在搜索结果中显示。因此，不建议用户将所有产品设置为加密产品，请根据自己的需要将希望访问受限的产品设置为加密。高级会员最多可设置一个加密组，主打产品不可以被加密。

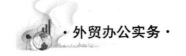

单击加密组名称，即可对密码进行修改。修改密码之后，要及时将新密码发送给之前有访问权限的买家。

如用户之前设置为加密组的产品不需要再受限推广，可以将产品从加密组中移除或直接将加密组删除，此操作不会删除用户的产品信息。

4. 设置主打产品

作为 Made-in-China.com 的高级会员，用户可选择 7 款产品作为主打产品，在搜索结果中优先保证排名，并配以醒目的金色会员标识，更容易获得买家青睐。

单击左侧菜单"设置主打产品"，进入主打产品管理界面。选择主推的 7 款产品，在"主打分值"栏中输入对应分值。分值越高，越具排名优势（7>6>5>4>3>2>1，每个分值具有唯一性，不可重复使用，如用户加购一组主打产品，可以设置的主打产品数量最大值为 14 个，分值仍为 1-7 分）。

主打产品设置直接关系用户的推广效果。那么如何充分利用会员资源，优化分值配置？

（1）可结合公司的推广方向、产品出口情况等因素考虑多元化设置主打产品，拓宽受众群，提升关注度。

（2）结合网站竞争程度考虑分值配置，充分利用分值优势。

5. 产品自主排序

用户可以自主设置产品、产品组在展示厅的显示顺序，在买家访问用户的展示厅时优先获取买家关注。单击左侧菜单"产品排序"，进入产品排序设置界面。可通过设置数字序号或手动拖曳进行排序，序号越小，排序越靠前。

6. 产品图册

用户可从产品列表中选择买家感兴趣的产品，制作成专业的产品图册，随时发送给客户进行有针对性的推介。单击左侧菜单"产品图册"，进入产品图册管理界面。

创建产品图册的步骤为：

（1）设置产品图册名称及备注信息。单击"添加产品图册"，至产品图册信息设置界面。

（2）选择产品，产品图册名称设定完毕后，单击"选择产品"，进入产品信息选择界面，用户只需选择相应产品，添加至右侧列表，单击下方"完成"按钮，即可自动生成专业产品图册。

用户可随时对产品图册进行修改。在产品图册列表界面，单击具体图册名称，可对该图册名称及备注信息进行修改；单击图册名称右侧"产品数量"对应数字（标明该图册下的产品数量），可对该图册所包括的产品信息进行修改、排序等操作。

创建的产品图册提供 PDF、Word、Excel 三种格式下载。允许用户对下载的产品图册再做修改、补充，提供更多个性化调整空间。

高级会员一共可创建 20 个产品图册，每个产品图册最多可囊括用户在中国制造网上发布的所有产品信息。

7. 产品展台

用户最多可选择 40 个产品至 Showroom 首页展示，搭建首页展台，优先获取买家关注。同时，特有的 HOT 标识让多图产品在众多产品中独树一帜。单击"产品展台"|"添加展台产品"，用户可从所有发布的产品信息中选择 40 款产品，通过排序功能对展台产品进行排序。后续如需调整，可以随时更换，单击单个产品图片下方的"移除"，重新添加产品展台即可。网站提供了"移除全部展台产品"功能，可以让用户彻底调整产品展台布局。

在设置产品展台时需要说明的事项有以下几点。

（1）如将"产品展台"中将所有的产品移除（单击"移除全部展台产品"），而未添加任何展台产品，则 Showroom 首页无产品。此项务必谨慎操作。

（2）如在添加"产品展台"时，尽量选择 40 款产品优先展示，让买家对用户的重点产品优先了解。

（3）当未选择任何产品参与首页展台展示时，系统默认选择"全部产品排序"中序号靠前的 40 个产品参与展示；当用户产品总数≤40 时，所有符合条件的产品均会被选取展示。

（4）多图产品在"产品展台"位置，将带有醒目的 HOT 标识，更加吸引买家关注。

2.4.4 My Offers（商情）

"商情"为用户提供完善的商情信息展示功能。单击主菜单栏之"商情"，进入其管理界面（默认"管理商情"界面）。商情模块主要功能有以下几个。

商情添加：发布销售、求购或合作商情信息。

商情管理：修改、删除、更新商情信息、商情分组、优化管理。

管理组：包含添加组、管理组和商情分组 3 个功能，方便用户更快捷地进行分组管理。

1. 添加商情信息

单击左侧菜单"添加商情"，进入商情信息添加界面，在此可添加各项商情说明，全面展示用户的商情资讯。

与"产品"仅限于发布中国制造的产品相比，"商情"则无此限制，可发布非中国制造产品。商情有 3 种类型：销售（Sell）、求购（Buy）及合作（Cooperation），用户可根据需要，发布 3 种不同类型商情信息。

2. 管理商情

单击左侧菜单"管理商情"。其基本操作同"产品"下面的"管理产品"。商情有一定的有效期（默认 6 个月，可根据用户的需求选择有效期），过期商情不能在前台显示，若需继续发布，请及时调整商情有效期，以保证其正常发布。

3. 管理组

单击"商情"之"管理组"，进入其管理界面。

（1）单击"增加组"按钮，创建组名。

(2)单击"商情分组"按钮,将商情移动至对应组下。

2.4.5 Member Info(会员信息)

会员信息为用户提供完善的企业视窗及管理功能。单击主菜单栏之"会员信息",进入管理页面。会员信息主要功能有以下几个。

公司介绍:发布企业详细介绍等。

负责人指定:指定外贸业务主要管理人、身份及联系方式。

密码修改:自主调整密码设置,及时保障密码的安全性。

子账户:支持分账户管理,各业务员各司其职,让用户的账号管理更具统筹性,保证信息安全。

管理证件信息:上传营业执照/身份证/其他证书,管理用户的证件信息。

1. 管理公司信息

单击左侧菜单"管理公司信息",在这里用户可发布详细的企业介绍,包括:公司基本信息、公司业务信息、公司 Logo 图标、场景图片等。当用户修改公司信息后,为进一步确保用户的发布质量,所做修改均会通过中国制造网专业人员的审核。故在该界面的"管理公司信息"右侧将出现"等待审核"之提示,提示所做的修改尚未正式生效,待审核通过后,方予以正式发布。如果只是修改公司场景图片,则无须通过中国制造网审核,提交后即时生效。

2. 指定外贸业务主要管理人

单击左侧菜单"管理个人信息",用户可添加、修改业务主要管理人的相关信息,如姓名、邮箱、所在部门及职务、手机等,并可指定接收询盘的主要及备用邮箱。

3. 修改密码

单击左侧菜单"修改密码",可随时修改用户的登录密码。为进一步保障账户的安全性,建议勿使用过于简单的密码,且在修改密码的同时要一并修改密码保护问题及答案。

4. 设置、管理子账户

Made-in-China.com 支持用户进行分账户管理。在拥有一个主账户的同时,可另行再添加 7 个子账户。子账户均同样拥有独立的 Virtual Office 操作后台,实现"独立于主账户,管理于主账户"。其主要功能如下:所有子账户统一由主账户(即业务主要管理人)负责指定,角色均为"业务员",可主要负责处理指定的询盘邮件及产品、商情信息(具体权限可由主账户进行选择性设定)。相对于主账户,子账户在管理权限上有所限制,以保证部分信息的机密性,便于用户的业务统筹管理。那么如何启用/管理子账户呢?其操作步骤如下。

(1)创建/管理用户的子账户个人信息

单击"会员信息"之"管理子账户",进入子账户管理界面。单击"添加业务员",进行子账户信息设置。

如果用户已创建子账户,亦可进行子账户信息修改。单击子账户姓名,即可进入信息修改界面。

关于子账户状态，有以下 3 种情况。

"冻结"——主账户管理人暂停该子账户的使用，解冻后可正常使用。冻结期间该子账户无法登录其 Virtual Office 进行相关操作，但保留其相关信息，故冻结的子账户仍占据一个子账户资源。

"解冻"——主账户管理人恢复之前所冻结子账户的使用权限，解冻后的子账户功能可正常登录其 Virtual Office 进行相关操作。

"删除"——被删除的子账户无法再登录其 Virtual Office，相关信息均已删除，故删除的子账户不再占据子账户资源。

（2）确认用户的子账户询盘分配规则

单击"信息中心"｜"询盘分配规则"，提供两种选择——"按产品/商情分配询盘""按国家/地区分配询盘"。

（3）根据所选择的询盘分配规则，给子账户分配产品/商情或国家/地区

如果启用按产品/商情分配询盘分配方式，则子账户管理名下产品/商情的对应询盘由系统自动发送至该子账户。

①单击"按产品/商情分配询盘"，再单击"使用此规则"。

②单击"分配产品"或"分配商情"，自动跳转到产品或商情页面，选中需要分配的产品或商情，选中对应的子账户联系人，"提交"即完成产品或商情的分配操作。

如果启用按国家/地区分配询盘分配方式，可将指定国家/地区的询盘自动发送至指定子账户。单击"修改"，即可为子账户指定负责的国家/地区。

此外，需要说明的是，子账户在 Made-in-China.com 无 Member ID（会员登录名），须以其指定邮箱登录 Virtual Office 后台进行相应管理。业务员如通过 Made-in-China.com 直接回复买家询盘，在子账户的发件箱及主账户的发件箱均保存其原件。子账户管理人可自行修改密码；如果子账户管理人忘记密码无法登录，须直接向主账户管理人索要密码。主账户管理人可随时修改子账户所有信息（含密码），根据实际情况进行调整。

2.4.6 Message Center（信息中心）

信息中心为用户提供询盘管理、信息过滤等各种功能。除此之外，用户还可免费订阅来自 Made-in-China.com 的信息邮件，帮助用户更有效地进行网络推广。在登录状态下，网页顶部区域为用户显示新询盘／未阅读询盘的数量，提醒用户及时处理。单击主菜单栏之"信息中心"，进入其管理界面（默认"询盘接收"界面）。信息中心的主要功能有以下几个。

询盘接收/发送：接收、回复买家询盘邮件；了解买家信息；提供系统自动分配、手动分配两种询盘分配模式。

询盘保存/下载：可下载一年内询盘来往邮件，及时保存客户资料。

通信录/黑名单：对买家进行筛选式管理。

信息订阅：可选择性接收来自中国制造网的各类邮件。

报价：可查看相匹配的中国制造网的优质买家在线提交的 RFQ 询价表单。

1. 询盘查看、搜索及分配

单击"询盘接收"可查看一年内所收到的全部询盘,并可随时按照不同条件进行查询。如已全面启用子账户,还可手动分配询盘,转发至指定子账户,由其进行处理。

询盘分配方式分为系统自动分配和主账户手动分配 2 种。

(1) 系统自动分配:全面启用子账户功能后,系统将根据用户的设置,将询盘自动分配至对应子账户处。同时,在主账户收件箱中自动显示在"已分配询盘"中。

(2) 手动分配:因询盘自身信息或子账户设置等原因将导致部分询盘不能自动分配至子账户,仅发送主账户,显示在"未分配询盘"中。主账户后续可进行手动分配。主账户进行手动分配询盘时,可根据主题、收件人、发件人、时间、国家等标题进行排序;也可根据不同条件进行搜索,根据搜索结果进行批量分配。

但是询盘不能进行二次分配。管理员手动分配给子账户的询盘,子账户可登录 Virtual Office 查看,同时子账户邮箱可收到询盘提醒邮件。

2. 发件保存、查询

单击"询盘发送",可查看一年内所发送的全部询盘,并可随时按照不同条件进行查询。如已全面启用子账户功能,子账户通过中国制造网回复的邮件,不仅在其 Virtual Office 之"询盘发送"中保存,同时在主账户的"询盘发送"中也可见其备份,便于主账户统一了解子账户的处理情况。

3. 询盘下载

单击"询盘下载",可下载一年内所接收、发送的全部询盘,便于及时保存客户资料。

4. 询盘处理之辅助功能

通信录、黑名单:用户可对买家进行筛选式管理。将意向买家添加至"通信录",定期关注;将无效客户添加至"黑名单",中国制造网将帮用户自动过滤来自"黑名单"中客户的邮件,提高客户联系的有效性。无论是通信录还是黑名单,用户都可随时进行移除。

IP 地址分析:单击具体询盘邮件,在"发件人信息"列表中提取买家 IP 地址分析,为用户提供辨别买家身份的参考信息。

2.4.7 Showroom(展示厅)

展示厅为用户提供自主设定商铺模式及内容管理功能。单击主菜单之"展示厅",进入其管理界面。

展示厅的功能有以下几个。

模板选择:提供 24 款展示厅模板,全面配合宣传。

行业特色图片:提供近千张标准行业图片选择,用户还可以自定义图片。最多同时选择 3 张行业图片配合展示厅模板自定义展示厅风格。

标准栏目管理:对网站固定栏目进行管理。

自定义栏目管理:自主设置展示内容,展示企业特色与卖点。

My Vide 上传:自主管理(上传、修改)用户自行拍摄的一段视频,立体展示公司或产品特色。

1. 选择模板

单击左侧菜单"选择模板",提供多款模板供用户挑选,并可按类型进行界定性选择。

2. 选择行业特色图片

选择标准行业图片,也可上传自定义行业图片。选择的行业特色图片只出现在Showroom首页、各栏目的首页。

3. 管理展示厅栏目

单击左侧菜单"管理标准栏目/管理自定义栏目",可对展示厅标准栏目、自定义栏目进行管理。

单击"管理标准栏目"。用户可自主设置产品组/商情组等是否在展示厅显示;提供修改公司场景图片、产品展台,认证报告查看与下载等快捷链接,方便用户的管理。

单击"管理自定义栏目",突破网站既定栏目限制,创建更多个性内容,最大限度地体现公司特色。添加/管理自定义栏目步骤如下:

(1) 单击"添加栏目",创建自定义栏目名称。

(2) 待自定义栏目名称创建后,返回上述界面,单击自定义栏目名称,可修改创建的自定义栏目名称。

(3) 单击"添加栏目内容",即可进入栏目信息添加界面添加具体栏目信息。

单击My Video,可上传、管理用户的一段视频。视频内容应以展示公司场景、产品、工作情况、资质等为主,可展示公司门牌工厂、公司的标志性建筑物、公司外围环境、工作环境(包括生产车间、办公室、会议室等)、流水线/研发办公室、生产、包装、质检(侧重展示仪器、设备,突出严谨的质检画面)、储存、运输、产品展示、资质、证书等相关证明文件的展示。视频相关画面或配音要清晰、流畅,并有一定的美感,粗制滥造的视频将影响公司形象,不建议上传。为了得到更好的展示效果,建议上传格式为.wmv、.flv的视频,单个视频文件大小不超过4MB。上传的视频需要接受公众监督,并可能需要及时修正。

2.4.8 Trade Trends(数据专区)

"数据专区"是一套数据统计分析系统,该系统会记录用户的信息在有效时间段内从Made-in-China.com网站中获得的推广效果数据;并通过各种数据分析的图表提供推广效果的发展趋势,以及行业中较能引起买家关注的产品及其相关的访问基础分析,从而帮助用户获得更好的推广效果。数据专区的主要功能有以下几个。

主打产品效果统计:定期了解主打产品的点击量及询盘量,方便用户掌握具体产品的买家关注度。

展示厅效果统计:及时掌握展示厅点击量及询盘量的变化趋势,大洲分布及海外买家或地区分布,协助用户把握市场的未来发展方向。

账户总览:及时了解询盘分配规则,账户近期活动及Trade Messenger的使用情况,分析潜在买家信息,方便用户的持续跟进。

1. 主打产品效果统计

单击左侧导航栏里的"主打产品效果统计",选定相应的统计类型及统计时间,即可统计主打产品的点击量及询盘量。单击"统计时间",可以选择当年、某个月份或者某一周来统计所有主打产品的点击率情况,方便用户及时掌握产品被买家关注情况。单击"统计时间",可以选择当年、某个月份或者某一周来统计所有主打产品的询盘量情况,方便用户及时掌握产品的实际推广情况。

2. 展示厅效果统计

有两种方式查看展示厅效果。方式一:登录进入后台首页,默认最新一个自然周统计图表。方式二:单击左侧导航栏里的"展示厅效果统计",选择相应的统计类型及统计时间,即可统计展示厅的点击量及询盘量。

展示厅点击量统计便于用户更加清晰、直观地了解展示厅的点击量走势及买家关注度。

展示厅询盘量统计分为询盘量变化趋势、大洲分布、海外国家或地区分布三种分析类型,便于用户了解每周/月/年从Made-in-China.com网站获得的询盘量以及买家来源分布,把握未来市场的发展方向。

3. 账户总览

单击左侧导航栏里的"账户总览",即可查询账户近期使用情况,如询盘分配、账户登录及Trade Messenger。Trade Messenger信息汇总功能可以帮用户统计Trade Messenger的使用情况:"总主叫""总被叫"及"好友"。在"主叫"和"被叫"列表中,用户可以方便地查看到本年度通过Trade Messenger联系的潜在买家信息,方便持续跟进。

2.5 Virtual Office辅助功能说明

2.5.1 Focus Business School(焦点商学院)

焦点商学院为焦点科技股份有限公司旗下机构,致力于为中小型外贸企业发展与个人成长提供专业教育培训与咨询服务。"焦点商学院"频道是培训与交流频道,为用户提供账号管理技巧、外贸操作实战技巧、国际贸易实务操作案例分析、客户培训会信息及成功案例分享,用户也可以单击"视频专区"查看视频培训课程。

2.5.2 Notice and Invitation Download Training 658(658培训预告和邀请函下载)

658培训会是焦点商学院为中国制造网高级会员特别奉献的培训工程,致力于为用户提供增强企业和个人实力的机会。该培训会面向外贸人员、业务经理及高级管理人员,涉及内容包含国际市场、外贸实务、国际贸易时事及政策解读和行业研讨等。课程形式多样,内容丰富,每月均会在不同城市开展。

2.5.3 Favorites(收藏夹)

如用户关注Made-in-China.com的某些公司、产品、商情或目录,可加入收藏夹,便于随时浏览，不必再次查找。"收藏夹"同时支持删除功能，用户可随时调整收藏夹下的信息。

2.5.4　My Alerts（速递）

速递是一种免费的邮件订阅服务，按用户的需求定期发送最新的产品信息，帮助用户及时发现潜在的商业伙伴和机会。用户可通过目录收藏夹、目录浏览、关键词搜索3种方式订阅。

2.5.5　Trade Shows（展会记录）

记录用户与Made-in-China.com的Trade Shows频道之间的互动内容。用户可以预订展会信息，在指定的时间内，中国制造网将及时通知用户相关情况。用户也可在Trade Shows发表展会评价或报告。

2.5.6　Trade Messenger（即时聊天工具）

Made-in-China.com为用户提供即时聊天工具Trade Messenger（简称TM），让用户与买家沟通更顺畅。

2.5.7　商聚园

综合性网上互动社区——商聚园是为商务人士提供相互交流沟通、借鉴学习的专业平台。目前，论坛涵盖实战技巧、热点资讯、经验分享等海量内容，并设立"VIP服务专区"为中国制造网高级会员提供专项服务。

任务三　环球资源网

3.1　环球资源网概述

环球资源网（Global Sources）是一个商对商（Business-to-Business，B2B）多渠道的国际贸易平台，也是大中华地区双边贸易的主要促进者。环球资源以外贸见长，主要为专业买家提供采购信息，并为供货商提供综合的市场推广服务。环球资源在外贸方面的表现非常抢眼，并在2007年推出中文内贸网，帮助中国的内贸公司和希望进入中国市场的海外公司拓展新业务；2005年，环球资源网中国总部移师深圳，从某种意义上表明了环球资源网加速本地化的决心。

环球资源网为其所服务的行业提供广泛的媒体及出口市场推广服务，供货商采用公司4项基本服务，包括网站、专业杂志、展览会和网上直销服务进行出口市场推广，同时提供广告创作、教育项目和网上内容管理等支持服务。环球资源的特色服务有以下几种。

1. 面向大中华地区供应商的整合B2B出口推广服务

通过网站、面对面及杂志等整合多渠道推广平台，帮助大中华地区的供应商接触经

Ernst & Young 审核的逾 854 000 多位活跃买家,并向他们销售产品。环球资源网站 2.0 是新一代的网上采购平台,具备全面的搜索结果和已核实供应商体系两大特色。

2. 面向中国国内市场的 B2B 贸易服务

通过中文内贸网及一系列内贸商展,帮助供应商开发中国快速发展的 B2B 内贸市场。展望未来,环球资源网还将不断开发更多、更新的渠道,帮助供应商在这个新兴繁荣的市场上与优质买家沟通接触。

3. 为大中华地区电子行业提供从设计到出口的一条龙服务

一方面,环球资源网通过一系列中文媒体,帮助买家接触大中华地区电子行业的设计和技术精英,以激发他们的产品创新;另一方面,通过多种渠道帮助制造商向全球买家推广各类消费类电子产品。

4. 面向中国商业精英群体的顶级消费品牌推广服务

中国是全球发展最快的奢侈品消费市场。对于希望打入这个市场的国际顶级品牌,环球资源网通过顶级管理及生活杂志、网站、论坛等一系列多渠道平台,帮助他们深入到中国商业精英社群。

5. 面向印度市场的进出口解决方案

环球资源新网开发的面向印度买家和供应商的服务包括环球资源网站 2.0 在香港举办的 India Sourcing Fair、在孟买举办的采购交易会、买家专场采购会及贸易杂志等。

所有这些服务都致力于帮助买卖双方成功地开展贸易活动。

3.2 专用供应商目录操作说明

环球资源网的用户有供应商和采购商,这里仅仅介绍作为供应商登录专用供应商目录系统进行的操作。

3.2.1 登录系统

进入环球资源网首页(www.psc.globalsources.com),在右上角的供应商登录窗口输入 Login Name or E-mail 和 Password,然后单击 LOGIN NOW 按钮。如果用户忘记了登录名或密码,可单击 Forgot your login name or password 链接。然后输入注册成为环球资源网站会员时所使用的邮箱地址,系统将立即给用户发送设置新密码的安全链接。

3.2.2 创建和推广产品信息

1. 如何创建产品信息

将产品资料输入专用供应商目录的过程称为"创建新产品",这是供应商利用专用供应商目录进行网络营销的第一步,其步骤如下:

(1) 在"产品信息"主菜单中,单击二级菜单"创建新产品"。为了能够快速创建新产品,用户也可以在专用供应商目录主页上单击快捷按钮"创建新产品",直接进入产品简介界面。

（2）在产品简介的界面上输入详细的产品信息。单击"观看教程",学习如何创建新产品信息;也可以通过"？"的链接了解怎样填写对应的栏目以及该栏目在网上显示的示例。

产品类别非常重要,要在下拉菜单里选择正确、恰当的产品类别,以便买家能更容易、更准确地找到该产品,有针对性地给供应商发送询盘。如果在下拉菜单里找不到合适的产品类别,可以按以下步骤进行添加:单击链接"选择其他产品类别",在弹出的界面,用户可以添加产品类别。用户可以通过"关键字搜索"或"逐级搜索"工具搜索适合的产品类别。在"搜索"文本框里面输入该产品的关键词,单击"搜索"按钮,然后在搜索结果界面选择想添加的产品类别,单击"添加"按钮。

如果采用逐级搜索方式,那么在行业类别的下拉菜单中,选择相关细分类别并单击,然后从中选择最符合产品描述的产品类别,单击"添加",所选择的产品类别就添加成功了。

为了方便对产品类别的选择,用户可以通过 Product Categories 文件夹一次添加尽可能多的产品类别。

2. 如何提交产品信息上网

有 4 种可以方法可以提交产品信息上网。

（1）在创建/编辑产品简介界面直接提交新产品信息。在完成新产品信息的输入后,直接单击"保存并提交"按钮即可。

（2）在完成新产品信息的输入并单击"保存"后,在"保存确认"界面单击"提交"按钮。

（3）在 Created 文件夹提交产品信息。在产品信息主菜单中,单击"产品信息主页",进入 Created 文件夹（已创建文件夹）。选中需要上网的产品,然后单击"提交"按钮,然后选中希望提交的目的地,然后单击"确定"按钮（Marketing Website 是指用户在环球资源网站上的推广网页。Corporate Website 是指用户利用环球资源设计的网页模板和网站托管服务建立的企业网站。Trade Show Center 是指针对各大商展发布产品,在环球资源网站的 Trade Show Center 中进行展示的商展中心网站）。在弹出的对话框上单击"确认"。用户每上传一款新产品到环球资源网站,系统都会以电子邮件的方式将这一新产品有针对性地速递发送给环球资源的注册买家,买家可直接在邮件里查看和发送查询。

（4）在"我的收藏夹"里提交产品信息。如果用户需要一次提交多个跨页的产品信息上网,可以先将产品添加至"我的收藏夹"里,然后再一起提交,其操作步骤为:在 Created 文件夹里选择相关产品,然后单击"添加至收藏夹";然后单击"查看收藏夹",选中想要提交的产品,单击"提交"按钮。利用此功能,用户可以一次提交多个产品上网,最多可以一次性提交 60 个产品。

在用户成功提交一款产品后,该产品会保存至 Submitted 文件夹中。如果提交的产品因为某些原因被退回,可以单击该产品图像或者产品型号进去了解该产品被退回的原因并在修改后重新提交该产品。如果提交的产品被退回,用户的邮箱也会同时收到系统发送的通知邮件。

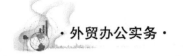

3. 如何撤销在线产品及替换新产品

用户可以随时将已经在线的产品从网站上拉下或进行产品替换。

（1）单击"产品信息"主菜单，进入产品信息主页，在 Online 文件夹下面有三个子文件夹，分别保存了在不同的网站上目前在线的产品。

（2）如果需要将 Marketing Website（环球资源网站）上面的一个产品拉下网，请先单击 Marketing Website 文件夹，选中需要拉下的产品，然后单击"拉下"按钮。

（3）如果需要替换 Marketing Website（环球资源网站）上的产品，同样，先单击 Marketing Website 文件夹，然后选中需要被替换的产品并单击"锁定为替换产品"按钮。被锁定为替换的产品状态会显示"等待替换"图标。然后，回到产品信息主页的 Created 文件夹，选中新建产品之后，单击"提交"按钮。这样，系统在上传新产品的同时会自动替换被用户锁定的产品。

4. 如何输入产品认证

在"产品信息"主菜单中，单击二级菜单"创建产品认证"。输入产品认证信息后，单击"保存"按钮。返回产品信息界面，选择该产品的认证信息。

5. 如何管理产品认证

（1）通过"产品信息"主菜单中的二级菜单管理产品认证

在"产品信息"主菜单中，单击二级菜单"管理产品认证"；选中相关认证信息，单击"链接产品"。为了增加买家对产品的信任和兴趣，用户可以在此页面上传产品认证证书的扫描件，而且可以为该产品选择多个认证信息。然后选中想链接的产品，单击"链接产品"。

（2）在产品文件夹下面管理产品认证

在产品信息主菜单中，单击"产品信息主页"，进入 Created 文件夹，选中相关产品，单击"管理认证"按钮；选择想要添加的认证信息（可选择多个），单击"保存"按钮。

6. 如何使用"发送已选项目"功能群发产品信息

在产品信息主菜单中，单击"产品信息主页"，进入 Created 文件夹（已创建文件夹），选中需要发送的产品，单击"发送已选项目"按钮；填写收件人等信息后，单击"发送"按钮。

3.2.3 创建和推广公司信息

1. 如何修改公司主页信息（供应商主页）

在"公司信息"主菜单中，单击二级菜单"编辑公司信息"。然后单击 Main（"供应商主页"）链接。在打开的公司简介页面直接单击"基本公司信息""附加公司信息"和"公司认证"对公司信息进行编辑或修改，修改完毕后单击"保存"按钮。需要注意的是，网页上显示的公司名可以更改，另外在"公司简介"界面，"工商注册号"是非常重要的栏目，必须要填入公司的工商注册号码。因为可以通过提供工商注册号码来向客户证明用户公司的真实合法性以及强调用户公司在信息交流方面的透明度和可信度，从而赢得客户的信任。

2. 如何创建和修改延展公司信息板块

除了公司的基本信息外，用户还可以创建多个延展公司信息板块，全面地介绍公司的特点和优势。其步骤是：在"公司信息"主菜单中，单击二级菜单"创建公司信息"；单击需要创建的延展公司信息板块链接，在弹出的对话框中填写相应信息后，单击"保存"按钮。

3. 如何提交公司信息上网

在"公司信息"主菜单中，单击二级菜单"公司信息主页"；选中需要上网的公司信息，单击"提交"按钮。

4. 如何创建并提交供应商信息表

创建并提交供应商信息表是用户获得参加"买家专场采购会"机会的重要途径，通过提交供应商信息表，用户可以获得与国际顶级买家进行面对面洽谈的机会。在"公司信息"菜单下单击二级菜单"创建供应商信息表"；然后按页面提示填写相关信息；填写完整后，单击"保存"按钮。保存成功后，为获得参加买家专场采购会的机会，用户需要提交供应商信息表，单击"提交"按钮。

3.2.4 创建精品展示厅

1. 如何创建精品展示厅

在"精品展示厅"菜单中，单击二级菜单"创建精品展示厅"；在"精品展示厅名称"文本框中输入展示厅的名称；在"精品展示厅登录名"文本框中输入登录名，完成后单击"创建"。用户最多可同时创建 10 个精品展示厅，展示 10 组不同的产品以及邀请不同的买家来参观。

2. 如何添加产品至精品展示厅

（1）在"精品展示厅"主菜单中，单击二级菜单"添加产品至精品展示厅"，进入产品信息主页的 Created 文件夹（已创建文件夹）。

（2）选中需要添加到展示厅的产品，单击"添加至"按钮。显示在精品展示厅的产品是没有数量限制的，用户可以添加任意多产品至精品展示厅，最大限度地向目标买家推广用户的得意之作。

（3）选中目标展示厅名称，单击"完成"（可同时选择多个展示厅）。

在将产品添加至精品展示厅之前，用户可在"产品简介"页面上的"附加产品信息（精品展示厅专用）"栏目填写那些买家特别感兴趣的信息，例如，FOB 价格。

如果用户已经在专用供应商目录上传了 PDF 目录或白皮书，那用户可以将它们添加到精品展示厅，以便前来参观展示厅的买家浏览。选中目标展示厅，单击"添加 PDF 目录或白皮书"即可。

3. 如何邀请买家参观精品展示厅

（1）在"精品展示厅"菜单中，单击二级菜单"邀请买家参观"，进入精品展示厅管理页面。

（2）其次单击精品展示厅对应的"邀请客户"，进入"客户名单"界面。

（3）单击"邀请更多买家"按钮开始邀请买家，在弹出的信息框内输入买家的邮箱地址、主题和附加信息等，单击"邀请"。用户可直接单击界面上的"致"切换到在专用供应商目录中的买家地址簿，轻松地选中收件人地址。被邀请的买家将收到邀请函，可以通过单击其中的链接和输入邮件中提供的用户名和密码即可登录到用户的精品展示厅。

4. 如何在展会上幻灯放映产品

可利用精品展示厅中的"幻灯播放精品展示厅"功能在展会上自动播放在精品展示厅中的产品（展示厅中可放置的产品数量不受合同限制，可放置任意多个），可选择在线播放或离线播放。

（1）在线幻灯播放的操作步骤为：在"精品展示厅"主菜单中，单击二级菜单"幻灯播放精品展示厅"；选中目标展示厅，单击"播放幻灯片"按钮（可同时选中多个展示厅），然后选择合适的版面格式，单击"开始"按钮；在新窗口中，单击"开始播放"按钮，在下一页面中单击播放键，幻灯片将立即开始自动播放，还可以更改右上角的 Speed 选项调整播放节奏。

（2）如果在展会中不可以使用互联网，则需要提前下载离线版本的幻灯片，可使用 USB 或光盘存储带到展会上，只要有一台电脑就可以播放了。离线放映幻灯片的步骤为：选中目标展示厅，单击"下载离线幻灯片"，选择合适的版面格式；提交请求后，请检查邮箱，用户将收到一封标题为"Private Supplier Catalog – Slideshow Download Notification"的邮件；单击邮件中的链接下载一个压缩文件包，解压该文件后，单击文件包中的 slide-show.html 文件，即可进行幻灯片放映。

3.2.5 提取市场资讯报告

专用供应商目录中的市场资讯报告可以帮助用户及时了解热门产品趋势、竞争对手的新动态，还能替用户跟踪买家线索。

1. 如何提取买家查询最频繁的热门产品排行榜

在"市场资讯"主菜单中，单击二级菜单"热门产品排行榜"；单击适合的语言版本链接，生成相关的报告。

2. 如何提取竞争对手报告

在"市场资讯"主菜单中，单击二级菜单"我的竞争对手"；从下拉列表中选择一个产品类别，单击"提交"，了解用户在环球资源网站上都有哪些竞争对手和用户一样在生产同一类产品。如果下拉列表中没有想了解的行业，得先在产品信息主页中的"Product Categories"文件夹，添加想要的产品类别。在报告中包含了竞争对手的网站链接，用户可以了解他们的推广情况、产品质量、生产能力、管理水平等与用户的企业有什么相同或不同之处。单击"保存到磁盘"可以把报告保存到用户的电脑。

3. 如何提取采购交易会报告

了解最新的市场动向，根据展会信息分析行业发展趋势，并以此调整用户的市场推广策略。其操作步骤为：在"市场资讯"主菜单中，单击二级菜单"采购交易会报告"；选择具体的采购交易会，生成相关报告。

4. 如何提取买家线索报告

如果有买家从用户的环球资源网站下载了公司或产品录像、PDF 目录及白皮书，系统将留下其联络方式供用户跟进。而提取买家线索报告的步骤为：在"市场资讯"主菜单中，单击二级菜单"买家线索"；选择报告类型，设定报告日期范围，单击"提交"生成相关报告。

5. 如何查看精品展示厅买家登录报告

可通过此报告了解哪些买家曾参观过用户的精品展示厅，从而及时主动跟进热门客户，其操作步骤为：在"市场资讯"主菜单中，单击二级菜单"精品展示厅买家登录报告"；选择精品展示厅报告时间范围，单击"提交"生成报告。

3.2.6 利用查询管理器

来自环球资源网站的所有买家查询都会备份在用户的专用供应商目录中，可以在这里轻松地查看和管理买家查询。

1. 如何查询并转发查询

在"查询管理器"主菜单栏，单击二级菜单"浏览查询"；进入查询管理器后，可查看来自环球资源买家的查询邮件。最新的查询会显示在页面的最前面，每个页面会显示 50 个查询邮件，单击主题查看买家查询的详细内容。用户可将所收到的查询转发给同事跟进处理：在"浏览查询"页面，选中需要转发的查询邮件，单击"转发查询"；在弹出的对话框中输入收件人的邮箱地址，然后单击"发送"。

2. 如何创建新文件夹

用户可以调整文件夹的结构，从而更好地存储和管理买家查询。单击"管理文件夹"按钮来创建新文件夹，其步骤为：在"浏览查询"界面，单击"管理文件夹"按钮；在 Inbox 或 Forwarded 文件夹后单击"创建"；输入新文件夹名称，单击"创建"按钮。

3. 如何通过文件夹管理查询邮件

用户可以将相关查询邮件通过"创建自动分配原则"分配到刚创建的新文件夹以方便其他用户进行管理和跟进，其操作步骤为：

（1）在"查询管理器"菜单，单击二级菜单"创建自动分配原则"。

（2）在"分配查询至指定文件夹"的下拉菜单中选择一个文件夹。

（3）设定分配规则，可以分别选择"按查询来自的国家地区""所询问的产品类别"或"询盘者的邮箱域名"进行设定，让买家的查询邮件自动分配到指定的文件夹；同时，也可以根据需要自由地组合不同的规则，如可以通过设定规则让来自某个国家且针对某产品类别的询盘自动分配到该文件夹。

（4）输入规则名，如"By Category"，然后单击"保存"按钮。

（5）单击在（2）中选定的文件夹，然后将该文件夹分配给一个用户，这样，该用户

就可以直接进入被分配的文件夹浏览或管理查询邮件了。

4. 如何提取查询分析报告

在"查询管理器"主菜单栏,单击二级菜单"查询分析报告";选择报告类型及时间,单击"提交"按钮即可。

3.2.7 管理买家地址簿

用户可以轻松建立自己的买家地址簿,当想通过"发送已选项目"功能发送新产品或邀请买家浏览精品展示厅时,可以直接从这里选中买家的邮箱地址。买家地址簿分为公司级别和用户级别。公司级别的买家地址簿会集中显示用户公司所有用户创建的买家资料,只有 Super Administrator 才可以进入公司级别的买家地址簿,并且管理和分配其中的买家资料给其他用户。

1. 如何建立买家地址簿

在买家地址簿主菜单,单击二级菜单"添加联系人",进入地址簿;在对应栏目输入相关内容,单击"保存"按钮。

2. 如何分配买家地址簿

在买家地址簿主页选择要分配出去的买家资料,单击"分配联系人"按钮;选择要分配的用户,单击"保存"按钮。

3. 如何批量导入联系资料到"买家地址簿"

在买家地址簿主菜单,单击二级菜单"买家地址簿",进入地址簿,单击"导入地址簿";按照提示选择 CSV 语言版本、来源并上传 CSV 格式的文件,然后单击"提交"。此外还可以将"查询管理器"中的买家资料导入"买家地址簿":在"浏览查询"页面找到相关买家查询邮件,在"邮箱地址"栏目下单击"添加到地址簿";系统会自动将买家相关联系资料导入"买家地址簿"编辑页面,在该页面填入想添加的信息,单击"保存"。

3.2.8 制作 PDF 目录

利用 PDF 目录或白皮书跟踪买家线索,可以创造更多的销售机会。

1. 如何制作 PDF 目录

(1)单击主菜单中的"产品信息主页"或"公司信息主页",进入 Created 文件夹(已创建文件夹),选中希望出现在 PDF 目录中的产品或公司信息,然后单击"添加至"按钮。

(2)选中"PDF 目录"进行添加产品/公司信息,然后单击"完成"。

(3)在主菜单"PDF 目录"中,单击二级菜单"制作 PDF 目录"。

(4)单击"创建 PDF 目录"按钮。

(5)在已选中产品前面的方框内输入序号,以确定各产品在 PDF 目录中出现的先后顺序,然后单击"创建"按钮。

2. 如何上传 PDF 目录

PDF 目录作为公司信息的一部分,上传到专用供应商目录之后,用户还需要提交

Main 将其发布在公司的网页上。上传 PDF 目录有两种方式：上传通过系统制作的 PDF 目录和上传保存在用户电脑磁盘中的 PDF 目录。

（1）上传在专用供应商目录中制作的 PDF 目录其操作步骤为：在"制作 PDF 目录"页面，单击"复制到公司主要信息（Main）"；在"公司信息"主菜单中，单击二级菜单"编辑公司信息"；然后选中 Main（供应商主页）并单击"提交"。

（2）上传保存在用户电脑磁盘中的 PDF 目录，其操作步骤为：在"PDF 目录"主菜单中，单击二级菜单"上传 PDF 目录"；单击"浏览"按钮选择要上传的 PDF 文件并上传；在专用供应商目录中，可同时上传多达 5 个 PDF 目录，但只能指定其中一个显示在环球资源网站上，选中 Display on GSOL 单选按钮，并单击"保存"按钮以确保该文件能正常显示在环球资源网站上；重新提交 Main（供应商主页）。

上传白皮书的操作步骤与上传 PDF 目录相同。

3.2.9 管理系统设置

1. 如何更改个人信息及登录密码

在"系统设置"主菜单中，单击二级菜单"用户信息及密码管理"；在 User Profile 页面上更改个人信息。如需修改密码，单击界面左上角的"Change Password"链接进行修改。

2. 如何进行用户管理

（1）添加新用户。其操作步骤为：在"系统设置"主菜单中，单击二级菜单"用户权限管理"；单击"添加"按钮；输入希望添加用户的注册邮箱地址（所谓"注册邮箱地址"，是指该用户在环球资源网站上注册时所填写的邮箱地址），然后，选择适当的用户级别。

Super Administrator 为最高权限，可进行所有的系统操作。比 Super Administrator 低一级的是 Administrator，该级别的权限除了不能管理公司级别的买家地址簿和只能查看由 Super Administrator 分配的买家查询之外，也可以进行其他所有的系统操作。其次的权限是 Poster，该级别的权限与 Administrator 的区别在于：Poster 不能提取查询分析报告、精品展示厅买家登录报告及买家线索报告，不能添加或删除用户，不能操作系统设置中的网址及邮箱地址管理等。再低一级的是 Editor 的权限，该权限只能创建或编辑公司及产品信息。Viewer 的权限最低，该角色只能查看系统中的产品/公司信息、创建买家地址簿以及使用"发送已选项目"功能。

（2）删除用户和修改用户权限。其操作步骤为：在"用户权限管理"界面中，选中用户需要删除或修改权限的用户，然后单击"删除"或"分配权限"按钮。

（3）设定接收买家查询的默认邮箱地址。所有来自环球资源网站的买家查询将被发送到用户设定的默认查询邮箱，该设置可随时更改。其操作步骤为：在"系统设置"主菜单中，单击二级菜单"网址及邮箱地址管理"；单击"接收买家查询邮箱"链接；在"非环球资源邮箱地址"文本框中输入用户公司的邮箱地址。如果希望通过此邮箱来接收买家的查询邮件，则选择"Non-Global Sources E-mail Address。同样地，如果希望通过环球资源

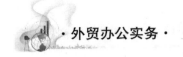

邮箱来接收，则需选中环球资源邮箱，完成后单击"保存"。

（4）输入和更改在线聊天账号。用户可通过 AOL、MSN、Yahoo 或 Skype 等在线聊天工具和环球资源的买家进行在线沟通，也可以同时使用这 4 种聊天工具，以便更方便地与买家进行沟通。可以在专用供应商目录中输入用户的在线聊天账号，其操作步骤为：在"网址及邮箱地址管理"界面中，单击"在线聊天账号管理"；在相应栏目内输入账号，单击"保存"。

（5）修改环球资源邮箱密码。如果用户能提供旧密码或忘记密码的问题及答案，就可以自行在专用供应商目录中修改邮箱密码，或获取新密码，其操作步骤为：在"系统设置"主菜单中，单击二级菜单"网址及邮箱地址管理"；单击"网址及邮箱地址管理"中的"管理邮箱密码"链接；在弹出的界面单击"修改密码"；提供旧密码和设置新密码，同时还要设置忘记密码的问题及答案（Hint Question & Your Answer），以便在忘记密码时通过以上界面的"忘记密码"功能申请新密码。

知识训练

一、判断题

1. 阿里巴巴有 4 个网上交易市场。（   ）
2. 阿里巴巴国际网站是中国国内贸易领域领先的 B2B 的中文网上交易市场。（   ）
3. 阿里巴巴国际站的会员类型有 Free Member 和 Gold Supplier 两类。（   ）
4. 在阿里巴巴国际站上发布产品信息时，填写的产品名称要越详细越好。（   ）
5. 阿里巴巴国际站的用户可以对 Product Showcase 里的产品进行重新排列或调整分组。（   ）
6. 阿里巴巴国际站的用户可以通过按类别搜索、按关键字搜索和按采购信息搜索 3 种方式来寻找买家。（   ）
7. 阿里巴巴国际站的 Message Center 首页显示的是最近 100 天的所有邮件，100 天之前的邮件按时间顺序进行储存，用户可以通过工具栏的下拉菜单来访问。（   ）
8. 中国制造网的免费注册会员享有发布网上展示厅、专业客服支持、在产品目录和搜索结果中享有优先排名的机会。（   ）
9. 中国制造网上的管理组"分组"功能突破了网站目录限制，提供个性化的产品或商情信息统筹管理，用户可以自主创建产品或商情类别，让买家浏览时更一目了然。（   ）
10. 中国制造网不支持用户进行分账户管理。（   ）

二、单选题

1. 阿里巴巴国际站构架由导航、搜索（Search）、类目和（   ）组成。
   A. 社区　　　　　B. 帮助　　　　　C. 信息管理中心　　D. 精品展示厅
2. 作为 Gold Supplier 会员，可以上传（   ）张认证或荣誉获奖证书至公司简介。
   A. 6　　　　　　B. 7　　　　　　C. 8　　　　　　　D. 9
3. 作为 Gold Supplier 会员，同一产品可以上传（   ）张不同角度、颜色、细节的图片。
   A. 3　　　　　　B. 4　　　　　　C. 5　　　　　　　D. 6
4. 以下哪种形式不是中国制造网创建的产品图册提供的下载格式？（   ）
   A. PDF　　　　　B. Word　　　　　C. Excel　　　　　D. Powerpoint
5. 中国制造网高级会员一共可创建（   ）个产品图册，每个产品图册最多可囊括用户在中国制造网上发布的所有产品信息。

  A. 15   B. 18   C. 20   D. 25

 6. 阿里巴巴国际站私人展厅每次邀请可以同时邀请（　　）个买家。

  A. 没有限制   B. 30   C. 20   D. 10

 7. 在阿里巴巴国际站当积累的询盘数量非常大时，可以通过哪种方式获取需要的询盘？（　　）

  A. 询盘分组管理   B. 询盘搜索工具

  C. 询盘过滤功能   D. 询盘删除功能

 8. Trade Shows 是指阿里巴巴国际站社区中的（　　）。

  A. 论坛   B. 中国概况   C. 贸易展会   D. 社区

 9. 在阿里巴巴国际站上，买家可以直接进入自己的 My Alibaba 系统向卖家咨询产品价格等信息，该过程一般称为（　　）。

  A. 报盘   B. 询盘   C. 处理报盘   D. 处理询盘

 10. 据调查，阿里巴巴国际站上买家搜索时最常用的方式是（　　）。

  A. selling leads   B. company   C. service   D. product

三、多选题

 1. 阿里巴巴的3个网上交易市场包括（　　）。

  A. 国际交易市场   B. 中国交易市场

  C. 日本交易市场   D. 欧美交易市场

 2. 以下有关阿里巴巴国际站的核心价值说法正确的是（　　）。

  A. 买家可以寻找搜索卖家并发布采购信息

  B. 卖家可以寻找搜索买家并发布公司及产品信息

  C. 为买家、卖家行为提供了沟通工具

  D. 为买家、卖家行为提供了账号管理工具

 3. 阿里巴巴国际站的特点是（　　）。

  A. 互动   B. 可行   C. 专业   D. 全球化

 4. 在阿里巴巴国际站上选取关键词的方法有（　　）。

  A. 从客户的询盘内容中分析关键词

  B. Google 等搜索引擎相关搜索

  C. 同行使用的产品关键词，包括国内的同行，还有国外的同行

  D. 根据阿里巴巴国际站后台帮助来选取和设置

 5. Virtual Office 系统的功能有产品、分组、展示厅风格、自定义栏目、数据专区、联系客服、TM 聊天工具、焦点商学院、数据罗盘（　　）。

  A. 信息中心   B. 行业报告   C. 商情   D. 会员信息

四、讨论分析题

1. 简述作为 Gold Supplier 会员如何在阿里巴巴国际站上发布产品信息。

2. 试述阿里巴巴国际站的用户在发送报价时的技巧。

3. 作为中国制造网的高级会员，如何创建产品图册？

4. 中国制造网英文站的 Message Center（信息中心）具有哪些功能？

5. 在环球资源网上可以通过哪些方法提交产品信息上网？

技能训练

1. 根据下列提示，完成在阿里巴巴国际站注册免费新用户的操作任务，并将最后一步操作成功的截图附在操作流程之后。

操作步骤如下：
①输入阿里巴巴国际站网址；
②进入主页，单击免费注册；
③填写相关信息；
④确认验证信息；
⑤进入验证成功界面，完成注册。

2. 通过各种途径完成阿里巴巴、中国制造网与环球资源网的比较分析，并形成分析报告。

3. 在中国制造网上修改自己登录的密码。

项目六　外贸邮件的收发与处理

✓ 任务目标

- 了解 Hotmail、Foxmail 邮箱账户的申请程序、参数设置及功能
- 熟悉 Outlook2007 邮箱的功能、创建邮件账户、管理通信录及邮件等设置
- 掌握 Outlook Express 邮箱的参数设置及收发邮件的操作
- 掌握利用 Hotmail、Foxmail 邮箱收发外贸工作中的邮件

✓ 任务导入

大专毕业的李晓找到了一家贸易公司的工作。上班的第一个星期主管让她登录 Outlook Express 邮箱，整理去年一年的外贸邮件，从中将客户的联系资料导入 Exlel 中。李晓虽然很熟悉 163 邮箱、QQ 邮箱的操作，但是对 Outlook Express 邮箱的操作却一无所知。李晓只能求助于同事，向同事请教 Outlook Express 邮箱的使用方法。

众所周知，外贸函电是国际贸易开展的载体，那么电子邮箱就成了外贸函电的载体。现代贸易类企业基本都是通过电子邮件与国外客户进行洽谈、签约，以及与客户就贸易流程中所出现的问题进行沟通等，因此电子邮箱对外贸工作人员来说很重要。

任务一　Hotmail

在国外，常用的在线沟通工具是 MSN Messenger，其功能类似于中国的腾讯 QQ。因此，大多数从事外贸工作的人员都会使用 MSN Messenger 聊天工具与客户进行在线沟通。在申请 MSN Messenger 账号时就需要用到邮箱，像网易、雅虎、谷歌、新浪等邮箱都可以注册 MSN Messenger 账号，但大部分人还是选择 Hotmail 邮箱作为账号，尤其是国外的一些客户，以下就 Hotmail 邮箱的相关操作进行介绍。

1.1　注册 Hotmail 邮箱

在浏览器中，输入 www.hotmail.com，进入邮箱注册界面（如图 6-1 所示）。单击界面右下角的"立即注册"，进入注册信息填写界面（如图 6-2 所示）。用户可以根据个人的实际情况来填写个人信息。这里的 Microsoft 账户名（即邮箱）可以由 a—z 的小写英文字母、0—9 的数字、下划线组成，不能单独使用数字作为邮箱名。密码可使用任何英文字母及阿拉伯数字组合，并区分英文字母大小写。按照要求填写完资料后，进入下一页，将出现如图 6-3 所示的界面，表明 Hotmail 邮箱注册成功。填写的 Microsoft 账户名和密码，就是 Hotmail 邮箱的账号和密码。

图 6-1　Hotmail 邮箱注册界面

项目六　外贸邮件的收发与处理

图 6-2　注册信息填写界面

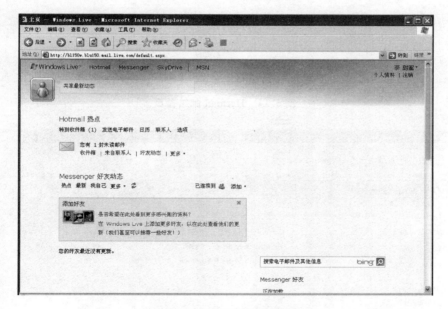

图 6-3　邮箱注册成功界面

1.2　使用 Hotmail 邮箱

1.2.1　阅读邮件

打开浏览器，输入"www.hotmail.com"，进入邮箱账户输入界面，在右上角的文本框内输入已经注册的 Hotmail 邮箱账号和密码,单击"登录"按钮,进入邮箱。

如邮箱里有新邮件,那么在"转到收件箱"后面会显示数字,另外邮箱首页也会提示邮箱里有几封未读邮件。如图 6-4 所示有 1 封未读邮件,单击"收件箱",会看到如图 6-5 所示的界面,单击邮件,就可以阅读邮件的内容了。

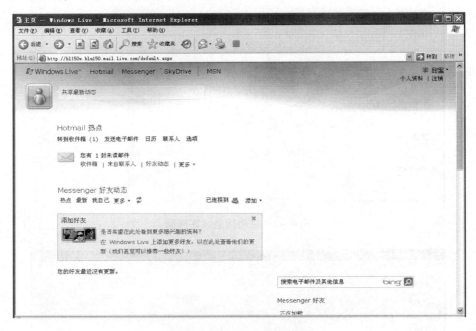

图 6-4 Hotmail 邮箱首页

图 6-5 Hotmail 收件箱界面

1.2.2 回复邮件

若需要对收到的邮件进行回复，则单击"答复"，如图6-6所示。撰写好回复的邮件内容并确认无误后，单击"发送"按钮，即完成回复邮件（如图6-7所示）。

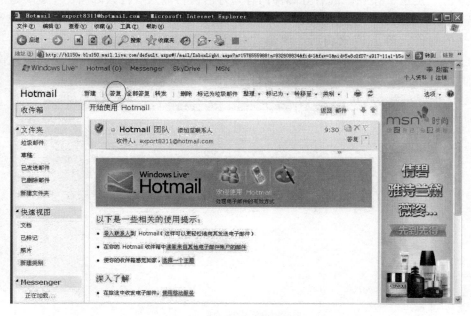

图6-6 回复邮件操作

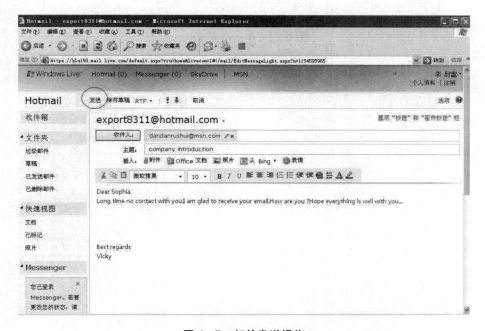

图6-7 邮件发送操作

1.2.3 撰写邮件

若要新建一封邮件,则单击"新建"按钮(如图6-8所示),出现如图6-9所示的邮件撰写界面。在书写邮件内容之前,可以先输入收件人邮箱、邮件主题,待邮件内容写好后,单击"发送"按钮。或者等邮件内容写好后,再输入收件人邮箱、主题,最后单击"发送"按钮。若需同时发送附件,只要单击"附件",找到文件在电脑上所处的位置,双击要发送的附件,等上传成功后,单击"发送"即可。邮件发送成功后,界面会显示"用户的邮件已发送"(如图6-10所示)。若不希望即刻发送邮件,可以选择先保存邮件,此时可以单击"保存草稿",那么撰写好的邮件就会被保存在草稿箱里。

图6-8 新建邮件操作

图6-9 邮件撰写界面

项目六　外贸邮件的收发与处理

图 6-10　邮件发送成功界面

任务二　Outlook Express

邮件收发通常有两种模式：一种是通过 Web 邮件收发，即网页邮箱，用网页浏览器打开，常见的网页邮箱有网易邮箱、新浪邮箱等；另一种是客户端邮件收发，常见的客户端软件有 Outlook Express、Outlook 2003、Outlook 2007、Foxmail 等。Outlook Express 是 Windows 操作系统自带的电子邮件收发客户端。随着 Windows 操作系统的升级，目前很多电脑都安装了 2007 版本，甚至更高的版本。因此，使用 Outlook 2007 来收发邮件也较普遍。知道如何使用 Outlook Express 和 Outlook 2007 这两种客户端来收发邮件是很有必要的。

2.1　Outlook Express 概述

Outlook Express 是 Windows 操作系统自带的用于收、发、写、管理电子邮件的一个软件，即收、发、写、管理电子邮件的工具，使用 Outlook Express 收发电子邮件十分方便。通常用户在某个网站注册了自己的电子邮箱后，要收发电子邮件，须登录该网站，进入电邮网页，输入账户名和密码，然后进行电子邮件的收、发、写操作。而使用 Outlook Express，这些程序便被自动过滤。只要打开 Outlook Express 界面，Outlook Express 程序便自动与用户注册的网站电子邮箱服务器联机工作，接收用户的电子邮件。发信时，可以使用 Outlook Express 创建新邮件，通过网站服务器联机发送。所有电子邮件可以脱机阅览，另外 Outlook Express 在接收电子邮件时，会自动把发信人的电子邮箱地址存入"通信簿"，供用户调用。

在使用 Outlook Express 前，先要对 Outlook Express 进行账户设置，其内容涉及用户注册的网站电子邮箱服务器及登录的账户名和密码等信息。

2.2 Outlook Express 基本设置

2.2.1 邮件接收设置

1. 添加账户

打开 Outlook Express，进入主界面（如图 6-11 所示），在菜单栏单击"工具"|"账户"，弹出"Internet 账户"对话框（如图 6-12 所示）。单击右上角的"添加"按钮，从弹出的菜单中选择"邮件"选项，即弹出"Internet 连接向导"对话框（如图 6-13 所示）。

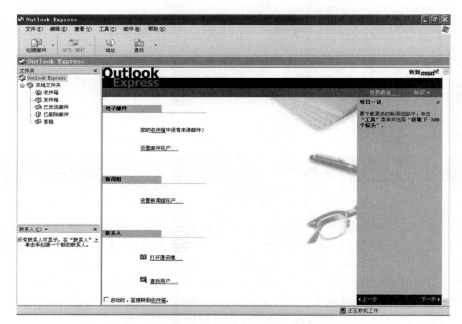

图 6-11 Outlook Express 主界面

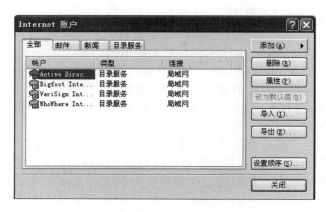

图 6-12 "Internet 账户"对话框

项目六　外贸邮件的收发与处理

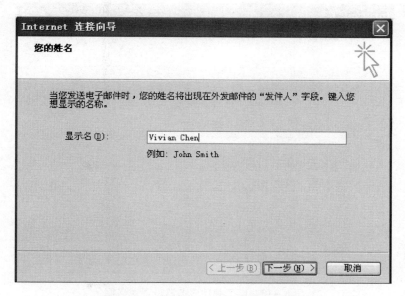

图 6-13　"Internet 连接向导"对话框

在文本框中输入姓名（此姓名将出现在所发送邮件的"发件人"一栏），如输入"Vivian Chen"。然后单击"下一步"按钮，弹出"Internet 电子邮件地址"输入对话框（图 6-14 所示），输入电子邮件地址（此处以 cat1130@126.com 邮箱为例来说明 Outlook Express 的设置），单击"下一步"按钮，弹出电子邮件服务器设置对话框（如图 6-15 所示）。

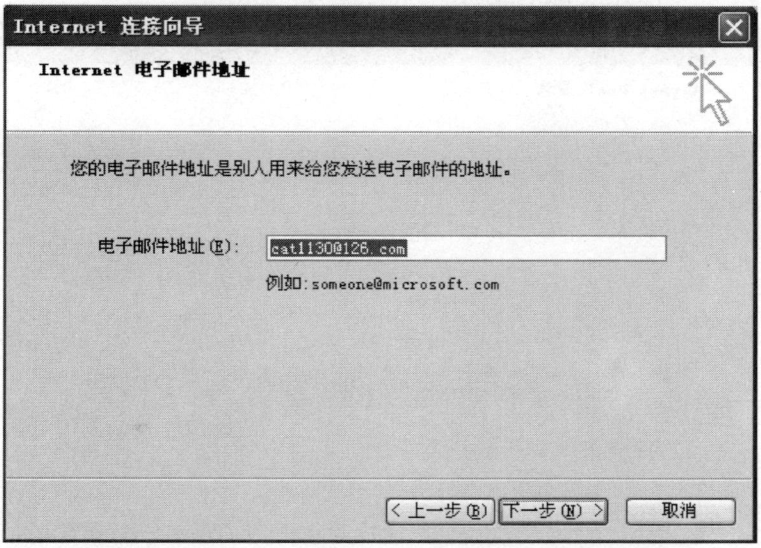

图 6-14　"Internet 电子邮件地址"输入对话框

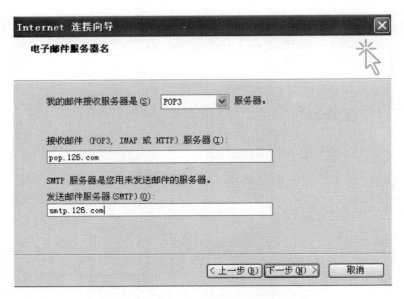

图 6-15　电子邮件服务器设置对话框

在该页面，系统默认"电子邮件服务器名"为"POP3"，不需修改。接收邮件服务器设置为"pop.126.com"，发送邮件服务器设置为"smtp.126.com"。单击"下一步"按钮，弹出 Internet Mail 登录设置对话框（如图 6-16 所示）。

输入账户名和密码，账户名修改为邮箱地址全称，如 cat1130@126.com。填写完毕，单击"下一步"按钮，即完成设置（如图 6-17 所示）。单击"完成"按钮，返回到 Internet 账户对话框，就可看到新增的邮箱（如图 6-18 所示）。

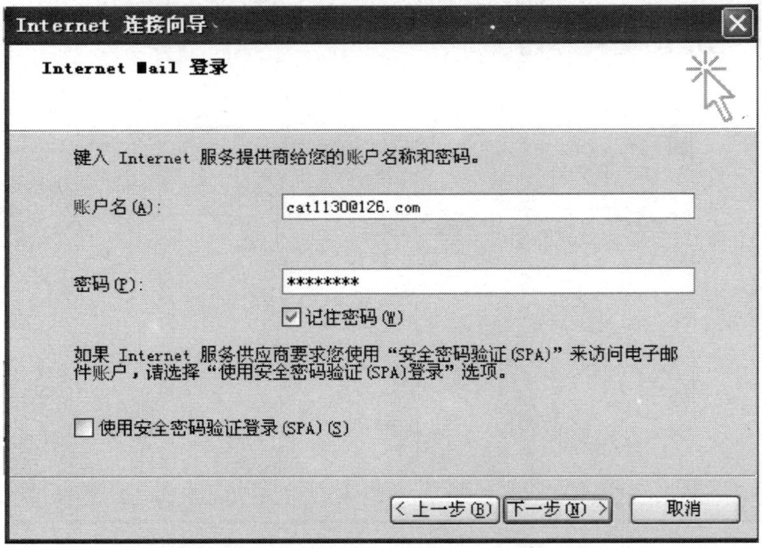

图 6-16　Internet Mail 登录设置对话框

项目六　外贸邮件的收发与处理

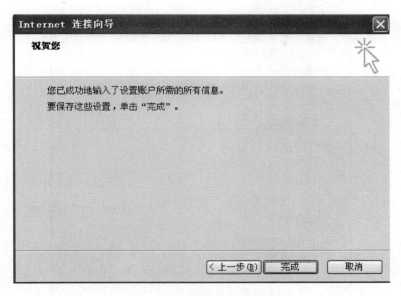

图 6-17　完成设置提示对话框

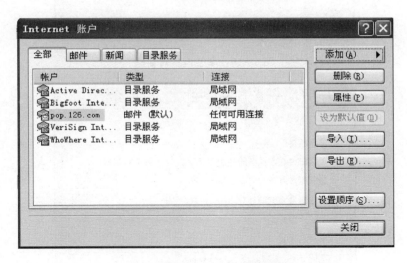

图 6-18　Internet 账户对话框

2. 属性设置

在图 6-18 所示的页面，单击"属性"按钮，弹出属性设置对话框（如图 6-19 所示）。单击"服务器"标签，在弹出的选项卡中，选中"我的服务器要求身份验证"复选框（如图 6-20 所示）。然后单击"应用"｜"确定"按钮，返回到 Internet 账户对话框。此时，Outlook Express 已经设置完毕，可以正常收发信件。

153

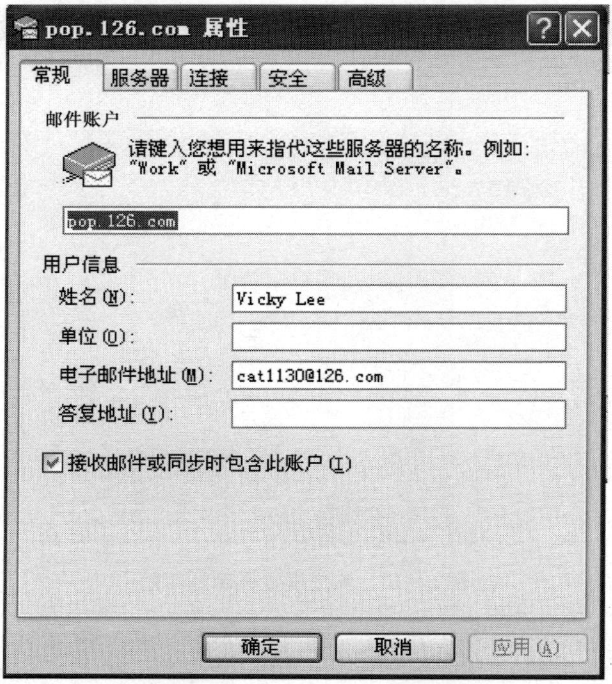

图 6-19　属性设置对话框

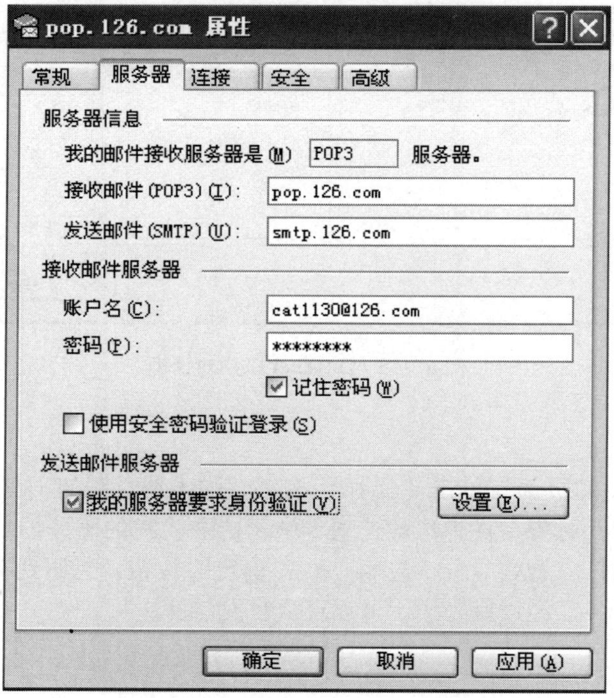

图 6-20　"服务器"选项对话框

在图 6-20 所示对话框，单击"高级"标签，将弹出如图 6-21 所示对话框。一般情况下，建议选中"在服务器上保留邮件副本"复选框，表示 Outlook Express 接收邮件后，用户进入网页接收邮件时，依然可以查看所有邮件，保证所有的邮件不会丢失。

若想把邮件设置为"在　天之后从服务器删除"或者"从'已删除邮件'中删除的同时从服务器上删除"，那么选中这两个筛选框（如图 6-21 所示），单击"应用"按钮，再单击"确定"按钮即可。

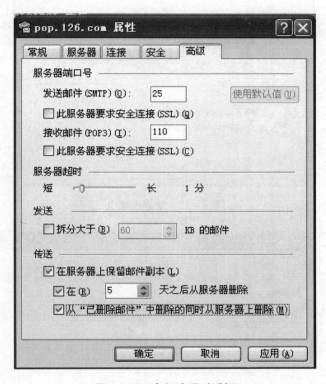

图 6-21　高级选项对话框

2.2.2　应用设置

Outlook Express 应用设置包括邮件阅读、安全、收发邮件的常规设置等，一般系统都已默认设置。

打开 Outlook Express，在菜单栏单击"工具" | "选项"，弹出如图 6-22 所示对话框，默认显示常规选项卡界面。这是 Outlook Express 的常规设置，可以默认不做修改，也可以根据个人的喜好在复选框。比如设定 5 分钟检查一次新邮件，那么将数字更改为 5。在阅读选项卡，可以进行邮件阅读设置和邮件字体设置（如图 6-23 所示）。

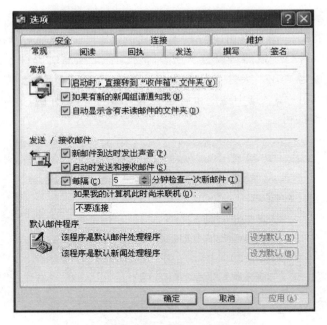

图 6－22　常规选项卡

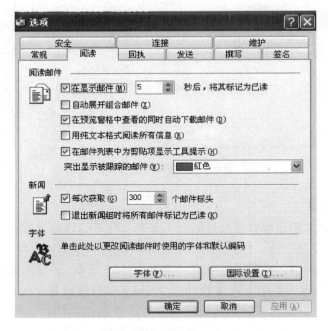

图 6－23　阅读选项卡

在回执选项界面，如果要对所有发出去的邮件请求阅读回执，那么可以勾选"所有发送的邮件都要求提供阅读回执"复选框里，单击"应用"，再单击"确定"即可。

在发送选项界面，可以设定邮件和新闻的发送格式，一般系统都做了默认设置，用户可以根据自己的喜好选择复选框。邮件发送的格式默认为 HTML 格式（如图 6 – 24 所示）。

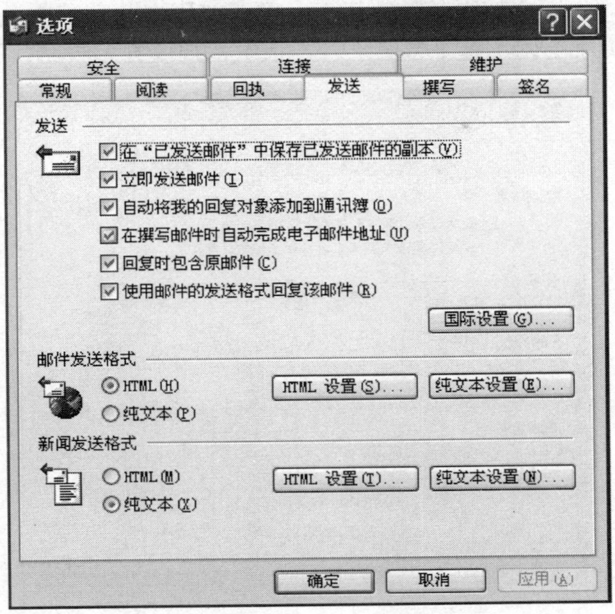

图 6 – 24 发送选项卡

在撰写选项界面，可以对书写的邮件字体和大小进行设置（如图 6 – 25 所示）。单击"字体设置"按钮，用户可以根据自己的喜好对字体、字形、大小及颜色进行设置。

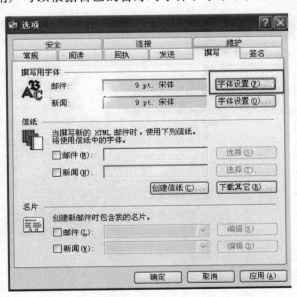

图 6 – 25 撰写选项卡

在签名选项界面，可以在发送的邮件中添加签名。单击"新建"按钮，在"编辑签

名"的文本框里添加签名（如图 6-26 所示）。签名编辑完毕后，在"签名设置"选项区选中"在所有待发邮件中添加签名"复选框，单击"应用"|"确认"，那么接下来发送的所有邮件内容下方都会附上这个签名。若不选中，则设置无效。

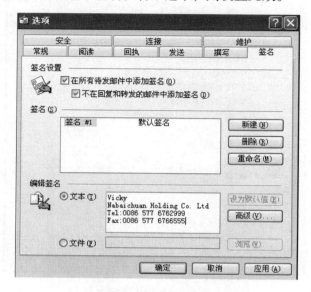

图 6-26　签名选项卡

在安全选项界面，用户可以对邮件的安全性进行设置，系统已经默认设置，一般不需要再另外设置（如图 6-27 所示）。

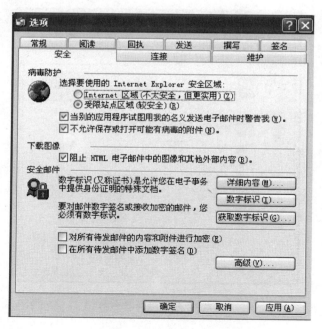

图 6-27　"安全"选项卡

在连接选项卡，可以保持默认的设置（如图6-28所示）。

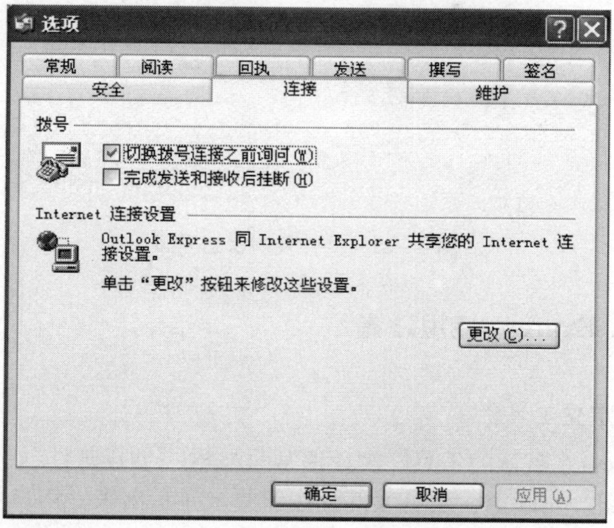

图6-28　连接选项卡

在维护选项界面，可以对邮件的存储位置进行更改。一般情况下，系统默认收发的所有邮件都储存在C盘。如果电脑重装系统，Outlook收发的邮件也随之消失。重新按照上述方法进行设置后，也只能接收邮件，而以前通过Outlook发送的邮件就无从查找。所以，此处可以对邮件的存储位置进行更改：单击"存储文件夹"按钮，弹出"存储位置"对话框（如图6-29所示），单击"更改"按钮，在弹出的路径对话框里选择要存储的位置，单击"确定"，将弹出提示对话框（如图6-30所示），单击"确定"按钮，关掉所有的对话框，双击Outlook Express，会出现文件复制状态页面（如图6-31所示），这表明事先存储在C盘的邮件都被转移到了设置的目标位置。

到此，有关Outlook Express的所有设置已全部完成。

图6-29　"存储位置"对话框

图6-30　提示对话框

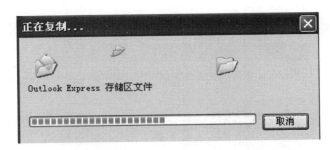

图 6-31　文件复制状态界面

2.3　Outlook Express 使用设置

2.3.1　设置自定义工具栏

在 Outlook Express 6 默认的工具栏中，通常只显示"创建邮件""发送/接收""地址"和"查找"这些按钮。实际上，还有大部分按钮并未显示出来，用户可以根据自己的实际需要来添加一些按钮，以提高收发电子邮件的效率。

单击菜单栏"查看"｜"布局"选项，然后在"窗口布局　属性"对话框中单击"自定义工具栏"按钮（如图 6-32 所示），就能进入"自定义工具栏"对话框（如图 6-33 所示）。用户也可以单击鼠标右键工具栏的空白处，在弹出的快捷菜单中选择"自定义"选项，直接进入"自定义工具栏"对话框。

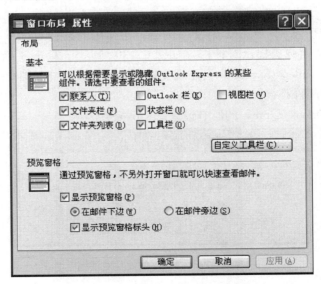

图 6-32　"窗口布局属性"对话框

在图 6-33 所示的对话框选择左边"可用工具栏选项"下方方框里的选项，然后单击"添加"，那么选择的按钮就会显示在 Outlook Express 右边的工具栏里。同样地，若要想在工具栏上删除一个按钮，那么只要选择右边"当前工具栏选项"下方方框里的选项，单击

"删除"按钮,那么选择的按钮就在工具栏上被删除了。

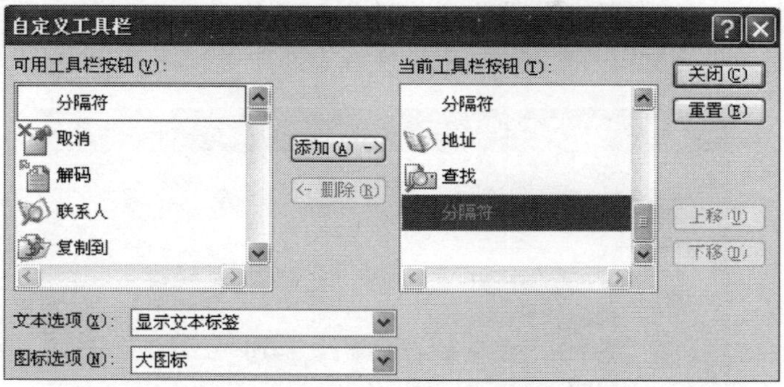

图 6-33 "自定义工具栏"对话框

在 Outlook Express 6 中,允许用户设置的自定义按钮有 35 种,可以满足所有常用操作习惯。在"自定义工具栏"里,可以更改快捷图标大小和文本选项方式。

2.3.2 设置"记住密码"口令

若事先没设置"记住密码"口令,每次进行 Outlook Express 接收或发送邮件之前,软件都会要求用户输入自己邮箱的口令,并将这个口令传送到用户所在的上网公司进行核对,若口令不正确,则不能对邮件进行操作。正常情况下,口令的输入、传送与核对大约要 30 秒。若让软件记住口令,每次进行邮件操作之前,它会自动进行传送和核对,无须手工操作。

设置电脑自动记住密码口令的步骤为:打开 Outlook Express,单击"工具"|"账户",在"Internet 账户"再对话框中单击"邮件"标签,然后选择"账户"下方的邮箱名称;接着单击"属性"按钮,在弹出的对话框里单击"服务器"标签;在"服务器"选项卡中的"密码"文本框输入邮箱密码,选中"记住密码"复选框,最后单击"确定"按钮即可。

2.3.3 设置拒绝超大信件

单击菜单栏上的"工具",选择"邮件规则"中的"邮件",进入"新建邮件规则"对话框。在"选择规则条件"区域选择"若邮件长度大于指定的大小",在"规则描述"区域会提示输入长度,再在"选择规则操作"区域单击"不要从服务器上下载",最后单击"确定"按钮。

2.3.4 设置乱码解决办法

有些时候,用户会接收到一些包含乱码的邮件。如果发送者使用 Outlook Express 发送邮件时选用 HZ 编码,而邮件的接收者使用 Eudora 来阅读邮件,看到的就是一些乱码。如果对方使用的也是 Outlook Express,Outlook Express 通常以发送方所用的语言来显示邮件。但是,其他来源的邮件(特别是来自新闻组的邮件)在被 Outlook Express 使用者接收时,其内容就成乱码了。这时候,用户可以设置阅读邮件的默认语言编码,其操作步骤为:单击菜单"工

具"|"选项",在弹出的"选项"对话框中单击"阅读"选项卡中单击"字体"按钮,弹出"字体"对话框,在"字体设置"栏里选择一种语言,然后单击"设为默认"按钮,一般用户设置为简体中文即可(如图6-34、图6-35所示)。

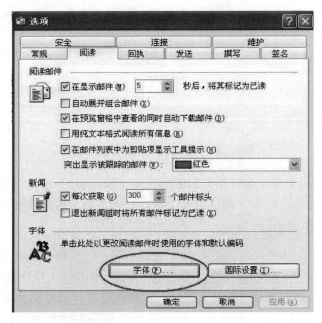

图6-34 "阅读"选项卡

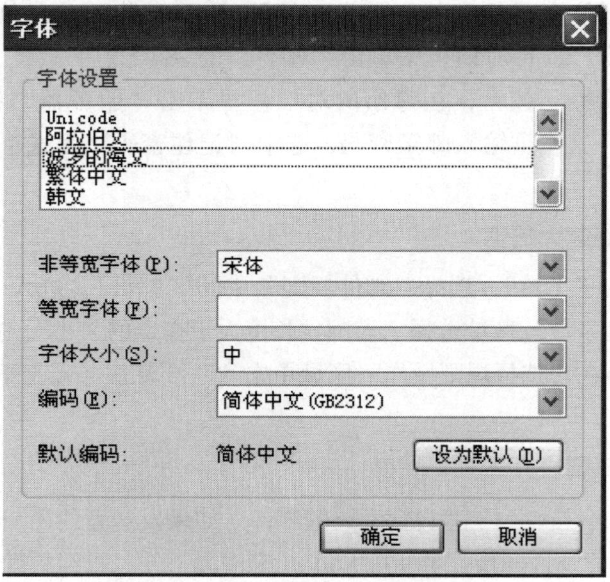

图6-35 "字体"对话框

2.3.5 设置自动添加 E-mail 地址

Outlook Express 通信簿可大大提高撰写信件时输入 E-mail 地址的速度和准确性,它提供了 E-mail 地址自动添加功能。

方法一:选择邮件,单击鼠标右键"将发件人添加到通信簿"选项或者单击菜单"工具"|"将发件人添加到通信簿"选项即可。

方法二:在回复邮件界面,双击收件人信息(如图 6-36 所示),弹出有关收件人详细信息对话框,单击右边的"添加到通信簿"按钮即可(如图 6-37 所示)。同时,用户还可以单击其上的"姓名""住宅""业务""个人"等标签,对添加到通信簿里的邮箱进行信息编辑和完善。

图 6-36 双击收件人信息

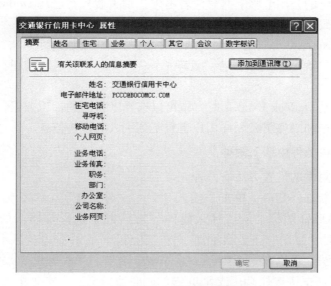

图 6-37 收件人详细信息对话框

2.3.6 设置发送大容量信件

有时候由于网络传输速度不稳定,在传输大容量信件时有可能出现断网问题;另外,大多数邮件服务器限制了可发送和接收邮件的大小,通常每封邮件(包括附件)不得超过 10MB。如此,用户若想发送一封容量大于 10MB 的信件就会变得比较困难。Outlook Express 邮件软件具有拆分文件的功能,它可以将大型邮件拆分成若干个小容量的部分,发

送到有限制的邮件服务器上，接收方会将这些小部分自动重新合并到一个邮件中。具体设置方法是：打开 Outlook Express，单击菜单"工具"|"账户"，单击"邮件"标签，选择"属性"，在弹出的对话框里单击"高级"按钮，将弹出界面，然后在"发送"区域的复选框里选中，设定可发送文件的最大值即可。Outlook Express 程序默认会拆分大于 60KB 的邮件。

2.3.7 设置显示被隐藏的邮件

在使用 Outlook Express 过程中，有时发现收件箱中的邮件会莫名其妙地不见了，其原因是它们有可能被隐藏了。单击菜单"查看"|"当前视图"，把"隐藏已读邮件"改为"显示所有邮件"，便可显示被隐藏的邮件。

2.3.8 设置更改邮件的优先级，发送高优先级

发送邮件时，如果邮件到达收件人的收件箱，则邮件旁边将显示"警告"图标（通常为感叹号），以便提醒收件人该邮件很重要或应该立即阅读。这就需要设置待发邮件的优先级，在新邮件窗口中，单击菜单"邮件"|"设置优先级"，然后单击优先级选项，即可实现邮件优先级的设置。

2.3.9 设置建立自己的标识

当用户使用单位的公用电脑上网时，若不想让别人看到自己用 Outlook Express 收取的信件，就得设置密码来保护自己的收件箱。

打开 Outlook Express，单击"文件"|"标识"|"添加新标识"，输入姓名或代码，再输入密码，然后"确定"退出。若"管理标识"，单击"新建"按钮，接下来重复上述操作。

当用户重新启动 Outlook Express 时，就可以选择以自己的标识登录，这样别人就无法轻易看到用户的账户和邮件了，同样用户也看不到别人的这些信息。

2.3.10 设置在邮件中插入附件

在邮件中插入附件的设置方法有两种。

方法一：打开新邮件窗口，单击"插入"|"文件附件"（如图 6-38 所示），或者单击工具栏上的回形针图标，从"插入附件"对话框中选择要插入的文件，然后单击"附件"按钮。这时"主题"下方会增加一行"附件"，它的右边会显示刚才加入的文件图标。用同样的方法，可以在一个邮件中插入多个附件，一次可以插入若干个，方法是：在"插入附件"对话框中按住 Ctrl 或 Shift 键的同时选择要插入的文件。

方法二：用拖曳的方式来插入附件。选中要作为附件的文件，按下鼠标左键不放，然后将其拖曳到邮件编辑区中，再放开鼠标即可。这种方法适合于添加多个附件，这时用户只要将所有文件都选中，拖进来就 OK 了。这种方法既方便，又节省时间。

项目六 外贸邮件的收发与处理

图 6-38 插入附件设置

2.3.11 阅读邮件中的附件

收到邮件后，在"收件箱"的邮件列表中选择此邮件，这时，在下方的"预览窗格"的蓝色标题栏右边可以看到一个回形针，表示这封邮件包含附件。单击回形针图标（如图 6-39 所示），出现附件选择菜单，其中列有附件的名称，单击附件的名称；如果附件是执行文件、HTML 文件或者其他具有危险性的文件，Outlook 都将弹出"警告"提示。当用户收到一封来历不明的邮件包含附件时，一定要小心，有可能里面就是一个病毒。如果用户对这样的邮件放心，就可以单击"打开"来阅读附件。如果附件不具有危险性，则附件直接被打开。

图 6-39 阅读邮件中的附件

2.3.12 充分利用抄送功能

将一份邮件发送给多个收件人时，可以用"邮件抄送"功能，这样可避免多次发送。在 Outlook Express 中，方法为：（1）单击"创建邮件"按钮；（2）在"收件人"中手动添加第一个邮箱地址，或者单击"收件人"按钮（如图 6-40 所示），在弹出的对话框里单击用户想发送的邮箱地址按钮；（3）在"抄送"中手动添加将要发送的其他人的地址，或者单击"抄送"按钮，在弹出的对话框里单击用户想抄送的邮箱地址，如果不想让收件人知道用户抄送人的邮箱信息，那么可以选择"密件抄送"按钮；（4）单击"发送"按钮完成操作。

165

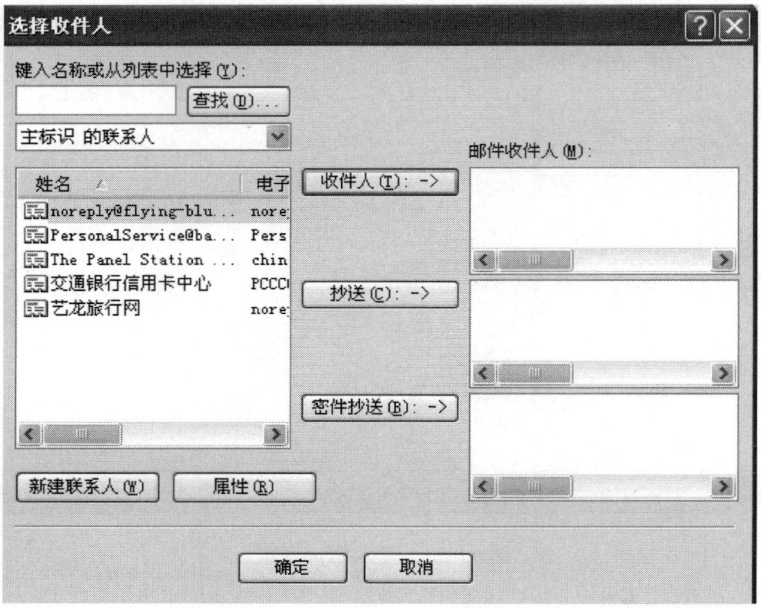

图 6-40 "选择收件人"对话框

2.3.13 快速查找邮件

要在一大堆邮件中找到想要的内容并不轻松,单击工具栏"查找"选项,在弹出的对话框里可以按发件人、收件人、主题、邮件中的内容、收件时间等来作为查询条件(如图 6-41 所示)。另外,单击菜单"编辑" | "查找",同样可以达到查找邮件的目的。

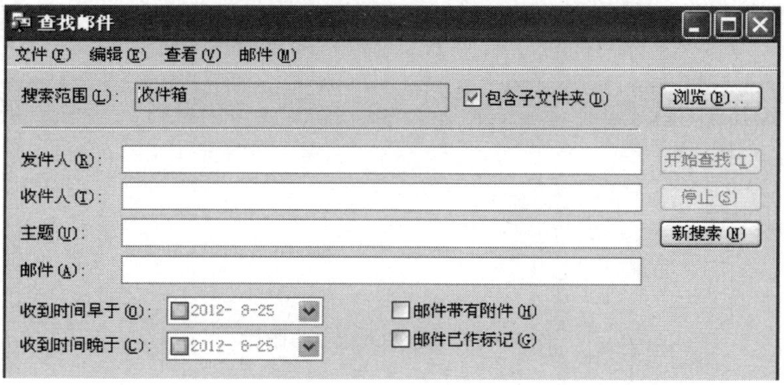

图 6-41 "查找邮件"对话框

2.3.14 建立文件夹

如果收到的邮件越来越多,收件箱里堆满了邮件,管理起来会很麻烦。为了方便管理所有的邮件,用户可以建立不同的"文件夹",也就是目录,把来自四面八方的邮件分门别类地放在各个"文件夹"中。方法如下:在左边的"本地文件夹"上单击鼠标右键,选择快捷菜单中的"新建文件夹";屏幕上出现一个对话框(如图 6-42 所示),这时用户输入文件夹名称，比如输入"111"，在下方的选择框中选择新文件夹创建的位置；比如这里用户就选定"收件箱"，然后单击"确定"返回。此时用户会在 Outlook Express 左边看到新创建的"111"文件夹（如图 6-43 所示）。

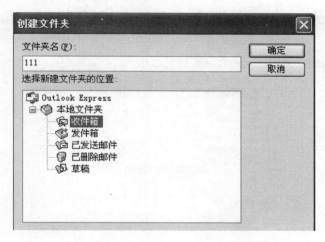

图 6-42 "创建文件夹"对话框

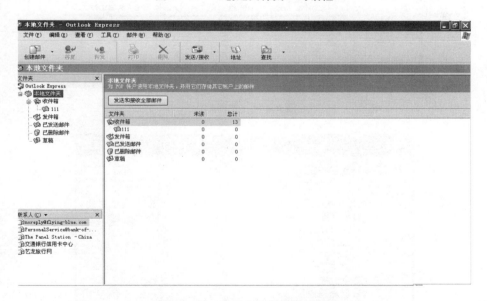

图 6-43 建立文件夹效果界面

2.3.15 整理邮件

当用户的 Outlook Express 使用了一段时间后，就会发现邮件在收件箱里堆积如山，有重要邮件也有垃圾邮件，如果要查找以前的邮件会十分麻烦。建立了文件夹后，就可以对收到的邮件进行管理。平时要养成每次收到邮件都及时整理的好习惯，不同类型的邮件放入相对应的文件夹，日积月累，用户就会明显感受到这个 Outlook Express 的好习惯给日常工作和平时收发邮件带来的方便。

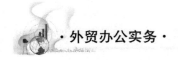

选择要整理的邮件,单击鼠标右键,在弹出的快捷菜单中,选择"移动到文件夹"(如图6-44所示),弹出"移动"存储位置选择对话框(如图6-45所示),单击要移入的文件夹,比如"111""222"等,再单击"确定"即可。

图6-44 整理邮件

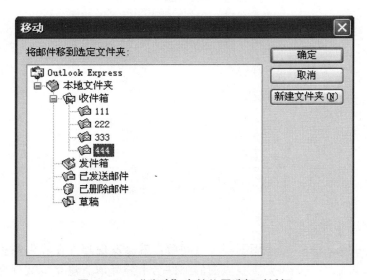

图6-45 "移动"存储位置选择对话框

另外,还有一种很方便的方法,那就是通过创建邮件规则来实现邮件的自动分类功

项目六　外贸邮件的收发与处理

能，以便把接收到的邮件自动放入不同的邮件夹中。具体操作方法如下：

单击菜单"工具"｜"邮件规则"｜"邮件"，若以前没有创建过邮件规则，则系统将直接进入"新建邮件规则"对话框；否则进入"邮件规则"对话框，然后再单击"新建"按钮（如图6-46所示）。

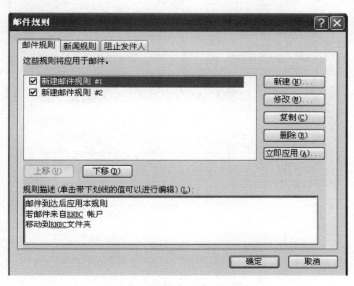

图 6-46　"邮件规则"对话框

在"新建邮件规则"对话框中的"选择规则条件"栏下选择要设置的规则。如果用户在 Outlook Express 里设置了若干个邮箱，那么用户就可以设置将不同邮箱里的邮件自动存放到指定的文件夹，可按照如下步骤设置：

(1) 选中"选择规则条件"栏下的"若邮件来自指定的账户"复选框。
(2) 选中"选择规则操作"栏下的"移动到指定的文件夹"复选框。
(3) 单击"规则描述"下方的指定账户，在弹出的对话框里选择账户（如图6-47所示），单击"确定"按钮。

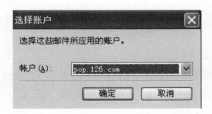

图 6-47　"选择账户"对话框

(4) 单击"规则描述"下方的指定文件夹，在弹出的对话框里选择文件夹，单击"确定"按钮，那么这个邮件规则就建立了（如图6-48所示）。用户就建立了一个邮件规则：今后这个126邮箱接收的邮件就会自动存放到"111"这个文件夹。当然，用户还可以建立别的邮件规则，以方便对邮件的管理和使用。邮件规则的设置是一项很方便的应

169

用，特别是对邮箱很多、每天接收很多邮件的用户来说，使用起来非常方便、快捷，可以大大提高工作效率。

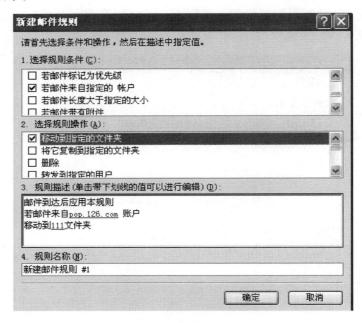

图6-48　邮件规则建立

2.3.16　用邮箱地址簿保存常用电子邮件地址

用户可以用"通信簿"来记忆电子邮件地址。通信簿具有存储联系人信息的功能，使用户能方便地检索联系人信息。在Outlook Express中，"通信簿"使用方法如下：

（1）单击"工具" | "通信簿"选项。

（2）在"通信簿"对话框中，选择"文件" | "新建联系人"，可添加新的地址及其他详细信息，比如姓名、联系方式等，或者单击工具栏上的"新建"按钮，也可以添加新的邮箱地址。若要修改已有地址，可从列表中选择一个地址，然后单击"属性"按钮进行修改。

（3）添好或改好后单击"确定"按钮即可。

有了"通信簿"后，发送邮件的工作大大简化，不需要手动输入邮箱地址。在发送前只需单击"收件人"，即可显示所有通信簿里的电子邮件地址，从中选择自己所需要的，单击"收件人"按钮，最后单击"确定"按钮即可。

2.3.17　设置拒收垃圾邮件

单击"工具" | "邮件规则/邮件"，弹出"新建邮件规则"对话框（如图6-49所示），分为"选择规则条件""选择规则操作""规则描述"和"规则名称"四个部分。比如经常收到发信地址为"qingzhu@990.net"的垃圾邮件，如果想从今以后不再收到它，可以在"选择规则条件"中选中"若'发件人'行中包含用户"复选框，并在其中填入上述地址；接着，在"选择规则操作"中选中"从服务器上删除"复选框；同时可以看

到在"规则描述"框内，出现了"若'发件人'行中包含'qingzhu@990.net'""从服务器上删除"的描述，这就达到了目的。还可以为这个规则起一个名称，最后单击"确定"按钮就可以了。

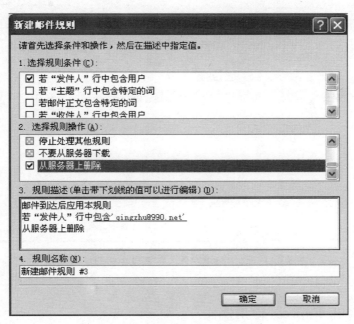

图 6-49 "新建邮件规则"对话框

2.3.18 标记重要的邮件

如果用户每天收到并且处理大量的邮件，有些邮件比较重要而有些不很重要，这时可以使用 Outlook Express 提供的标记邮件功能将重要的邮件做出标记，以利于以后查阅。方法是：单击这封邮件，然后选择菜单中的"邮件"|"标记邮件"，用户会发现这个邮件被加上了一个"小红旗"标记。单击这个小红旗标记，可以移除这个标记。

2.3.19 设置拒绝收取某些信件

如果收到了不想收到的邮件，可以先选中这封邮件，再选择菜单中的"邮件"|"阻止发件人"，会提示用户今后来自该发件人的邮件都将被禁止，同时提示用户是否想现在就从当前文件夹中删除来自该发件人的所有邮件（如图 6-50 所示），单击"是"按钮，则所有来自该邮箱地址的邮件都将被删除。

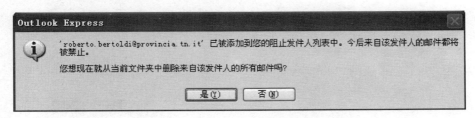

图 6-50 删除邮件提示对话框

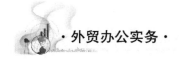

· 外贸办公实务 ·

若要从"阻止发件人"名单中删除姓名,单击"工具" | "邮件规则",然后单击"阻止发件人名单",在弹出的对话框里单击"删除"按钮(如图 6 – 51 所示)。

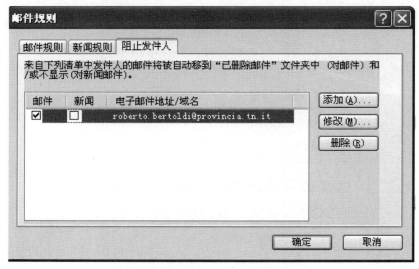

图 6 – 51　从"阻止发件人"名单中删除姓名操作

2.4　Outlook Express 使用操作

2.4.1　接收邮件

打开 Outlook Express 后,Outlook Express 会自动联机服务器接收邮件,用户也可以单击工具栏上的"发送/接收"按钮来接收新邮件(如图 6 – 52 所示)。

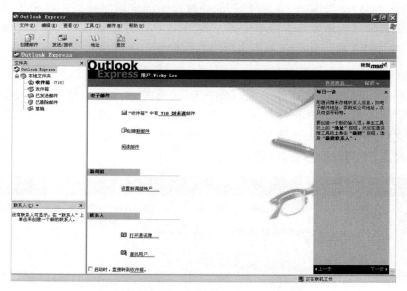

图 6 – 52　邮件收发界面

2.4.2 撰写邮件

单击"创建邮件",在打开的页面里就可以书写新邮件了(如图6-53所示)。

图6-53 邮件撰写界面

2.4.3 回复邮件

在已经打开的邮件的工具栏上,单击"答复"按钮(如图6-54所示),就可以对收到的邮件进行回复了,另外,还可以进行插入附件、在邮件编辑区插入图片、选择字体大小、字形等操作。书写好邮件并检查无误后,单击"发送"按钮(如图6-55所示)。若邮件成功发送,那么在"已发送邮件"文件夹里可以看到用户发出去的邮件内容(如图6-56所示)。

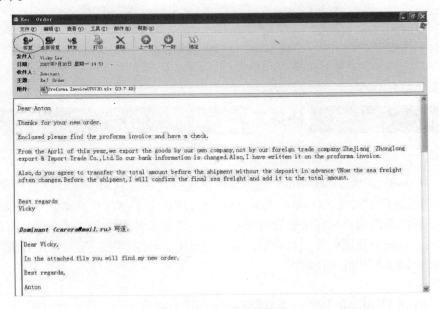

图6-54 邮件回复界面

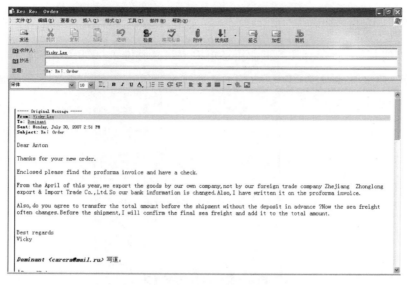

图 6-55　邮件发送界面

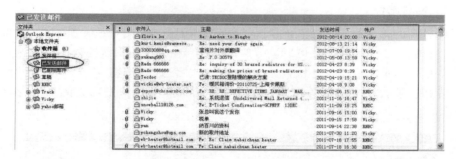

图 6-56　已发送邮件界面

Outlook 2007

　　Office Outlook 是 Microsoft Office 套装软件的组件之一，它对 Windows 自带的 Outlook Express 的功能进行了扩充。Outlook 2007 是一款优秀的电子邮件客户端，它不仅是 E-mail 客户端，还可以帮助用户更好地管理时间和信息，跨越各种界限实现联系并且有助于保持安全和控制，其简单易用的特性与功能，包括行事历、计划调度、安全性的设置等都能够在很大程度上提高用户的工作效率。

3.1　启动 Outlook 2007

　　安装 Outlook 2007 后，用户单击"开始" | "所有程序" | Microsoft Office | "Microsoft

项目六 外贸邮件的收发与处理

Office Outlook 2007"来启动 Outlook 2007。用户还可以在"Microsopt Office Outlook 2007"选项上单击鼠标右键,在弹出的快捷菜单上选择"发送到"│"桌面快捷方式"来创建桌面快捷方式。

图 6-57 启动 Outlook 2007

3.2 创建邮件账户

第一次运行 Outlook 2007 时,软件将会弹出启动向导配置界面;单击"下一步"按钮,进入"账户配置"对话框(如图 6-58 所示),单击"下一步";进入"添加新电子邮件账户"对话框(如图 6-59 所示),单击"下一步";进入"自动账户设置"对话框(如图 6-60 所示),选中"手动配置服务器设置或其他服务器类型",单击"下一步";进入"选择电子邮件服务"对话框(如图 6-61 所示),选中"Internet 电子邮件"单击"下一步",进入"Internet 电子邮件设置"对话框(如图 6-62 所示)。

图 6-58 "账户配置"对话框

175

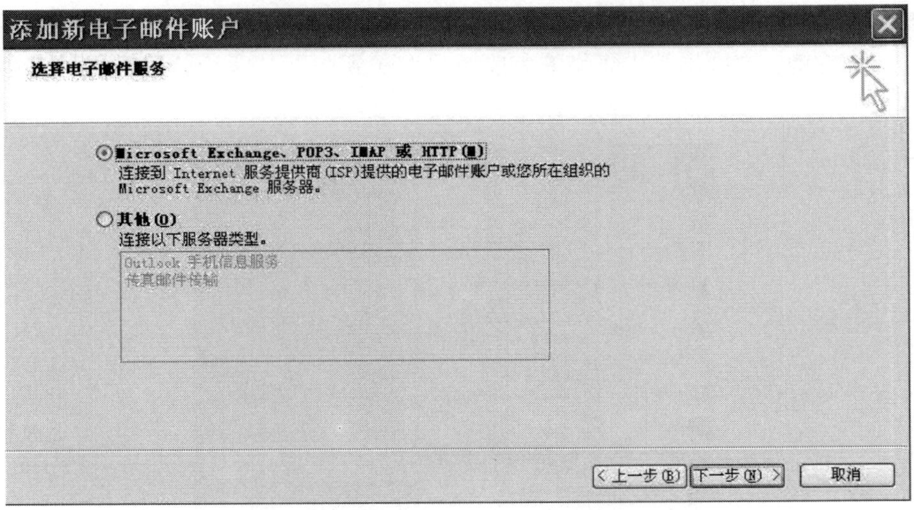

图 6－59　“添加新电子邮件账户”对话框

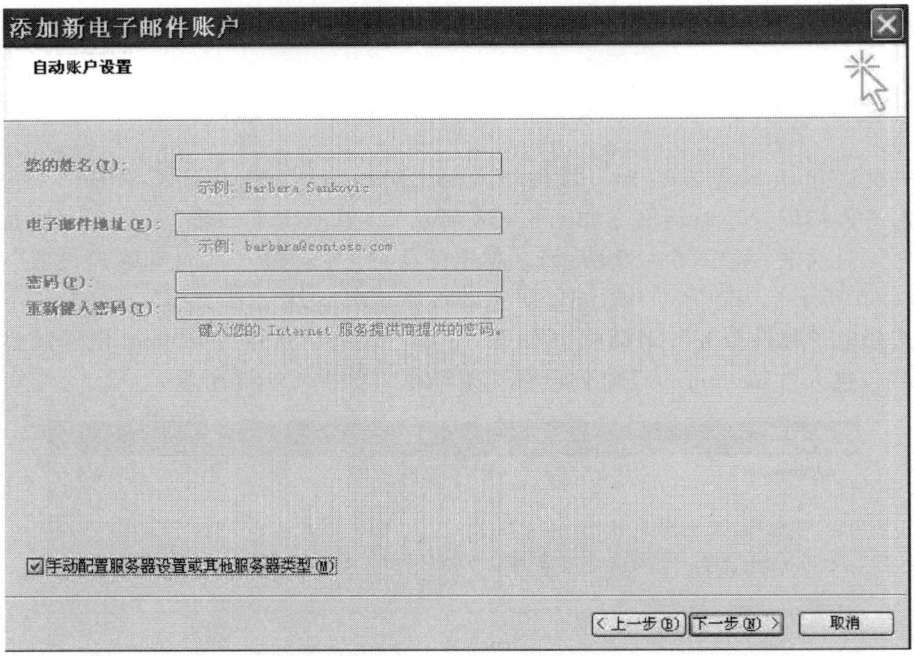

图 6－60　“自动账户设置”对话框

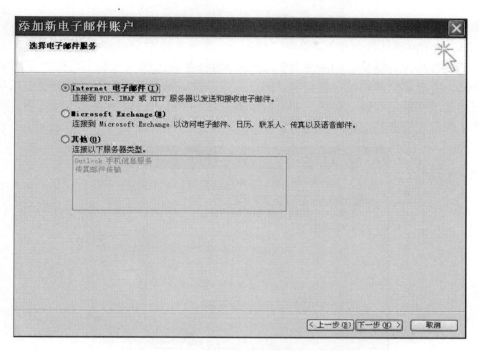

图 6-61　"选择电子邮件服务"对话框

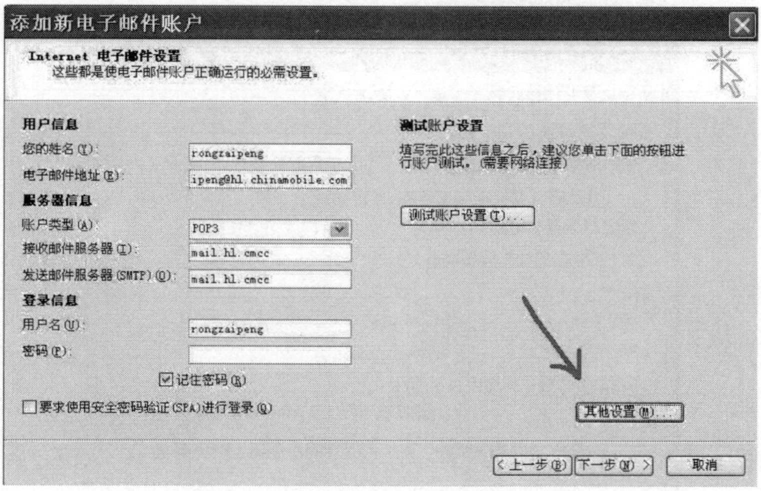

图 6-62　"Internet 电子邮件设置"对话框

在"您的姓名"处填入自己的姓名,如"荣再鹏"或"rongzaipeng";在"电子邮件地址"处填入自己的邮箱地址,如"rongzaipeng@ hl. chinamobile. com";在"接收邮件服务器""发送邮件服务器"中输入邮件服务器地址,如"mail. hl. cmcc";然后在"登录信息"处输入自己的邮箱用户名及密码。

填写完"用户信息""服务器信息"及"登录信息"后,单击"其他设置"按钮。在"其他设置"对话框中,进入"发送服务器"选项卡(如图 6-63 所示),选中"我的发送服务器（SMTP）要求验证"；然后进入"高级"选项卡（如图 6-64 所示），选中"在服务器上保留邮件的副本"，单击"确定"。选中此栏则 Outlook 在接收邮件时，网页邮箱中的所有邮件会保留。如果不选中此栏则 Outlook 会把网页邮箱中的邮件"剪切"出来。当然，若考虑到邮箱的容量有限，用户也可以设定保留 X 天后删除服务器上的邮件副本。但此处最多设定保留 100 天，如果希望保留超过 100 天，就不要选中此选项，将邮件副本永久保留在服务器上。

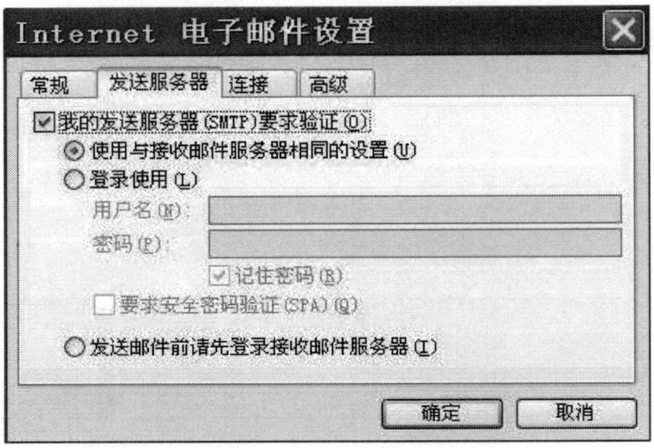

图 6-63 "发送服务器"选项卡

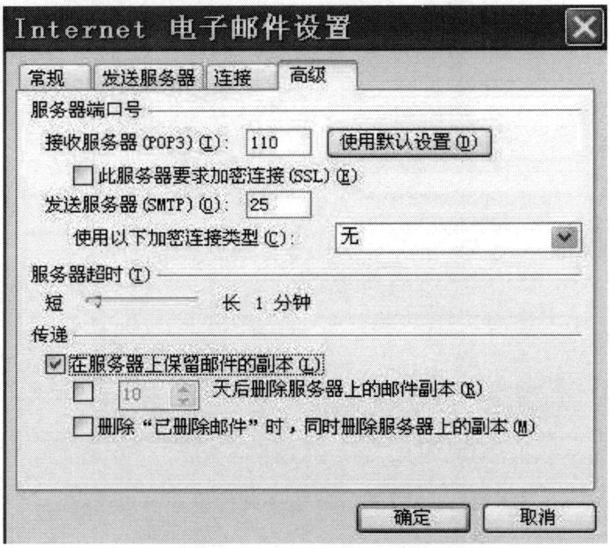

图 6-64 "高级"选项卡

完成"其他设置"后，返回到前一界面，然后单击"下一步"，最后单击"完成"，则成功新建了邮件账户。

配置完邮件账户，进入 Outlook 2007 程序主界面。单击工具栏中的"发送/接收"下三角按钮，依次单击"发送/接收设置"｜"定义发送/接收组"，进入"发送/接收组"

对话框。

在如图 6-65 所示的组"所有账户"的设置"中将"安排自动发送/接收的时间间隔"从默认的"30 分钟"改为"1 分钟"（建议）。当然可以设置为 2 分钟或 3 分钟等。然后单击"关闭"按钮即可。

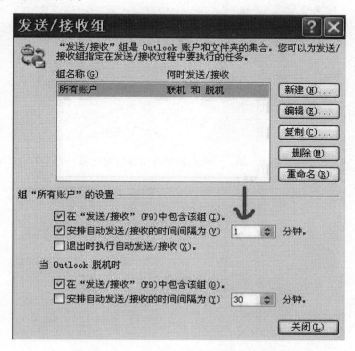

图 6-65 "发送/接收组"对话框

3.3 管理通信录

3.3.1 导入联系人信息

Outlook 2007 功能完善，可以方便地新建联系人、创建通信组列表，还可以导入、导出联系人信息。简要操作步骤如下：

单击菜单栏"文件"|"导入和导出"，选择"从另一程序或文件导入"（如图 6-66 所示），单击"下一步"；在弹出的"导入文件"对话框中选择"Microsoft Excel 97-2003"（如图 6-67 所示），单击"下一步"；在弹出的对话框中单击"浏览"，选择想要导入的文件，单击"下一步"（如图 6-68 所示），图中"选项"区域可使用默认设置，也可以根据个人需要更改；在弹出的对话框中选中将"'联系人'导入下列文件夹"，单击"完成"即可（如图 6-69 所示）。

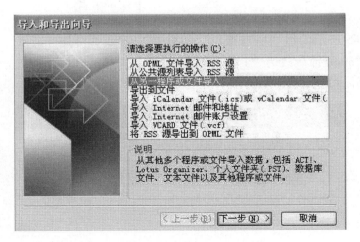

图 6-66 "导入和导出向导"对话框

图 6-67 "导入文件"对话框

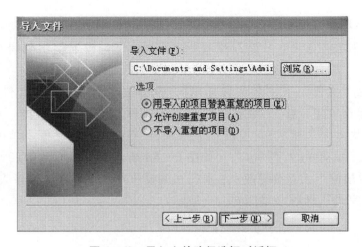

图 6-68 导入文件路径选择对话框

项目六　外贸邮件的收发与处理

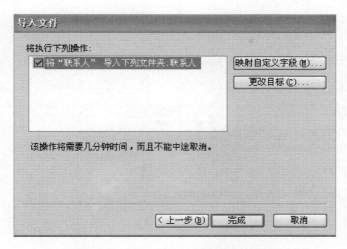

图 6-69　"导入文件"操作提示对话框

3.3.2　新建联系人列表

导入联系人后，进入"联系人"界面，在左侧"我的联系人"区域中，单击鼠标右键"联系人"栏，在弹出的快捷菜单中选择"新建文件夹"；在弹出的"新建文件夹"对话框的"名称"文本框中输入想要建立的联系人列表名称，如"综合部"，单击"确定"。这样就建立了一个新的联系人列表，用户可以将"联系人"中的相关联系人名片拖到新建的联系人列表中。

3.3.3　新建通信组列表

新建通信组列表可用来群发邮件。单击"新建"下拉菜单中的"通信组列表"（如图 6-70 所示），再输入通信组列表名称，单击"成员"选择成员，确定成员后单击"确定"（如图 6-71 所示），单击"保存并关闭"，通信组列表新建完成。

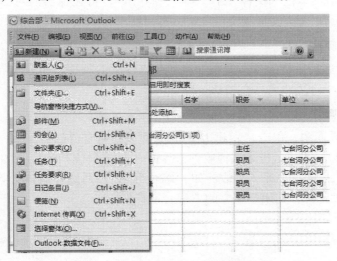

图 6-70　新建通信组列表操作界面

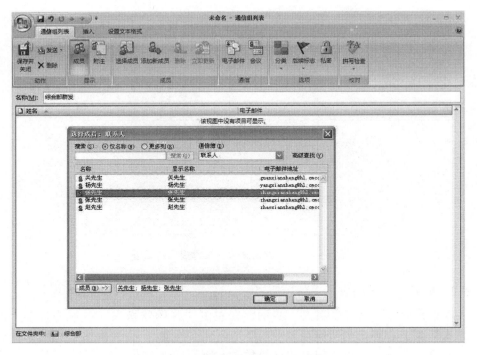

图 6-71 "选择成员：联系人"对话框

3.4 管理邮件

3.4.1 导入已有邮件

Outlook 2007 支持向下兼容，用户可以将 Outlook 2003 或 Outlook Express 中的邮件导入 Outlook 2007。单击菜单栏"文件"|"导入和导出"，再在弹出的对话框里选择 Outlook Express 4.x.……或"个人文件夹文件"导入即可。

3.4.2 接收邮件

Outlook 2007 启动后将会自动到服务器下载收件箱的邮件，而且每隔若干分钟就会检查是否有新邮件。

3.4.3 发送邮件

在"邮件"界面中，单击"新建"，就会出现发送邮件界面。

单击"收件人"按钮，进入选择收件人界面（如图 6-72 所示）；在"通信簿"下拉列表中选择收件人所在的联系人列表，如"综合部"，然后选择具体的收件人；也可以选择通信组列表群发邮件，如用户建立的"综合部群发"。

项目六　外贸邮件的收发与处理

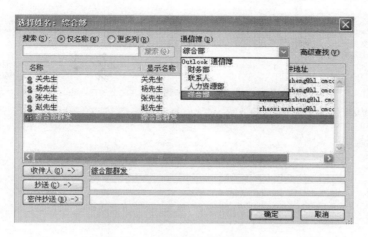

图6-72　选择收件人界面

3.5　管理日程、日历

Outlook 2007一个很实用的功能就是日程、日历的管理。用户可以用Outlook 2007的日程管理功能记录下待办的工作、会议及约会等。Outlook 2007将会在用户设定的时间弹出提示。这个贴心的功能可以方便用户更合理地管理时间，避免遗忘重要的工作内容。

Outlook 2007日程提醒界面位于主窗口的右侧，名为"待办事项栏"。

用户可以在提醒列表窗口空白处单击鼠标右键，然后在弹出的快捷菜单中选择"新建任务"；在"新建任务"页面中，填入"主题"，设置开始及截止日期，选中"提醒"以设置提醒时间，最后单击"保存并关闭"。

建立提醒任务后，在提醒列表中就会出现用户设定的提醒内容。在运行Outlook 2007的前提下，软件将会在设定时间弹出提示框。用户也可以在"日历"界面选择相应的时间段来新建提醒；还可以在"日历"界面中选择某天的日历或日程提醒任务作为邮件发送给其他人。

3.6　设置数据安全

3.6.1　为Outlook 2007加密

为防止他人未经同意浏览用户的邮件，保证用户的邮件及联系人等信息的安全，Outlook 2007可以对用户的个人数据加密。单击菜单栏"工具"|"账户设置"。在"账户设置"对话框，单击"数据文件"标签，在选项卡中选择"设置"按钮（如图6-73所示），进入"个人文件夹"对话框（如图6-74所示），单击"更改密码"按钮，在其对话框中输入新密码，单击"确定"即可（如图6-75所示）。密码设置完成，以后启动Outlook 2007时，会弹出对话框提示输入密码（如图6-76所示）。

图6-73 "账户设置"对话框

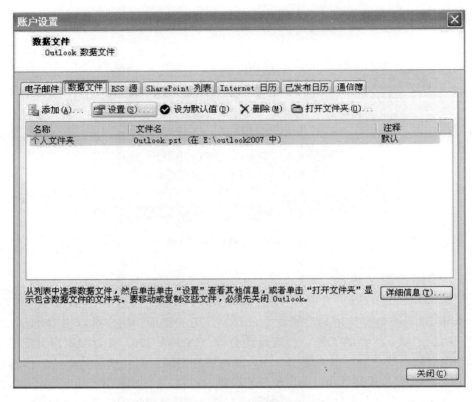

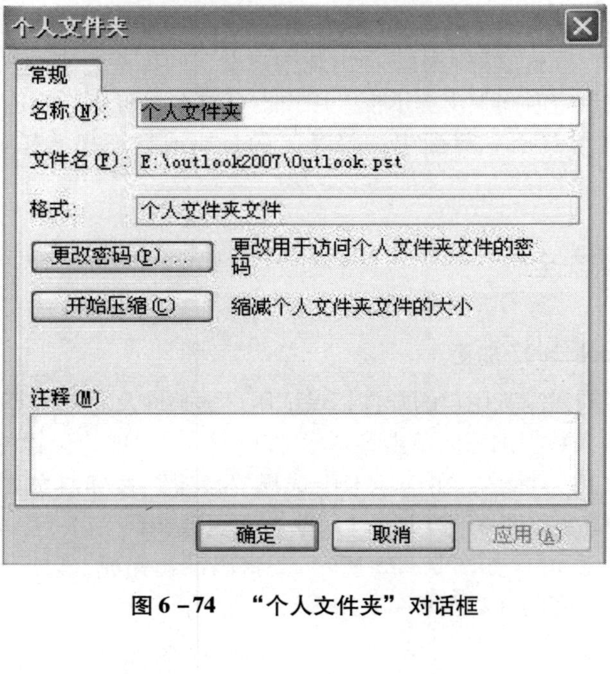

图6-74 "个人文件夹"对话框

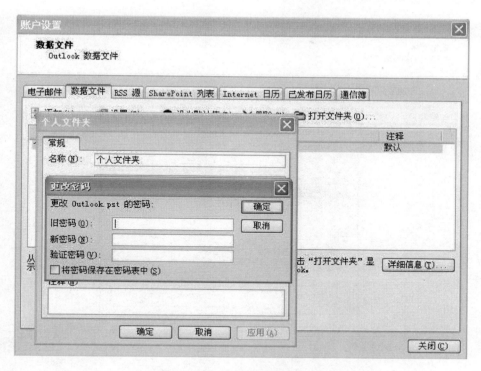

图6-75 "更改密码"对话框

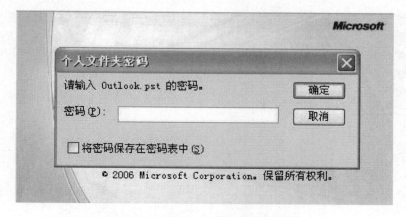

图6-76 "个人文件夹密码"对话框

3.6.2 更改数据文件路径

在"工具"|"账户设置"界面,单击"数据文件"标签,显示选项卡,单击"添加"。在弹出的"新建Outlook数据文件"对话框中,选择默认,单击"确定"(如图6-77所示)。在弹出的"创建或打开Outlook数据文件"对话框中,选择新的存储路径(如图6-78所示),然后单击"确定"。

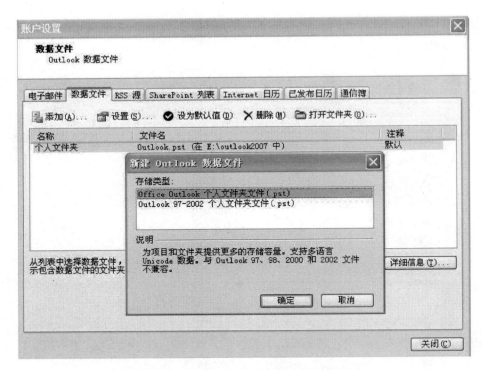

图 6-77 "新建 Outlook 数据文件"对话框

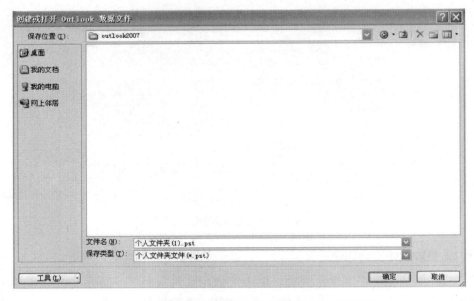

图 6-78 "创建或打开 Outlook 数据文件"对话框

创建新路径完成后，返回"数据文件"选项卡；选中新的存储路径，单击"设为默认值"；再次启动程序时，新的存储路径即刻生效。这时可以把保存在原来存储路径中的数据文件（如邮件等）复制到新的路径中。

项目六 外贸邮件的收发与处理

任务四 Foxmail

Foxmail 邮件客户端软件是中国最著名的软件产品之一。以下有关 Foxmail 内容的介绍均以 Foxmail 6.5 版本为例。

4.1 安装 Foxmail 软件

下载 Foxmail 软件并运行，就会出现下方"安装"向导对话框（如图 6-79 所示），单击"下一步"；在弹出的"软件许可协议"对话框，单击"我同意"，（如图 6-80 所示）；随后选择安装位置，系统默认将软件安装在 C 盘，若不做更改，则直接单击"下一步"（如图 6-81 所示）；最后单击"安装" | "完成"。

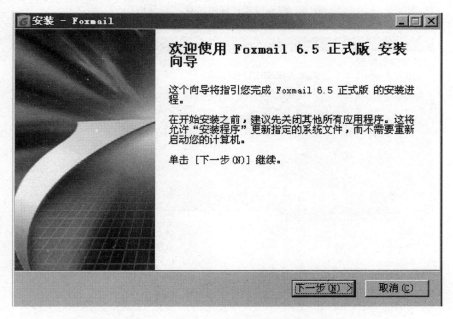

图 6-79 Foxmail 软件"安装"向导对话框

完成安装后运行 Foxmail，将出现"向导"对话框，填写好电子邮件地址、密码、账户名称和用户名。这里以 abc@globalsources.com 邮箱为例来填写。完成所有信息的填写后单击"下一步"（若想更改邮箱存储路径，单击"选择"按钮，再选择要存储的文件夹后，单击"确定"即可），将弹出指定邮件服务器信息填写对话框，在此对话框输入 POP3 服务器、POP3 账户名和 SMTP 服务器，然后单击"下一步" | "完成"按钮。

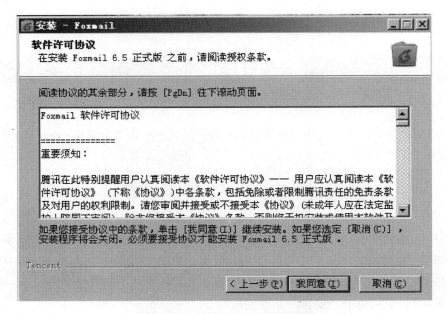

图 6-80 "软件许可协议"对话框

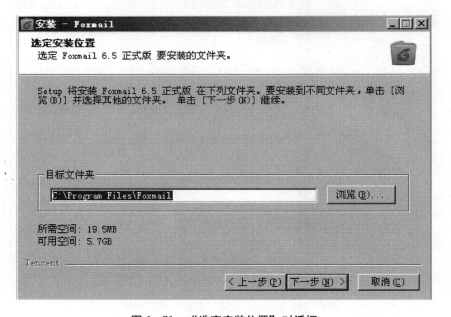

图 6-81 "选定安装位置"对话框

到这里,用户已经成功地安装 Foxmail 软件,并且成功地对邮箱账户信息进行了设置,屏幕将会出现如图 6-82 所示的界面。其中"收件箱"后面有个蓝色"(1)"标识,表示用户有一封未读邮件,这是 Foxmail 软件安装完成后,系统自动产生的。

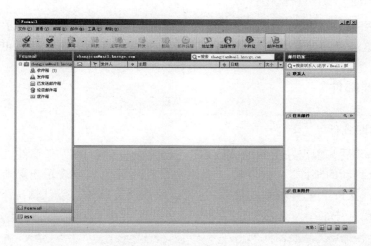

图 6-82　Foxmail 邮箱首页

4.2　设置 Foxmail 账户

新建账户后,还需要对账户的某些参数进行设置。

(1) 单击菜单"邮箱"|"修改邮箱账户属性",弹出"邮箱账户设置"对话框;在"邮箱账户设置"对话框,选择"邮件服务器"选项,选中"SMTP 服务器需要身份验证"复选框。

(2) 选择"接收邮件"选项,显示"接收邮件"设置对话框。根据用户的需求,选择是否在服务器上保留备份。若要保留备份,则选中"在邮件服务器上保留备份"复选框;若不想在服务器上保留邮件,就不需选中;若考虑到网页邮箱的容量,可选择在服务器上保留若干天后删除。另外,可以输入收取邮件的间隔时间,依据个人喜好来设置间隔分钟数(如图 6-83 所示)。

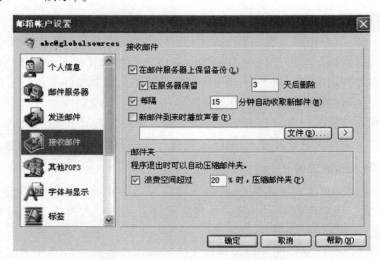

图 6-83　"接收邮件设置"对话框

(3) 有关字体、字形及大小、签名等内容设置,可以在"字体与显示"及其他选项里进行设置。这部分的设置方法与 Outlook Express 的设置相似,因此就不再赘述。

4.3 处理邮件

4.3.1 收取邮件

打开 Foxmail 后,单击左上角的"收取",软件会自动收取所有邮件(如图 6 - 84 所示)。如果接收到新的邮件,"收件箱"后面会自动用蓝色数字表示出新邮件的数量。另外,单击菜单"文件"|"收取邮件",也可以收取所有邮件。默认情况下,收到的邮件将放在"收件箱"中。

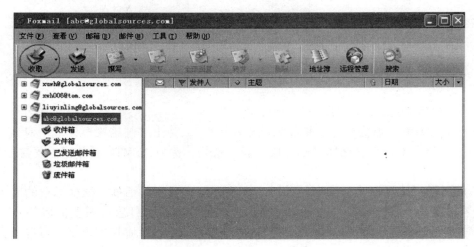

图 6 - 84 邮件收取界面

4.3.2 阅读邮件

单击账户下的"收件箱",邮件列表框中会显示收到的所有邮件。未阅读的邮件前有一个未拆开的信封标识。单击任何一个邮件,其内容即显示在邮件阅读框中。双击邮件,将打开单独的邮件阅读窗口,便于阅读内容较多的邮件。如果邮件中包含了附件,主窗口上会自动增加一个附件框,显示附件的文件图标和名称。双击附件图标,将弹出显示文件类型、大小等有关信息并包含"打开""保存"和"取消"三个按钮的对话框。单击"打开"按钮,则打开附件文件;单击"保存"按钮,则把附件保存到指定位置。

4.3.3 撰写及发送邮件

打开 Foxmail 后,单击左上角的"撰写"按钮,会弹出撰写邮件的界面(如图 6 - 85 所示)。在此界面,用户可以方便地撰写及发送邮件;单击"收件人"栏目右边的邮票标记,用户可以选择邮件的优先级。

若需要对邮件进行回复、转发以及再次发送等操作,在选中待操作的邮件后,可以直接从"邮件"菜单或工具栏按钮上选择这些操作选项,也可以在邮件列表中单击鼠标右键,从弹出的快捷菜单中选择相应的操作选项。

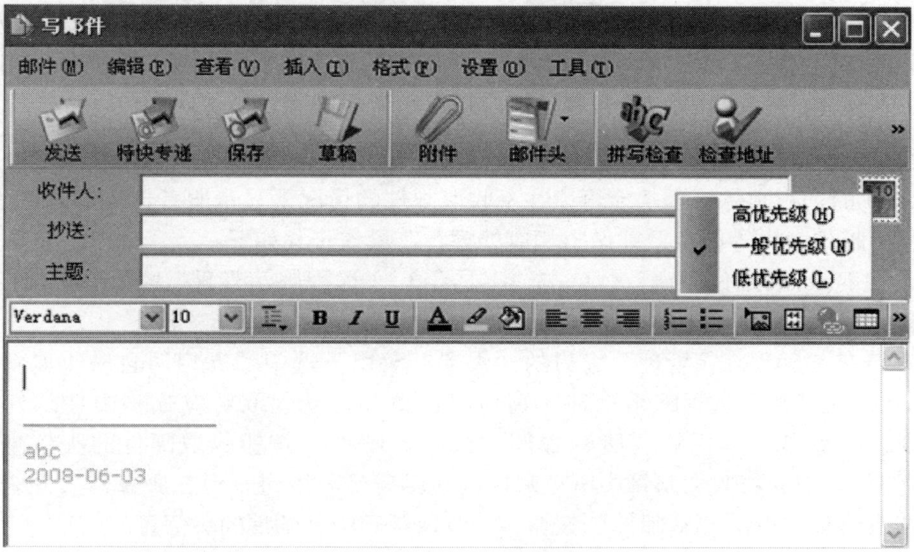

图 6-85 邮件撰写界面

4.4 其他操作

4.4.1 使用地址簿

Foxmail 提供的地址簿工具可以使用户对邮件地址和个人信息进行管理。Foxmail 地址簿以卡片的方式存放用户信息,一张卡片对应一个用户,其内容包括用户地址信息、联系信息以及其他一些相关信息。Foxmail 为每个账户都提供了独立的地址簿,每个地址簿都含有公用地址簿和个人地址簿两种类型。公用地址簿对每个账号都可见,而个人地址簿只有对用户可见。

1. 新建用户卡片

新建用户卡片的具体步骤为:(1) 在 Foxmail 主页单击"地址簿"按钮,在弹出的窗口中,单击菜单"文件"|"新卡片"或直接单击工具栏上的"新建卡片"按钮,将弹出一个对话框。

(2) 在"普通"选项卡的"姓名"栏输入姓名;在 E-mail 栏中输入联系人的电子邮件地址;若要输入其他相关信息,单击选项卡并输入相应信息。

(3) 单击"确定"按钮,即完成一张用户卡片的创建。

2. 修改用户信息

修改用户信息的步骤为:

(1) 在地址簿中单击欲修改用户的信息条。

(2) 单击工具栏的"属性"按钮来打开联系人卡片,对需修改的地方进行改动即可。

4.4.2 创建多个账户

如果一台电脑里的 Foxmail 程序不止一个使用者,或者用户有多个电子信箱收发信件,这时就需要建立多个账户。选择菜单"账户/建立",程序将调用向导程序来帮助用户建立新账户。新建立的账户同样包含各种功能邮箱,也可单独收发信件。

4.4.3 远程邮箱管理

Foxmail 的远程邮件管理功能可以在不收取邮件的情况下显示服务器上邮件的发件人、邮件标题、邮件大小等信息,并做出相应处理,其操作步骤如下:

(1) 在 Foxmail 邮件主窗口,单击"工具"|"远程邮箱管理",或者单击工具栏上的"远程管理"按钮,打开"远程邮箱管理"窗口。

(2) 若在"远程邮箱管理"窗口的"设置"菜单下选中"开启时自动收取新邮件信息",那么,在打开"远程邮箱管理"窗口时,将会自动收取对应邮箱中新邮件的头信息;否则,应单击工具栏的"所有邮件"或"新邮件"按钮收取邮件的头信息。单击"所有邮件"按钮,将收取邮箱中所有邮件(包括曾经收取过,但在服务器上并未删除的邮件)的头信息;单击"新邮件"按钮,将收取邮箱中新邮件的头信息。

(3) 邮件信息收取之后,在邮件信息列表中选中一个或多个邮件,然后单击"文件"菜单下的命令项,或者单击工具栏的"不收取""收取""收取删除"或"删除"按钮,来设置要对所选邮件执行的动作(如图 6-86 所示)。

- 不收取:在服务器上不收取该 E-mail,即略过。
- 收取:收取 E-mail 的同时在服务器上保留该 E-mail。
- 收取删除:收取 E-mail 后在服务器上删除该 E-mail。
- 删除:在服务器上直接删除该 E-mail。

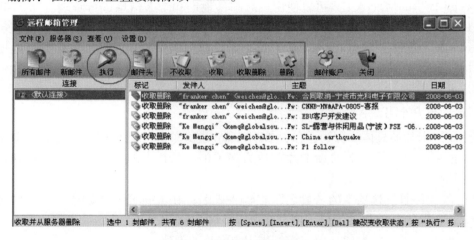

图 6-86 邮件执行界面

(4) 最后单击工具栏上的"执行"按钮,或者单击"服务器"|"在服务器上执行"选项,执行刚才所设定的操作。

使用远程邮箱管理功能,可以帮助有多个邮箱要管理的用户减少垃圾邮件骚扰,在服务器速度比较慢时也可有效地管理邮件。

4.4.4 使用邮件过滤器

Foxmail 的"邮件过滤器"可以帮助用户完成一系列的自动操作,例如,可以将某个邮件杂志上的邮件全部自动保存到某个指定的邮箱目录中,也可以做到针对某些符合判断条件的邮件自动进行回复等操作,甚至可以把符合特定条件的邮件直接在服务器删除,具体操作如下:

(1) 选择一个账户,单击鼠标右键,在弹出的快捷菜单中选择"过滤器",就可以进入邮件过滤器的设定界面。此功能相当于 Outlook Express 中的"邮件规则"。

(2) 单击左下角的"新建",建立一条过滤规则。规则分为两部分:首先是"条件",其次是"动作"。一条规则最多设定两个条件。

(3) 单击"动作"标签,在选项卡中单击"复制到"后面的按钮,进入邮件夹路径选择界面,从中选择要复制的目录,单击"确定"。

4.4.5 恢复误删邮件

在 Foxmail 中清除邮件时一般并没有真正将其清除,而仅仅是打上了一个删除标记,不再显示,只有在执行了"压缩"操作之后,系统才会真正将它们删除。因此,当用户删除了废件箱中的邮件或者用 Shift + Delete 键直接删除邮件的情况下,可以通过如下方法来修复邮箱中的邮件:在"收件箱"上单击鼠标右键,在弹出的快捷菜单中选择"属性" | "工具"选项,单击"开始修复"按钮,修复完毕后,单击"确定"即可。

4.4.6 设置阅读回执

为了确保邮件发送到收件人邮箱,以及确认收件人已经阅读了邮件,可以使用邮件的"收条"功能来实现。选择菜单"工具" | "系统设置",在弹出的对话框中单击"收条"标签进入选项卡(如图 6 – 87 所示),选中"对所有发送的邮件请求收条"及"对每个阅读收条请求都通知我"。

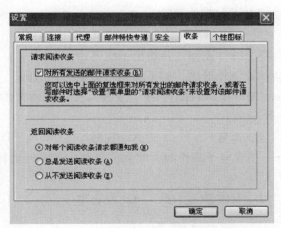

图 6 – 87 "收条"选项卡

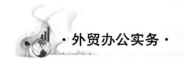

知识训练

一、判断题

1. 要打开 Outlook Express 窗口，可以双击桌面上的 Outlook Express 图标。（   ）
2. 用户的电子邮件信箱是邮件服务器内存中的一块区域。（   ）
3. 通过电子邮件，可向世界上任何一个角落的网上用户发送信息。（   ）
4. 电子邮件地址的一般格式为用户名@域名。（   ）
5. 如果要添加一个新的账号，应选择 Outlook Express 中的工具菜单。（   ）

二、单选题

1. Outlook Express 的主要功能是（   ）。
   A. 创建电子邮件账户   B. 搜索网上信息
   C. 接收、发送电子邮件   D. 电子邮件加密
2. 下面关于电子邮箱的使用说法不正确的是（   ）。
   A. 进行收发电子邮件之前必须先要申请一个电子邮箱地址
   B. 使用电子邮箱的附件可以发送附加文件、图片资料等
   C. 电子邮件地址的结构为：用户账号后置该用户所连接主机的邮箱地址，如 zhw@163.com
   D. 可以通过网站来收发邮件，也可以通过 Outlook 和 Foxmail 等软件来收发邮件
3. 当电子邮件在发送过程中有误时，则（   ）。
   A. 电子邮件将自动把有误的邮件删除
   B. 邮件将丢失
   C. 电子邮件系统会将原邮件退回，并给出不能寄达的原因
   D. 电子邮件系统会将原邮件退回，但不给出不能寄达的原因
4. 在 Outlook Express 窗口中，新邮件的"抄送"文本框输入的多个电子信箱的地址之间，应用（   ）作分隔。
   A. 分号   B. 逗号   C. 冒号   D. 空格
5. 用 Outlook Express 接收电子邮件时，收到的邮件中带有回形针状标志，说明该邮件（   ）。
   A. 有病毒   B. 有附件   C. 没有附件   D. 有黑客

三、多选题

1. 在 Outlook 中，关于发送电子邮件的说法正确的是（   ）。
   A. 可以发送文本文件   B. 可以发送图片文件
   C. 可以发送超文本文件   D. 可以发送执行文件

2. 在 Outlook Express 中设置唯一电子邮件账号：kao@sina.com，现成功接收到一封来自 shi@sina.com 的邮件，则以下说法不正确的是（   ）。

A. 在收件箱中有 kao@sina.com 邮件

B. 在收件箱中有 shi@sina.com 邮件

C. 在本地文件夹中有 kao@sina.com 邮件

D. 在本地文件夹中有 shi@sina.com 邮件

3. 使用 Outlook Express 的通信簿能很好地管理邮件，下列说法正确的是（   ）。

A. 在通信簿中可以建立联系人组

B. 两个联系人组中的信箱地址不能重复

C. 只能将已收到邮件的发件人地址加入到通信簿中

D. 更改某人的信箱地址，其相应的联系人组中的地址不会自动更新

4. 以下选项中是设置电子邮件信箱所必需的是（   ）。

A. 电子信箱的空间大小　　　　　　B. 账号名

C. 密码　　　　　　　　　　　　　D. 接收邮件服务器

5. 下列说法正确的是（   ）。

A. 电子邮件是 Internet 提供的一项最基本的服务

B. 电子邮件具有快速、高效、方便、价廉等特点

C. 通过电子邮件，可向世界上任何一个角落的网上用户发送信息

D. 可发送的多媒体信息只有文字和图像

四、讨论分析题

1. 简述如何在 Outlook Express 发送带有图片作为附件的邮件。

2. 利用 Outlook Express 发送邮件应注意的事项有哪些？

3. 简述注册 Hotmail 邮箱的程序。

4. 在设置 Foxmail 时，应注意哪些细节问题？

技能训练

1. 在 Outlook Express 中，新建一个邮件账户，并设置相应的 SMTP 和 POP3 服务器，具体操作如下。

姓名：Lan Ning：

邮箱地址：Lanning@ hotmail. com

密码：12345

POP3 服务器是：pop. hotmail. com

SMTP 服务器是：smtp. hotmail. com

2. 按照下列要求，利用 Outlook Express 发送邮件，并将外贸报价单文件作为附件发送。

收件人邮箱地址为：xiaoming@ 163. com

邮件主题：报价单

邮件内容：问候对方，并告之有关报价事项。

项目七　外贸业务软件操作实务

✓ 任务目标

- 了解 iForm™ 系统、九城电子申报系统、纵横外贸单证管理系统的架构及功能
- 掌握利用 iForm™ 系统软件制作一般原产地证和优惠产地证
- 掌握利用九城电子申报系统软件制作普惠制产地证、出入境货物申报流程
- 掌握利用纵横外贸单证管理系统软件缮制报关、报检、结汇等单据

✓ 任务导入

杨群群，国际贸易专业毕业生，拥有全国国际商务单证员证书。毕业后应聘于杭州的一家外贸公司，从事单证员工作，该外贸公司有专门的外贸单据制单软件。这些软件是杨群群在校期间从未学过和接触过的。所以杨群群入职后的第一件事情就是要学习该公司的外贸单据制单软件。

作为商业行为，绝大部分国际贸易表现为商品和资金的双向交流，而由于商品资金的单证化，以致在实务中，贸易的最终完成往往是以单证交流的形式来实现的。从贸易合同签订到装运货物、进口提货的整个过程，每个环节都需要相应的单证缮制、处理、交接和传递。每个外贸企业都需要缮制单据，那么，怎样来制作满足各个环节所需的单据呢？尤其是在信用证结算条件下，如何制作信用证所要求的各种单据，成了企业外贸人员所关心的头等大事。本项目将介绍三种外贸企业常用的制单系统软件。

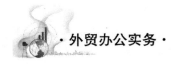

任务一　iForm™系统软件

1.1　iForm™概述

iForm™是由广州市尊网商通资讯科技有限公司开发的专门用来申办原产地证的一款软件。iForm™制单系统具有灵活强大的制单功能，相对于手工制单方式，iForm™制单系统在处理重复性工作以及计算工作或者那些可程序化的工作上，表现出十分出色的能力。同时系统还具有将单据数据直接发送到政府机关获得审批的功能。

1.2　iForm™安装程序

在进入iForm™制单系统之前，用户首先注册账号，然后下载和安装相关功能组件；一切准备就绪方能使用该系统。

1.2.1　用户注册、获取账号信息

企业在所属贸易促进委员会（简称贸促会）办理注册登记手续，获取贸促会编码（6位）和企业注册号（9位）。

登录中国国际贸易促进委员会网上商务认证中心网站（http：//www.co.ccpit.org），单击页面左边的"用户注册"，填写、提交相关注册资料。

注意：（1）输入日期时请将输入法设置为英文模式；

（2）联系方式尤其是E-mail地址要正确，方便索取账号及密码。

用户完成注册资料提交后，将收到一封注册成功的电子邮件。用户注册申请将在一个工作日内完成审核，如审核通过，包括登录账号、密码的电子邮件将自动发送到用户注册的邮箱中，也可打电话到尊网商通资讯科技有限公司服务热线索取账号、密码。

1.2.2　下载安装功能组件

登录中国国际贸易促进委员会网上商务认证中心网站，单击界面左边的"iForm（5.0）无纸单证系统"，按提示下载iForm功能组件。

双击已下载的组件，按提示安装功能组件。安装完成后，电脑桌面上会生成图标 ▣。

1.2.3　登录iForm系统

双击桌面上的 ▣ 图标，出现iForm登录界面。选择"贸促会业务"，输入相关账号信息，单击"登录"，进入iForm工作界面。

1.3　iForm™整套单据制单步骤

iForm™制单系统之"整套单据"功能可在用户输入必要的数据后生成全套外贸单据。

在进入 iForm™ 整套单据制单之前，用户首先应设置整套单据所需基础资料，然后进入整套单据并按步骤来完成单据的制作。

1.3.1 基础资料设置

利用 iForm 系统制作一般原产地证（简称 CO）和优惠产地证前，必须首先设置好相关基础资料，如"手签员"、"企业信息"，另外还可输入"受益人""客户信息"等相关信息，便于后期用户在制单时自动选择，减少错误和节省录入时间，提高制单效率。

在"基础资料"｜"制单资料"栏目中单击"手签员"进行相关设置，然后保存即可。

1.3.2 iForm™ 整套单据快速入门

iForm™ 制单系统是分两个步骤来完成整套单据的制作。下面通过一个实例来解释说明操作步骤。

1. 单据数据分析

在利用 iForm™ 制单之前，应仔细地阅读信用证，分析这套单据的主要输入数据及信用证的特殊条款。因为有信用证项下单据制作，一定要严格遵守信用证（简称 L/C）上的条款，以保证安全结汇。以下是信用证和合同提供的数据：

受益人：ZOOMCOMMERCE CO., LTD. GUANGZHOU CORPORATION
　　　　CHUANGYI BUILD KEXUEDADAO NO. 162, GUANGZHOU
收货人：JEABEILY ALIE MARKETING & GEN. ITERNATIONAL TRADING CO.
　　　　POST BOX NO. 25076, UBAI, U. A. E.
开证行：THE INTERNATIONAL BANK OF DUBAI, U. A. E.
发票号：QG960322　　　信用证号：8276/96　　　合同号：H961222GH
价格条款：CIF DUBAI　　付款期限：L/C AT SIGHT　总金额：USD47495.54
总件数：336 PACKAGES　总体积：48.97CBM　　总毛重：14635.5KGS
总净重：9256KGS

对单证的要求：

（1）在所有单证上注明：
AS PER OUR TELEX NO. E27/8317 DATE JUL. 19, 1996 AND AS PER BUYER'S ORDER NO. H961222GH. L/C NO. 8276/96

（2）正本发票开出日期为 2014 年 5 月 26 日，并要求注明：
PACKING: VERY STRONG EXPORT PACKING IN CARTONS
WE HEREBY CERTIFY THAT:
①PRODUCER OR MANUFACTURES AND THE PRODUCING COMPANY OF FIRMS FOBIDDEN TO DEAL AND NO ISRAELI PART RAW MATERIALS HAD BEEN USED IN TOMS PRODUCTION AND NO ISRAELI SOURCE PARTICIPATED IN TOMS LABOUR OR CAPITAL.
②THE PACKAGES (CTNS) HAVE BEEN MARKED IMPORTER FULL NAME AND ADDRESS AND RELATIVE.

（3）由贸促会签发的原产地证明书，证明货物为中国产。

（4）装箱单注明：
SHIPMENT FROM GUANGZHOU, CHINA TO DUBAI, U. A. E. BY OCEAN GOING, VESSELS OTHER THAM COUNTRY CRAFT MOTOR LAUNCH OR VESSEL PROPELLE BY SAIL.

（5）注明"已装船"（"ON BOARD"）的清洁提单，正本 3 份，收货人为"TO THE

ORDER OF INTERNATIONAL BANK OF DUBAI, U. A. E."注明"FREIGHT PREPAID"。通知人为开证行。特殊条款与装箱单相同。允许转船,但不允许分批。装运声明 1 份,报关单 3 份,计算出 FOB 价格。

商品唛头:

①CTN NO. #1 – 101　　　②CTN NO. #1 – 102　　　③CTN NO. #1 – 101
ITEM BRF. PO388　　　　ITEM BRF. A2398　　　　ITEM BRF. PO302

商品描述:

商品名称	海关编码	数量	单价	件数	体积	净重	毛重
88507 – 2RS	7317.0000	4000PCS	USD1.65	50CTNS	0.55CBM	1400KGS	1450KGS
88508 – 2RS	7317.0000	3008PCS	USD1.73	47CTNS	0.52CBM	1175KGS	1222KGS
88508A – 2RS	7317.0000	480PCS	USD1.73	6CTNS	0.07CBM	168KGS	174KGS

2. 公共信息编辑

在一套单据中,有些信息是重复出现的,如出口商信息、合同号、信用证号、起运港、目的港、价格条款、商品信息等。iForm™制单系统让用户一次性输入这些公共信息,这样可以减少输入工作量并避免数据输入过程中不慎造成的数据错误或矛盾。

"整套单据"功能用来录入全套单据的公共信息。用户单击左边导航栏中的"单据制作"|"常用单据"|"整套单据",进入整套单据制作功能;单击"新建"按钮,进入公共信息录入界面。具体编辑方法如下:

(1) 发票号、合同号、发票日期、信用证号、L/C 有效期、提单号、一船名、二船名、提货地点等信息可在其文本框内直接输入。

(2) 起运港、目的港、转运港、卸货港等项可以直接单击"选择"按钮,于弹出的信息选择框中选择信息,也可以在该项的第三栏直接输入信息。

(3) 受益人、客户资料、开证银行等项信息可以在文本框中直接输入,也可以单击窗体右上角链接,于弹出的信息框中选择相应信息。

(4) 付款方式、价格条款这些前后有多栏的项,可在其前一栏内单击,再在弹出的数据框中选择所需信息,系统会自动将其添至后栏。

(5) 币种、贸易方式等项可在其文本框中单击,再在弹出的数据框内选择所需数据。

(6) 单击"商品编辑"进入商品信息编辑窗口,此窗口分为三部分。

第一部分为窗口顶部的功能按钮和光标行编辑按钮:可进行增加商品、增加汇总、增加费用、删除、确认、取消等操作。光标行编辑按钮是指对光标所在行可进行行复制、行粘贴、移至首位、下移、移至末尾操作。

第二部分为列表区:列表区商品信息为单选,用来选择放在第三部分进行明细信息编辑的商品。在第三部分输入商品的明细信息后,会在本部分分列显示商品的基本信息。

第三部分为商品的明细数据编辑区:通过在第二部分选择商品或者单击"增加商品"按钮来到这一编辑窗口中。按照提示输入相应的信息,其中有红色标识的栏目为必填项。

1.4　CO 原产地证制单申领

1. 登录

双击桌面  图标,选择"贸促会网上申领业务"|"原产地证",进入 CO 制单界面。

2. 单击"新建",填写 CO 单证资料

(1) 第一栏:Exporter。单击"编辑"按钮,在弹出的文本框中输入信息,输入完成后单击确认即可。

(2) 第二栏:Consignee。单击"编辑"按钮,在弹出的文本框中输入信息,输入完成后单击确认即可。

(3) 第三栏:运输路线。单击"编辑"按钮,在弹出的文本框中选择选项,输入完成后单击确认即可。

(4) 单击编辑商品,填写商品详细信息,编辑好商品后单击确认,退出商品编辑状态。

(5) 特殊条款(货前描述)可以直接输入;特殊条款(货后描述)需单击右边的编辑按钮进行编辑。货前描述与货后描述都会在产地证上出现,其区别在于:货前描述出现在货物描述之前,货后描述出现在货物描述之后。

3. 打印输出

在状态工具条中单击"打印"。

4. 保存及发送单证

完成 CO 制作后,单击页面上的"保存"按钮,系统将自动对单证内容进行校验,校验成功后自动保存。单击"发送"按钮,单证即可发送到贸促会进行审批(温州企业发送至温州贸促会)。

5. 审批状态查询

申领 CO 发送成功后,贸促会审批端系统将对单证进行自动审核。审核完成后,贸促会审批端系统会自动发送审核结果给用户。用户可在单据列表中查询审批结果。

6. 领证

单证审核通过后,单证状态将显示为"已发证"。用户领证有两种方式:①企业自行打印该单证,在原产地证第 11 栏签字、盖章后并携带商业发票送贸促会签发;②直接到贸促会打印原产地证,在原产地证第 11 栏签字、盖章后并携带商业发票送贸促会签发。

7. 改证重发

如需对"已发证"的单证进行修改,单击界面左上方的"改证重发"按钮,对单证进行修改,并在"录入备注"栏中注明修改原因,然后"保存"并"发送"。

1.5 优惠原产地证制作申领

优惠原产地证制作的步骤包括:商品备案信息设置、优惠原产地证制单、优惠原产地证发送、审批状态查询、领证、改证重发等。

在制作优惠原产地证前,必须先参照整套单据设置"手签员"以及"企业信息"基础资料;另外,还必须事先对所涉及商品进行报审,获得审批后形成"商品备案信息"。

1.5.1 商品备案信息设置

1. 商品备案信息

(1) 单击"基础资料"|"制单资料"|"商品备案信息",进入商品备案信息界面;

单击"新建",填写商品备案信息资料。

(2) 单击"新增商品成分",填写商品原材料信息资料。

(3) 单击"新增优惠区域备案",选择优惠区域代码资料。

2. 保存及发送备案信息

完成商品备案信息的填写后,单击页面上的"保存"按钮,然后单击"发送"按钮,备案信息即可发送到贸促会进行审批。

3. 审批状态查询

申领的商品备案信息发送成功后,贸促会审批端系统将对该信息进行审核。审核完成后,贸促会审批端系统自动发送审核结果给用户。用户可在商品备案信息列表中查询审批结果。

4. 改证重发

如需对"已审"的商品备案信息进行修改,可以进入该商品备案信息,对该商品备案信息进行修改,然后"保存"并"发送"。

1.5.2 优惠产地证制单

(1) 在系统操作界面单击"单据制作"|"贸促会网上申领业务"|"优惠产地证",进入优惠产地证制单界面。

(2) 单击"新建",系统首先弹出的是"选择优惠证区域"对话框,选择优惠证区域。由于不同区域的优惠产地证对填制规范有不同的要求,如果以后变更这个选项,可能会导致单据的部分数据被系统自动修改,所以须认真选择优惠产地证区域。

(3) 单击"确定"后进入优惠产地证编辑页面,填写优惠产地证单证资料。其中,单击"编辑商品",系统首先弹出的是商品编辑页面;红色标识的栏为必填项;选择商品备案编号的同时,海关编码、原产地证标准以及第一法定单位将被系统自动填写到各自栏位。

1.5.3 审批状态查询

申领的优惠产地证单证发送成功后,贸促会审批端系统将对单证进行自动审核。审核完成后,贸促会审批端系统会自动发送审核结果给用户。用户可在单据列表中查询审批结果。

1.5.4 领证

领证的具体操作以当地贸促会机构的通知为准。

1.5.5 改证重发

对已经由贸促会审核通过、状态为"已发证"的单证,如果因货物变化或者因原证数据输入有误需要进行修改时,单击页面左上方的"改证重发"按钮,确认操作后,进入编辑界面对单证的数据进行修改,然后"保存并校验"并"发送"。

1.6 iForm™单单一致

在同一笔业务的单据中,其信息的内容分为两种类型:第一,各种类型的单据中的信息保持一致;第二,各种单据中的数据还有其独特性和特殊性。

1.6.1 各种类型的单据中的信息保持一致

如起运港、目的港、通知人等,这些栏目内容在同一笔业务的所有单据栏目中都是一致的，这些栏目基本都已经显示在公共信息中。在进行单据制作过程中，直接在公共信息中录入这些栏目，其他单据自动显示。在公共信息或者任意类型的单据中修改这些栏目内容，其他单据中的栏目内容也会随着改变。

1.6.2 各种单据中的数据还有其独特性和特殊性

根据具体业务的特殊需要，有些单据的栏目，如受益人、客户、特殊条款等，可能在某些单据中不同于其他单据的描述。单据制作过程中，系统允许不同类型的单据有其独有的信息。以原产地证中的 Exporter 栏目为例，单击该栏目右上角的编辑按钮，系统弹出 Exporter 栏目信息编辑界面。

该界面有以下两个选项：

1. "本栏目内容，将和本套单据相关栏目保持单单一致，内容是相同的"

选择该选项，系统将公共信息中的受益人栏目的内容自动显示到该项所对应的录入窗口，在该窗口中可对显示的受益人内容进行编辑，但是在此处所做的编辑将使公共信息及其他类型单据所对应的该栏目的内容随之改变，以最后一次编辑为准。这样做的主要目的是为了保持单单一致。

2. "按照业务要求，单独填写本栏目的内容，不再保持相关栏目单单一致"

选择该项，系统同样将公共信息中的受益人栏目的内容自动显示在该项所对应的录入窗口，但是在该录入窗口所进行的任何编辑将不会影响到其他单据。

录入完毕 Exporter 的资料，单击"确认"按钮，系统自动将 Exporter 栏目的内容显示在原产地证的录入界面。

任务二　九城电子申报系统软件

九城电子申报系统软件，英文名为 iDecl2010，是一款集成电子报检、产地证申报、电子监管三类功能模块的检验检疫企业端综合业务的软件，又称"iDecl 3in1"，它体现了利用先进的 Internet 技术实现政府的申报业务，是 B2G 的完整应用解决方案。iDecl2010 由控制台和任意多个业务模块组合而成，并由控制台实现对各业务模块的管理，是九城公司针对新发展形势下的中国进出口业务的需求而研发的系列产品。

2.1 iDecl2010 概述

2.1.1 iDecl2010 的特点

iDecl2010 具有以下一些特点：

（1）业务发布。原有功能网上自动升级，新增功能网上自动发布。

（2）商务模式。改原先上门销售模式，变为网上销售模式；改原先上门服务模式，变为网上服务模式。

（3）广告发布。根据企业的行业背景、性质等提供个性化、针对性的广告。

（4）无缝集成。iDecl2010 提供数据映射器，通过它可以直接与企业内部数据库进行关联，实现 iDecl2010 与企业内部系统无缝集成。它与企业原有系统没有任何冲突。

（5）通信稳定。iDecl2010 具有简便、稳定和安全的通信功能，能够实现与企业网络的顺利连接。

（6）信息交换。业务信息交换（各种业务报文）、政府机构公告信息发布、iDecl2010 公告信息发布、服务支持信息实时交互。

（7）任意连接。提供丰富的通信协议，能够和绝大多数交换平台进行连接，能够和绝大多数政府系统进行连接。

（8）任意平台。能够在 Windows/UNIX/Linux 等操作系统上运行。

2.1.2　iDecl2010 软件业务界面

将九城软件安装盘放到光驱，自动运行安装界面，或者双击光驱 AutoRun 安装程序。安装过程中系统会自动检测有没有运行软件所需的软件环境，如没有安装所需的软件环境会自动提示安装。该软件的安装过程与一般的软件安装过程类似，很多步骤都是选择默认即可。

安装完成后桌面上会有九城单证的图标，双击图标进入系统会自动弹出登录对话框并提示输入用户账号以及用户密码，输入完毕单击"确定"进入。

进入九城电子申报系统 iDecl 控制台界面，单击"激活我的软件"，输入用户编码以及密码。激活成功以后单击"更新我的软件"按钮，升级到最新版本的软件后方可使用。

控制台主要负责对各个业务功能模块进行管理，包括业务模块注册、软件激活、软件升级、软件下载、信息发布和用户管理等。同时，用户可以在此平台上进行其他业务模块的扩展。

控制台主界面由以下五个部分组成：

（1）标题栏：提示用户当前所处的业务模块。

（2）菜单栏：系统设置了"系统""服务""权限""工具""帮助"五个功能菜单。

（3）工具栏：菜单栏下方，系统设置了一些常用命令的快捷图标，以方便用户操作。

（4）业务模块导航栏：显示用户所定制的业务模块，用户可在此进行各个业务模块之间的切换。

（5）链接资源：系统提供了用户常用的服务以及帮助的快速链接。

2.2　产地证操作实务

iDecl 系统目前包括一般原产地证、普惠制原产地证、曼谷协定原产地证、东盟协定原产地证、亚太协定证书等模块，如需其他产地业务，可在最新业务里进行下载安装。产地证业务模块不仅可以完成"产地证书""产地证申请书""随附发票"等各种单证的缮制和打印工作，而且还通过国家质检总局数据交换平台将企业与当地受理电子签证业务所属检验、检疫局联网，企业无须多次往返质检局，只需通过系统完善的通信功能即可实现电子签证工作。

iDecl 系统的一般产地证业务主界面由以下七个部分组成。

（1）标题栏：记录软件目前所处的业务模块。

（2）菜单栏：系统设置了"系统""文件""通信""维护""打印""帮助"六个功

能菜单。

(3) 工具栏：提供了一些常用命令的快捷工具，以方便用户操作。

(4) 业务模块导航栏：业务模块的罗列，可以随时切换业务模块。

(5) 单证状态导航栏：根据通信情况分类整理证书，方便用户分类查询。

(6) 单证列表：记录每一单证处理状态下的证书信息，方便用户查询。

(7) 回执记录区：直观地显示每一票证书的回执明细。

国家质检总局对一些录入项目，如国家编码、贸易方式等的中文名称和代码作了明确的规定，为了避免用户篡改标准代码，使得电子申报不能正常申报，用户在此只可以查询标准代码，不可以修改或添加，系统会根据国家质检总局对编码的变动及时提供升级与更新。单击"维护"|"查询标准代码"，出现标准代码的查询界面，查询步骤如下：

(1) 在左侧窗口目录树中选择需要查询的项目类别，右侧窗口将显示出与该类别相对应的代码和中英文名称。如：左侧窗口中选定"国家名称"，右侧即显示出所有的国家名称及其对应的代码。

(2) 在"选择查询方式"下拉列表中选择一种查询方式，如"代码"。

(3) 在"录入查询条件"中输入与查询方式对应的条件，如"12"，回车，窗口下方即显示国家代码包括"12"的国家名称和代码。

以下按照产地证电子签证的操作流程来阐述。

2.2.1 业务流程

iDecl 产地证电子签证业务流程由以下六个部分组成：

(1) 设置公司信息：设置企业产地证注册号。

(2) 设置默认数据：设置企业电子签证基本信息。

(3) 录制单证：新建录单界面，输入证书数据，数据由三种录入方式组合而成即人工录入、后台库选择、系统自动生成默认。

(4) 发送单证信息：通过数据交换平台，将产地证书数据发送到受理电子签证所属机构的电子邮箱。

(5) 接收电子回执：通信机从数据交换平台上收取企业电子签证数据，对数据进行电子验证，并产生电子验证回执，用户可以参照回执执行下一步工作。

(6) 接收正式回执：审签机构通过产地证管理系统对签证数据进行人工审核，对符合要求的签证数据给予"审签通过"回执，并通知用户办理领证事宜。对不符合要求的签证数据给予"错误"回执并返回失败原因。用户凭错误回执，修改单证内容，然后再重复以上的通信流程（发送单证信息、接收回执信息、接收正式回执）。

2.2.2 系统设置

1. 用户代码库

用户对自己经常使用的数据进行添加、删除、修改或查询（查询方法与标准代码库的查询一致），以便在录制单证的时候随时调入所需内容。单击"维护"|"维护我的代码"，出现"维护我的代码"对话框，对话框中功能按钮，有"添加、修改、删除和关闭"，单击以上的功能按钮，可以添加或修改用户代码，在弹出的对话框录入就可以了。

2. 设置公司信息

单击"维护"|"设置公司信息"，设置企业产地证注册号。设置的产地证注册号可以

在"设置默认数据"中生成,而且此项被锁定,用户不可以在"设置默认数据"中修改,只可以在"设置公司信息"中重新输入,为了避免输入错误,系统提供了十次输入机会。

3. 设置默认数据

记录公司注册信息,发票抬头及经常使用的数据项,以便新建单证的时候生成默认数据,提高工作效率。单击"维护"|"设置默认数据"。设置默认数据对话框由单据默认信息和单据控制信息两个模块组成。单据默认信息模块数据录入如下。

（1）签证机构：单证发往机构,可以输入机构代码或开头的中文并回车。

（2）产地证注册号：此栏由之前输入的公司信息自动带入,不必再次输入。

（3）申报员姓名：使用新平台做产地证时打印在申请书右下角的"申报员（签名）"栏。

（4）申报员电话：使用新平台做产地证时打印在申请书右下角的"电话"栏。

（5）申请地点（英文）：打印在证书的申请地点栏。

（6）签证地点（英文）：打印在证书的签证地点栏。

（7）组织机构代码：此项请根据申请到的密钥来填写。组织机构代码必须和产地证注册号来自同一个密钥。此项必须填写。

（8）公司名称（中文,用于申请书、发票抬头）：此项对应新产地证申请书"申请人及注册编号（签章）"栏,必须填写。

2.2.3 数据录入

单击 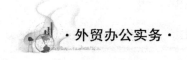 快捷按钮打开一个新的产地证录单界面,也可以从"文件"菜单中找到"新建单证"命令,在弹出的产地证录单界面中录入产地证书及货物描述、发票及申请书（如要出日本进料证书还需录入日本进料证书）的内容,并可以根据录入内容利用系统的打印模块生成各种相应的证书。新建单证中的默认信息是用户在"设置默认数据"中所填写的内容。录单界面上方的快捷工具功能和业务主界面中快捷工具功能的介绍分别如表7－1和表7－2所示。

表7－1 录单界面上方的快捷工具功能

图标	功能
	退出录单界面并提示用户保存所录信息
	查看用户手册
	弹出回执信息窗口,查看回执信息
	预发送当前单证
	打印当前单证
	即时保存录入信息
	复制当前单证
	打开其他单证
	新建录单界面

表7-2　业务主界面中快捷工具的功能

图　标	功　能
新建单证	新建录单界面
打开单证	打开所选择的一票单证
复制单证	复制一票所选择的单证
删除单证	删除所选择的单证
打印单证	弹出打印预览界面打印所选择的单证
选择单证	执行此命令，单证处于待发送状态
发送/接收	可以通过下拉箭头选择发送单证信息还是接受回执信息

1. 一般原产地证书数据录入

录单界面有一些内容是在"设置默认数据"里输入的，用户可以对其进行修改。录单界面主要有基本信息和货物信息两个模块。一般原产地证书数据录入比较简单，因此在这里不做说明，但需要注意以下事项。

（1）凡是浮动按钮或带有下三角按钮标记的输入框系统都提供了后台库维护，即前面提到的"维护我的代码"，用户可以直接输入，也可以从下拉列表或单击浮动按钮从后台数据库中选择。

（2）输入国家或地区的时候，可以直接输入国家名称，也可以输入国家代码，但一定要记得按回车键确认。

（3）系统可根据输入的货物外包装数量与单位自动生成英文货物外包装描述，用户可以自行修改。

（4）当需要审签的货物不止一种的时候，可以单击界面下方的功能按钮进行货物信息的添加录入和查询。

数据录完以后，单击 保存 图标，选择"确定"，就可以在业务主界面的"未选择单证"中看到录入的证书。

2. 普惠制原产地证书数据录入

普惠制原产地证书录单界面主要有基本信息、货物信息与日本进料证书三个模块。下面详细介绍有关数据的录入及注意事项。

普惠制产地证的填写必须为英文字母大写。在数据录入时，将光标放在要填写的文本框，下边的状态栏会给出相应的提示。

（1）证书号：证书类型（一位证书种类代码）+ 年份（二位数字）+ 新产地证注册号（九位数字）+ 流水号（四位数字，必须从0001开始排序）。例如，企业注册号为370120888，证书号就为G073701208880001。证书种类代码：普惠制G，一般原产地C，东盟证书E，中智证书F，亚太贸易协定证书B，中巴证书P，欧盟蘑菇罐头证书M。

（2）发票号：与发票日期一样，根据实际企业出口发票填写一致。

（3）出口商：输入本企业英文公司名称、地址。英文名称以进出口经营权批文上的名称为准，批文上无英文的以备案章为准。公司地址牵涉到"香港"两个字的，在录入时应录入"XIANGGANG"或"HONG-KONG"（台湾、澳门录入方式与香港类同）。

（4）进口商：输入最终收货人的名称、地址、国家，填写方式与出口商类同。

（5）运输细节：写明起运地点、目的地及运输方式。例如"FROM QINGDAO, CHINA TO HAMBURG, GERMANY BY SEA"。

（6）唛头：按发票上的唛头填写完整的图案文字标记及包装号。新产地证系统中使用唯一的唛头输入项，格式与换行排版由用户自由控制，系统会自动计算唛头是否与货物可以横向排列或纵向排列，如果都不合适，则会采用附页方式打印。采用附页方式需要在唛头栏里输入"SEE ATTACHMENT"。如果企业唛头中含有特殊字符或者符号，请到出入境检验检疫局购买唛头附页纸，在唛头附页上打印，唛头附页应该打上该证书号和该证书的签证地点和签证日期。

（7）目的国家/地区：根据证书资料栏中所选择的目的国家/地区自动生成。

（8）拟出运日期：一般填写出运日期。

（9）申报员姓名、申报员身份证号和联系电话、贸易方式：都是在设置默认数据中已录入的。

（10）申请书备注信息：如所出口货物为法检产品，须注明此票货物的货物报检号；签证日期为签证人员审批该证书的实际日期，如有特殊需要须在此栏注明；当FOB金额大于八十万美元的时候，需要在备注栏备注。

（11）发票信息：此栏一般不要求填写。

（12）货物英文：填写货物的英文名称即可。

（13）货物中文：货物的中文名称。中、英文名称要一致。

（14）包装数量：填写货物的外包装及数量。裸装及散装商品应注明"IN BULK"。若有其他单位，可在包装单位栏内自行录入。

（15）数量：货物具体的计量单位，填写毛重或者小件数量都可。

（16）原产地标准：此栏是普惠制原产地证书的核心内容。

"P"：如果出口商品完全是中国原产，则不论其出口至哪个给惠国，此栏都应填"P"。

"W"：出口至欧盟、挪威、瑞士、土耳其和日本等国家含有进口成分的商品，符合有关给惠国加工标准的，此栏应填写"W"。

"F"：出口至加拿大含有进口成分的商品，进口成分价值不超过该商品出厂价的40%，此栏应填写"F"。

"Y"：出口美利坚合众国、俄罗斯、白俄罗斯、哈萨克斯坦、乌克兰、保加利亚含有进口成分的商品，此栏应填"Y"，并在其后加注进口原料和部件价值在出口产品离岸价格中所占的百分比（百分比应当低于50%）。

"G"：出口加拿大对于在两个或两个以上受惠国内加工或制作且符合原产地标准的产品，第八栏填"G"，其他填"F"。

"PK"：出口保加利亚和俄罗斯联邦，对于在一个受惠国生产而在另一个或数个其他受惠国制作或加工的产品,填写"PK"。

"Z":出口美利坚合众国,对于被认定的国家集团产的货物填"Z",其后填明本国原料成本或价值加上直接加工成本在该出口货物出厂价中所占的百分率(如"Z"35%)。

注意:出口澳大利亚、新西兰的商品,此栏可以留空。

对于东盟原产地证书的原产地标准录入时:

①对完全原产于中国,不含进口成分的货物,此栏应填"X";

②对非完全原产于中国,但在该国的生产符合中国-东盟自由贸易区原产地规则中规则2所列的原产地标准的产品,被另一成员国用于其最终产品中,只要此最终产品的中国-东盟自由贸易区成分累计不低于40%,则此栏应填"东盟国家原产成分累计的百分比",例如40%;

③对非完全原产于中国,为履行中国-东盟原产地规则中规则2(b)的条款,在产品的生产加工过程中,所使用的非成员国或不明原产地的原料、部件的价值不超过所加工获得的产品离岸价的60%,且最后加工工序是在中国境内完成的产品,则此栏应填"单一国家原产成分的百分比",例如40%;

④满足特定产品规则条件的产品,此栏应填"特定产品规则"。

如需填写百分比,可以在"原产地辅助项"栏里填写相应的百分比。

对于中国-智利原产地证书原产地标准录入时有:

①完全原产的,填写"P";

②含有进口成分,但符合原产地标准,填写如下:

含进口成分,区域价值成分≥40%时,填写"RVC";符合产品特定原产地标准的产品,填写"PSR"。

对于亚太原产地证书原产地标准录入时有:

①完全原产的,填写"A";

②含有进口成分的产品,填写如下:

a. 在一出口成员国境内最终制得或加工的产品,如果其使用的来自非成员国或不明原产地的原材料、零件或制品的总价值不超过该产品FOB价的55%,则填写字母"B"并注明原产于非成员国或原产地不明的原材料、零部件或制品的总价值占出口产品FOB价的百分比(例如"B"50%);

b. 符合原产地累积标准的,如果最终产品中成员国成分合计不低于其FOB价的60%,则填写字母"C"并注明原产于成员国领土内的累计含量的总价值占出口产品FOB价的百分比(例如"C"60%);

c. 最不发达成员国原产的产品在适用条件a时百分比不能超过65%,适用条件b时百分比不能低于50%。符合该特定原产地标准的产品,填写字母"D"。

(17) HS税则码:商品海关编码的前六位。

(18) 辅助单位及数量:如货物有两种以上的计量单位,则在此栏输入第二种数量单位,或者输入毛重G.W.。

(19) 第二辅助单位及数量:输入货物的净重N.W.。

(20) 生产企业名称:必须填写生产该批货物的公司名称。如果工厂是外地的,请填写生产企业组织机构代码。

当企业一票产地证中有多种货物的情况下,需要单击货物信息下方的"添加"按钮,添加第二种货物的信息,录入规则同第一种。

最后要单击"自动生成货物描述"按钮,生成的内容会显示在证书的第七栏。包装数量必须在注明英文大写的同时注明相应的阿拉伯数字。

新系统增加了"非货物项"的选择,是用于货物混装类证书的制证。在证书的货物信息第一项,选中"非货物项",这时除了"货物描述"项可以填写总品名外,其他都不可填写,然后通过"添加"选项,填写具体的货物信息。非货物项表示打印货物描述时,不会出现货物序号(ITEM NUMBER),一般用作证书货物描述中的总计项(TOTAL)。

2.2.4 发送单证

证书通过数据交换平台以及系统自带的通信功能被发送到受理签证业务的所属机构邮箱,电子证书要先后经过通信机构和审签机构的验证,即电子验证和人工审核。验证过程中,企业要收到至少两份以上的回执,错误回执指导企业修改证书错误内容,正确回执告知企业证书处理状态,当企业收到一份"审签通过"的回执时,表明此票申报成功,可以办理领证等事宜。发送单证的操作步骤包括以下三个方面。

1. 选择单证

单击 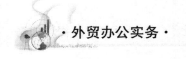 快捷图标,或者在业务主界面"单证列表"中选择一票或按 Ctrl 选择多票,单证生成电子报文出现在发送队列里,等待正式发送,此时的单证状态是"待发送单证"。

2. 查看待发送队列

单击"通信"|"查看待发送队列",发送队列里出现的都是待发送的单证。可以删除不需要发送的单证,即取消预发送。此操作是帮助用户明确自己需要正式发送的单证,如果用户操作思路清晰的话,则不需要选择执行此操作。

3. 发送单证信息

电子报文正式发送到受理签证业务所属机构邮箱,需要正式发送的单证都在发送队列里。单击"通信"|"发送单证信息",出现单证信息发送传输界面。通信窗口记录单证发送的详细过程,如通信有问题,可以打开"错误信息"页面查看通信错误信息。发送完的单证会出现在"无回执单证"文件夹里。

2.2.5 接收回执信息

接收回执包括接收自动审核回执与人工审核回执。单击"通信"|"接收回执信息"。回执内容可以指导用户修改单证中存在的错误并告知单证的处理状态,让用户了解工作进程。当用户接收到审签通过的回执时,说明此票单证已经审签机构审核通过。

2.2.6 打印证书

当证书通过审核后,用户需自行打印证书。对所选择的单证进行打印,若用户需对单证内容进行检查,可单击 打印预览 进行查看。可随时退回到录单界面修改,还可以选择是否打印背景图,选择打印单证的类别,显示预览比例。

另外，需要注意的事项是，当已经收到"审签通过"回执，但由于证书内容录入有误、需要修改，而错误单证在审签机构已经入库时，必须办理更改证；当取回证书后，因原证书丢失或其他原因需重新申办此发票号下的证书，而原发证书又无法交返质检总局相关部门，此时需要办理重发证；"更改/重发申请书"操作必须打开原证书，在"更改/重发申请书"界面中输入更改重发原因以及原证书信息，发送的时候必须按"更改证"或"重发证"来处理。由于各地区审签机构对"更改/重发申请书"中证书号的要求不同，有的要求"更改/重发申请书"的证书号与原证书号不同，此时原证书的证书号栏要输入新的证书号，原证书号要在"更改/重发申请书"里面输入；也有的地区要求二者可以相同，具体操作步骤还得视各地审签机构的要求而定。

2.3 出境货物报检操作实务

入境货物报检操作流程与出境货物报检操作流程基本相同。以下只介绍出境货物报检操作流程。出境货物报检模块可以完成出境电子报检单的制作，当企业与检验检疫机构联网后，将报检数据以电子方式传输给受理报检业务的检验检疫机构，从而完成出境货物的报检手续。电子报检能够最大限度地减少报检环节、简化报检手续，减少企业往返检验检疫部门的次数。

出境货物报检主界面由以下七个部分组成。

（1）标题栏：提示用户当前所处的业务模块。

（2）菜单栏：系统设置了"系统""文件""通信""维护""打印""帮助"六个功能菜单，下面将做详细介绍。

（3）工具栏：位于菜单栏下方，系统设置了一些常用命令的快捷图标，方便用户操作。

（4）业务模块导航栏：将显示出用户所定制的业务模块，用户可在此进行各个业务模块之间的切换。

（5）单证状态导航栏：根据通信状况，将报检单分类整理，方便用户查询。

（6）单证列表：详细记录了每一票单证的信息，包括"录入序号""处理状态""创建时间""报检号"等。

（7）回执记录区：选中一票单证后，此栏将显示其回执明细。

标准代码库可供用户查询，它是根据国家质检总局统一的编码编写的，一般包括代码和名称，两者一一对应。为了避免因用户自行更改数据而发生电子报检错误，系统只提供信息的查询功能，而不提供用户更改数据的功能。查询方式可按代码查询和名称查询，单击"维护"｜"查询标准代码"。查询步骤如下：

（1）在左侧窗口目录树中选择需要查询的项目类别，右侧窗口将显示出与该类别相对应的代码和中英文名称。如：左侧窗口中选定"国家名称"，右侧即显示出所有的国家名称及其对应的代码。

（2）在"选择查询方式"下拉列表中选择一种查询方式：如"中文名称"。

（3）在"录入查询条件"中输入与查询方式相对应的条件：如"德国"。

（4）单击"查询提交"或直接按回车键，窗口下方即显示查询结果。

下面将从申报步骤、系统设置、数据录入、发送单证、接收回执等几方面来介绍出境货物报检的操作流程。

2.3.1 出境货物报检步骤

iDecl 系统实现出境货物报检所要实施的步骤如下：

（1）设置默认数据：记录报检所需的基本信息和企业信息。

（2）设置公司信息：设置企业报检注册号以及单位名称等。

（3）录制单证：新建录单界面，输入报检数据。

（4）发送单证信息：通过数据交换平台，将电子报检数据发送到受理出境报检业务所属机构的电子邮箱。

（5）接收电子验证回执：通信机从数据交换平台上收取企业电子报检数据，对数据进行电子验证，并产生电子验证回执，用户可以参照回执执行下一步工作。

（6）接收人工审核回执：受理出境电子报检业务的审签机构通过"出入境检验检疫计算机管理系统"对"通信机"验证过的电子报检数据进行人工审核，对符合要求的报检申请连同正式报检号一并返回给用户，对不合格的报检数据不予受理并返回错误原因。

2.3.2 系统设置

1. 设置默认数据

用户可以通过设置默认数据存储报检单所需要的某些基本信息。在新建单证时使用默认信息，可以最大限度地减少数据的重复录入、节省数据录入时间、提高数据录入准确性。默认数据包括基本信息和企业信息。单击"维护"｜"设置默认数据"，出现由单证默认信息和单证控制信息所组成的界面。

（1）"单证默认信息"界面的数据录入如下。

①收货人（中文）：此栏填写申报货物收货人的中文名称。入境货物报检，此栏必须填写；出境货物报检，此栏无须填写。

②收货人（英文）：此栏填写申报货物收货人的英文名称。此栏可以填写，也可以不填写。

③发货人（中文）：此栏填写申报货物发货人的中文名称。出境货物报检，此栏必须填写；入境货物报检，此栏无须填写。

④发货人（英文）：此栏填写申报货物发货人的英文名称。此栏可以填写，也可以不填写。

⑤报检类别：此栏选择企业出（入）境货物报检的检验检疫类别。

⑥贸易方式：此栏填写申报货物的贸易方式。可以从下拉列表中选择。

⑦运输工具：此栏填写装运本批申报货物离（进）境的运输工具。可以从下拉列表中选择。

⑧用途。

⑨启运口岸：此栏填写装运本批申报货物离境的交通工具的启运口岸。

⑩货存地点：此栏填写申报货物的具体存放地点，如：工厂、仓库。

⑪施检机构：此栏选择对企业申报货物实施检验检疫的机构。
⑫目的机构：此栏选择启运口岸的所在检疫检验机构。
⑬单位名称（中文）：此栏填写企业公章上的中文名全称。
⑭单位名称（英文）：此栏填写企业的英文名全称。
⑮报检登记号：此栏默认是企业在所属机构进行报检备案登记后，所获得的企业代码。
⑯报检员编码：此栏填写企业正式报检员的代码。
⑰企业性质：此栏选择企业属于什么组织类型。
⑱企业联系人：此栏填写报检单位的申报联系人。
⑲联系电话：此栏填写报检单位的申报联系电话。
（2）"单证控制信息"界面的数据录入有以下两项需要进行说明。
①系统自动生成录入序号：用户可以自行选择此项，用户在新建单证时，录入序号由系统自动生成；若不选择，此项内容由用户自己填写。
②新报检单使用默认信息：用户可以自行选择，若选择此项，用户在新建单证时，所有的默认信息将自动生成，用户不必再次输入。

2. 设置公司信息

设置企业报检注册号，设置的报检注册号可以在"设置默认数据"中生成，而且此项被锁定，用户不可以在"设置默认数据"中修改，只可以在"设置公司信息"中重新录入，为了避免输入错误，系统提供十次输入机会，单击"维护" | "设置公司信息"，单击"修改"按钮可以修改报检登记号。

2.3.3 数据录入

正确地录入数据是电子报检中非常重要的一个环节。录入信息的正确与否将直接影响企业报检的速度。单击 [新建单证] 按钮或从"文件"菜单中选择"新建单证"，系统将弹出一个新的录单界面，包括基本信息和货物信息两个模块，下面将分别介绍这两个模块。

表7-3 快捷按钮的功能

图 标	功 能
新建单证	新建录单界面
打开单证	打开所选择的一票单证
复制单证	复制一票所选择的单证
删除单证	删除所选择的单证
打印单证	弹出打印预览界面打印所选择的单证
选择单证	执行此命令，单证处于待发送状态
发送/接收 ▼	可以通过三角按钮选择发送单证信息还是接受回执信息

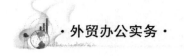

1. 基本信息数据录入

单击"出境货物报检"界面中的"基本信息"标签或按 F5 按钮，进行出境报检基本信息的录入。用户在录入数据时，对于每一项内容及填写的方法和要求，系统在屏幕的下方都有提示，"货物信息"的录入也是一样。基本信息数据的填写说明如下：

（1）录入序号：此为必填项。由系统自动生成，也可进行手动输入。

（2）报检号：是指当报检的数据通过 CIQ2000 系统审核之后，系统自动生成唯一的电子报检号码，在此用户不可编辑。

（3）报检类别：此为必填项。用下拉菜单进行选择，一般为"出境检验检疫"。

（4）施检机构：此为必填项。输入对货物实施检验检疫的机构，按回车键显示该机构代码。

（5）目的机构：输入表述正确的转入机构。按回车键显示代码。

（6）报检登记号：此为必填项。输入报检单位在检验检疫机构注册登记或备案的 10 位数代码。

（7）单位名称：此为必填项。据实完整输入。

（8）报检员编码：输入报检员的 10 位数代码。

（9）联系人、电话：填写报检人员联系信息。

（10）发货人代码、发货人中文、发货人英文：此为必填项。输入发货人在检验检疫机构注册登记或备案的代码，输入的名称必须与备案登记的中文名称及合同中的卖方一致（根据通关单联网核查要求，此项须与报关单上的经营单位一致）。对因特殊原因不能注册登记的发货人（如使馆、科研单位和个人等），可输入检验检疫局指定的特殊单位代码。

（11）运输工具：此为必填项。据实输入，通过下拉菜单进行选择。

（12）贸易方式：此为必填项。通过下拉菜单进行选择。

（13）合同号：此为必填项。据实输入。

（14）信用证号：据实输入。

（15）启运口岸、到货口岸：此为必填项。据实输入，按回车键显示口岸代码。

（16）输往国家/地区：此为必填项。录入最终输往国家或地区［根据通关单联网核查要求，此项应与报关单上的运抵国一致；当报关单上的运抵国是"中国"时，输往国家必须录入"保税区（991）"（含保税港区、监管仓）或"加工区（992）"］。对发生运输中转的货物，如中转地未发生任何商业性交易，则"输往国家"不变，如中转地发生商业性交易，则以中转地作为"输往国家"填报。境内企业出口到保税区、出口加工区的货物申报时，在不能明确输往国别的情况下，"输往国家"必须录入"保税区（991）"（含保税港区、监管仓）或"加工区（992）"）。

（17）发货日期：按年月日据实输入。如不能确定，以检验监装完毕的日期为发货日期。

（18）货存地点：根据货物实际情况输入。注明具体的地点、厂库。

（19）厂检信息：单击右边按钮，在弹出框内输入"合格"，出口批号填写实际生产批号。

（20）是否退运：因退运而需出境的点选此框。

（21）报关地：在当地报关的点选此框。

（22）标记及号码：又称唛头，输入货物的运输包装上或其他能识别整批货物特征的标记及号码。没有标记的填写"N/M"或注明"散装""裸装"。如有计算机无法录入的图案或内容，应输入"详见附页"，并另行用附页申报。

（23）特殊要求：指贸易合同或信用证中贸易双方对本批货物特别订立的质量、卫生等条款和报检单位对本批货物检验检疫的特别要求。通关单联网核查需要提供海关注册号的，此项为必填项，具体录入格式为：先录入"海关注册号"+10位编号，再录入其他特殊要求。

（24）随附单据：单击"随附单据"右边按钮，选择报检单位必须提供的各类证明、凭单和其他证据文件。

（25）需要证单：输入货物贸易关系人要求取得的检验检疫证单，并可修改需要证单的实际数量。

2. 货物信息数据录入

（1）HS 编码：此为必填项。以最新公布的商品税则编码分类为准。按照货物的实际情况，输入正确的 HS 编码。输入后，要对 HS 编码的版本进行检查，如果系统提示为旧编码，必须选取新版本的 HS 编码输入。输入后按回车键显示类目（根据通关单联网核查要求，填写的法检商品 HS 编码应与报关单上对应的 HS 编码一致）。

（2）货物名称：此为必填项。应按货物真实名称进行输入，必须保证与申报的货物一致。

（3）英文名称：根据需要按照合同或信用证输入。

（4）规格：根据合同实际情况输入。

（5）原产地：此为必填项。对于可以明确原产地的货物，具体到区县级行政区名称；对经过几个地区加工制造的货物，以最后一个对货物进行实质性加工的地区作为该货物的产地。异地货物口岸拼装的，以货值最大的货物产地作为整批货物的产地。难以判定具体区县级行政区名称的货物，如海洋资源，则可以输入"中国"。进口货物复出口的情况，产地选"境外"。境内企业出口到保税区、出口加工区的货物申报时，原产地应录为"中国"。从境外进入保税区内的货物出境申报时，货物原产地录为"境外"。

（6）报检数量、报检重量：根据 HS 编码对应的第一计量单位及计量单位类别（用于识别数/重量）输入实际的数量或重量数据。按实际情况可以同时输入数量和重量。但当标准计量单位与第一标准计量单位没有固定的转换关系时，如个别服装第一标准计量单位为套，而标准计量单位为件，则需人工计算后填入。

值得注意的是，根据通关联网核查的要求：

①报检单上的货物的数量/重量计量单位须与其 HS 编码对应法检货物数量/重量的法定第一计量单位相一致；

②报检单上每项货物的数量/重量应填写法定第一计量单位所对应的数量/重量；

③报检单上每项货物的数量/重量须大于或等于报关单上对应法检货物的法定第一数量/重量。

（7）包装数量：按正式运输包装实际情况进行输入，如同一货物、不同包装，可单击右边偏下的"添加"按钮进行添加一条货物信息。有辅助包装的，必须输入辅助包装信息，包装种类可直接输入代码或中文名称或在下拉列表框中选择。如出现多品名混装货物，则选择包装件数最多的包装种类和数量录入，并在特殊要求栏目中注明为"混装货物"。

（8）HS 标准量：根据 HS 编码自动获取计量单位及计量单位类别（用于识别数量/重量）的标准计量单位。当申报数量/重量与标准量不一致且没有换算关系时，应录入与标准量单位一致的数量或重量。

（9）货物单价：根据合同实际情况输入。

（10）货物总值、货币单位：此为必填项。按合同、对外发票所列的货值和币种输入。对于加工贸易生产的出口货物，填写原料费与加工费的总和，不能只填写加工费。对于无实际成交价格的货物，比如伴侣动物等，货物总值输入 0.1 美元，对于非贸易性进出口货物，按照报关价申报。

（11）用途：根据货物实际用途，通过下拉列表框选择。

（12）许可证/审批号：需办理出境许可证或审批的货物应输入有关许可证号或审批号。

（13）生产单位编码：此为必填项。输入货物的生产单位在检验检疫机构的备案登记代码。对于特殊情况（如使馆、科研单位和个人等），可输入检验检疫局指定的特殊单位代码。

（14）鉴重方式、工作方式：对需要进行鉴重的货物通过下拉列表框输入。

如一份报检单中有多项货物，需分别录入，单击"添加"，增加新的记录。

根据通关联网核查的要求，请注意以下几点：

①如果涉及同一报检单中既有法检商品，又有非法检商品的，应先录入法检商品，后录入非法检商品；

②同批货物所有应报检的货物信息均应在报检单上全数列明，且每份报检单货物项数不得超过 20 项，超过 20 项的，应分单报检；

③同时申报多种货物时，报检单上的商品项数和次序须与报关单上法检商品的项数和次序保持一致。

（15）集装箱规格：输入载运货物的集装箱规格。可以通过下拉列表框选择输入。

（16）数量：输入相应集装箱的数量。

（17）号码：输入相应的集装箱的号码。

需要注意的是：如果是出口食品，则货物、基本信息中填写的五要素（生产企业名称、卫生注册登记号、产品名称、生产批号、生产日期）及 CIQ 标志流水号必须与实际货物运输包装上注明的一致，否则电子转单至口岸查验不符的，一律判为不合格。

2.3.4 发送单证

1. 选择单证

单证录入完毕后，首先保留在"未选择单证"文件夹下。检查无误后，即可执行"选择单证"，系统生成电子报文。

单击 选择单证 图标，或者在"单证列表"中选择一票或按 Ctrl 键选择多票，单击

[选择单证] 图标，单证生成电子报文并出现在发送队列里，等待正式发送。此时单证自动转移到"待发送单证"文件夹。

2. 查看待发送队列

单击"通信"｜"查看待发送队列"。发送队列里的单证都是"待发送单证"文件夹下的单证，用户可以删除不需要发送的单证，即取消发送。此操作是帮助用户明确自己需要发送的单证，如果用户操作思路清晰的话，则不需要执行此操作。

3. 发送单证信息

用户可以选择一次发送一票或按 Ctrl 键选择多票单证同时发送。在数据传输界面中详细记录了通信步骤，如果数据传输失败，用户可在错误信息界面中查看错误原因。具体操作如下：

在"待发送单证"文件夹中选中要发送的单证，从"通信"菜单下选择"发送业务单证"或单击 [发送/接收] 右侧的下三角按钮，选择"发送业务单证"，系统将出现数据传输界面，开始发送单证。若数据传输成功，该单证将从"待发送单证"文件夹移到"无回执单证"文件夹下。

2.3.5 接收回执信息

与发送业务信息一样，接收回执信息时，数据传输窗口中也详细记录了通信步骤，如果数据传输失败，错误原因将在错误信息界面中显示。从"通信"菜单下选择"接收回执信息"或单击 [发送/接收] 右侧的下三角按钮，选择"接收回执信息"，系统将出现数据传输界面，开始接收回执信息。

若数据接收成功，该单证将从"无回执单证"文件夹移到"有回执单证"文件夹；单击该文件夹下的单证，单证回执栏中将显示该单证的回执信息，单击该回执信息，可以查看回执信息的详细内容。

单证每执行一次通信操作，其处理状态都会根据业务通信流程按类别归属到相应的文件夹下。

未选择单证：新录入的单证，还没有对其进行预发送。

待发送单证：对未选择单证进行"选择单证"操作，生成电子报文，在发送队列里等待正式发送。

无回执单证：已发送的单证，但尚未收到回执。

有回执单证：已经收到回执的单证。

单证回收站：类似于一个单证整理文件夹，用户可以自己整理各种状态的单证。

2.3.6 打印证书

若单证通过审核，用户需自行打印证书。打印前系统会自动弹出单证预览界面，用户可以检查录入内容，并且可以随时退回到录单界面修改，还可以选择是否打印背景图，选择打印单证的类别，显示预览比例。

2.4 出境包装报检操作实务

出境包装报检模块可以完成出境包装电子报检单的制作,当企业与检验检疫机构联网后,将报检数据以电子方式传输给受理报检业务的检验检疫机构,从而完成出境包装的报检手续。电子报检能够最大限度地减少报检环节,简化报检手续,减少企业往返检验检疫部门的次数。

出境包装报检操作界面与产地证、出入境货物报检操作界面相似。因此,在此就简单地介绍出境包装报检界面的数据录入。

(1) 录入序号:此为必填项。由系统自动生成,也可进行手动输入。

(2) 报检号:当报检的数据通过 CIQ2000 系统审核之后,系统自动生成唯一的电子报检号码,在此用户不可编辑。

(3) 施检机构:此为必填项。输入对货物实施检验检疫的机构,按回车键显示该机构代码。

(4) 报检类别:此为必填项。在下拉列表中选择。

(5) 报检登记号:此为必填项。输入报检单位在检验检疫机构注册登记或备案的 10 位数代码。

(6) 报检单位:此为必填项。据实完整输入。

(7) 报检员编码:输入报检员的 10 位数代码。

(8) 电话、联系人:填写报检人员的联系信息。

(9) 包装容器:此为必填项。输入包装种类代码或输入正确的包装名称,也可以在下拉框中选择。

(10) 包装使用人:根据实际情况输入包装使用单位的报检注册或登记代码,或直接在包装使用的第二栏中输入具体的使用单位名称。

(11) 包装生产厂:输入包装生产单位的报检注册或登记代码,或直接在包装生产厂的第二栏中输入具体生产单位名称。

(12) 包装容器规格:以实际规格输入。规格格式:①桶:直径×高度(mm);②箱:长×宽×高(mm)。输入时,可用"*"代替"×"。

(13) 综合大小:根据输入的包装容器名称和规格,自动生成。

(14) 数量:此为必填项。根据规格输入相应的数量。

(15) 原材料名称:输入制造包装容器的材料名称。

(16) 原材料产地:输入制造包装容器材料的产地。具体到县市级行政区域。从国外进口的,输入"境外"。

(17) 包装质量许可证号:输入包装生产单位的质量许可证号码,只在"危包性能"情况下输入。

(18) 生产日期:输入包装的生产完毕日期。

(19) 包装存放地点:输入包装容器的具体存放地点。

(20) 包装容器编号:按照实际情况录入。

（21）危包性能结果单号：只在"危包使用"情况下输入。

（22）运输方式：输入正确的运输方式或代码，也可以在下拉框列表选定。

（23）拟装货物名称：此为必填项。输入要装载的货物名称。

（24）形态：输入正确的形态或代码，也可以在下拉列表中选定。

（25）密度：输入拟装货物的密度。

（26）联合国编号：输入危险货物的联合国编号。

（27）拟装货物单件毛重、单件净重：据实输入。

（28）重量单位（"单件净重"后）：此为必填项。输入拟装货物的重量单位或代码，也可以在下拉列表中选定。

（29）上箱次装货名称：输入重复使用的包装容器上次所装货物名称。

（30）装运口岸：输入报关地的口岸。可以通过报检菜单下的系统设置中的"国内口岸初值"进行设置，也可以在下拉列表中选择输入。

（31）内包装容器名称：据实输入。

（32）内包装容器规格：据实输入。

（33）装运日期：系统根据报检日期自动生成，据实修改。

（34）内衬材料方法：据实输入。

（35）输往国家：输入已知出境货物的最终运抵国家或地区。可以输入国家代码或具体名称，也可以在下拉列表中选择。

（36）提供单据：输入除报检单外，报检单位需要提供的证明文件。

（37）标记及批号：输入包装生产的批号。

（38）特殊要求：报检单位对包装容器检验的特殊要求。

（39）分证信息：属于分证报检并选中了"分证"标记的，必须输入分证信息。分证信息允许输入多条，但是分证单位不能重复，分证数量之和不能超过包装数量。分别输入分证单位代码、分证单位名称和分证数量。

当有多种包装容器规格和分证单位代码需要填写时，用户可以选择添加录入页面。

任务三　纵横外贸单证系统

纵横外贸单证系统是杭州纵横电脑有限公司开发的软件，该软件包含了生产管理、单证制作、收汇管理、付款管理、核销管理等模块。该软件具有以下五大特点：

（1）一次性输入资料，整个外贸出口业务流程都可调用，做到单单相符，单单一致；

（2）外贸合同、外贸单证格式可任意多格式有选择地打印，也可自定义格式；

（3）系统可以在单证打印前，选择预览窗口查看并编辑单证，可以插入图形（唛头）、插入文字、灵活调整文字；

（4）系统支持多账套（多公司抬头）应用；

（5）可以根据客户的需要，专门定制。

根据业务需要，下面主要介绍纵横外贸单证的制单系统，因为该模块对外贸业务员来说使用得较多，而付款管理和收汇管理一般是外贸公司的财务人员在使用。

3.1 安装注册

在使用纵横外贸单证系统之前，得先安装该软件并进行注册，从而获得登录的账号和密码。安装完毕后，将在桌面显示该系统软件的快捷图标 ✿。

3.2 登录系统

双击桌面上的 ✿ 图标，出现用户登录界面。输入单位名称、用户姓名、用户口令，单击"确定"按钮，进入纵横外贸单证系统工作界面。

3.3 制单步骤

3.3.1 进入制单界面

单击菜单栏上的"单证管理"按钮，进入单证制作工作界面。制单工作界面底下的常用工具栏功能有"增加""修改""删除""保存""过滤""查找""刷新""统计""打印""更多"10个功能菜单，部分功能解释如下。

（1）增加：新建添加所需的数据，一般会跳出新建窗口，在其中填写数据。

（2）修改：当数据已经存在的时候，双击表格或者下面的"修改"按钮，会弹出已经建立的数据窗口。

（3）删除：删除已经存在的数据记录，询问是否删除，删除后将不能被恢复，删除后提示：删除功能。有些数据的删除需要特殊权限。

（4）保存：单击此按钮，保存当前选择的数据。

（5）刷新：单击此按钮，将"过滤查找"或"组合查找"后的结果，返回原始状态；同时具有刷新当前数据的功能。

（6）统计：选择需要统计的表格列，比如：要统计"出口金额"，就将光标放至表格的"出口金额"列，单击"统计"按钮，弹出统计结果窗口。

（7）更多：单击后会出现菜单，选择需要的功能项进行操作。

然后单击该工作界面的底下的"增加"功能按钮，就出现单证制作的数据录入界面。

3.3.2 数据录入

在这里只介绍必须填写的栏目，其他栏目可留空不填或视实际情况而定。

（1）装船人：输入出口商的公司名称和地址。

（2）客户名称：输入进口商的公司名称和地址。如果输入的客户名称在系统里不存在，那么会出现"添加代码库"对话框，要求是否将客户名称的信息添加到代码库中，以便下次输入时可以调用,不用重复输入。如果单击"是",将出现如图7-1所示的代码编辑窗口,输入完毕后单击"保存"按钮即可。

(3) 发票号码:输入发票号码。
(4) 发票日期:输入发票日期。
(5) 合同号码:输入外销合同的号码。
(6) 价格条款:输入贸易术语,也可在下拉列表框里选择。
(7) 贸易方式:可在下拉列表框里选择,一般情况下多为"一般贸易"。

图7-1 代码编辑窗口

(8) 出口口岸:输入装运港港口的名称,也可从下拉列表框里选择。
(9) 运抵国:输入目的国的国家名称,也可从下拉列表框里选择。
(10) 装运日期:输入货物装船的日期,也可从下拉列表框里选择。
(11) 收汇方式:从下拉列表框里选择,一般是T/T。
(12) 运输方式:从下拉列表框里选择,一般是海运。
(13) 目的港口:输入目的港的名称,也可从下拉列表框里选择。
(14) 包装唛头:按实际情况填写,若无,则填"N/M"。
(15) 序号:根据出口商品的项目来填写,也可不人工输入,按回车键,系统将自动生成序号。
(16) H.S编码:输入商品的H.S编码。
(17) 中文名称:输入商品的中文品名,一般情况下留空。
(18) 英文名称:输入商品的英文品名。
(19) 总件数:输入商品最外层包装总件数。
(20) 总数量:输入商品的数量。
(21) 总金额:输入商品交易的总金额。

（22）总毛重：输入商品的总毛重。
（23）总净重：输入商品的总净重。
（24）总体积：输入商品的总体积。

此外，"发货人"栏一般留空不填。"收货人""通知人"栏在采用非信用证结算的情况下，一般留空不填；采用信用证结算的情况下按实际要求填写。

数据输入完毕，单击工具栏上的"保存"按钮，系统将会自动保存以发票号码为文件名的单证文档。

3.3.3 打印

数据录入完毕后，用户需自行打印所需的单证。单击工具栏上的"打印"按钮，出现打印工具对话框，可以根据需要选择打印出口货物明细单、发票、装箱单、报关单等。在打印前，也可以单击右边的"预览"按钮，检查单证输入的正确性。如果要系统对单证进行签名盖章，可以勾选右边的"盖章"和"签名"。确认无误后，单击右上角的"打印"按钮，系统就自动打印。打印好之后关闭对话框，系统将返回到单证管理工作界面，界面正中显示的是录好的单证信息，单击任何一笔单证，都可对其内容进行修改、复制、粘贴。

知识训练

一、判断题

1. 贸促会接到企业用户申请后，如果《加工工序明细单》为空，则拒绝申请；否则，将转为人工审单。（   ）

2. iForm™系统软件的产地证工作界面里港口、目的国、运输方式、贸易方式的数据录入可以从下拉选项中选择，而不用人工输入。（   ）

3. iDecl系统目前包括一般原产地证、普惠制原产地证、曼谷协定原产地证、东盟协定原产地证、亚太协定证书等模块，如需其他产地业务，可在最新业务里进行下载安装。（   ）

4. 使用纵横外贸单证系统可以缮制产地证书、报检单。（   ）

5. 在 iForm™ 系统缮制一般原产地证书时，"手签员"一栏可以留空不填。（   ）

二、单选题

1. iDecl系统的"维护"｜"设置公司信息"操作模块，在修改产地证注册号时，系统为用户提供了（   ）次输入机会。

A. 5　　　　　　　B. 7　　　　　　　C. 9　　　　　　　D. 10

2. iDecl系统在"质检业务"｜"一般产地证"界面中，选中已保存、未发送单证后，单击（　　）功能图标，然后再单击"发送/接收"｜"发送业务单证"功能图标，系统自动发送数据。

　　A. 选择单证　　　　B. 查看待发送队列　C. 新建单证　　　　D. 单证列表

3. 原产地标准是普惠制原产地证书的核心内容，如果出口商品完全是中国原产，则不论其出口至哪个给惠国，此栏都应填（　　）。

　　A. "P"　　　　　　B. "W"　　　　　　C. "F"　　　　　　D. "Y"

4. 在iForm™系统中有关单证状态说明不正确的有（　　）。

　　A. "未通过"：审核不通过的单证

　　B. "新证"：刚审核通过的单证

　　C. "待审"：处于待审状态的单证

　　D. "已发证"：已通过贸促会审核的单证

5. 九城电子申报系统软件，英文名为iDecl2010，是一款集成了产地证申报、电子监管、（　　）三类功能模块的检验检疫企业端综合业务软件。

　　A. 电子报检　　　　B. 电子报关　　　　C. 电子交单

三、多选题

1. iDecl系统出境货物报检主界面由标题栏、菜单栏、工具栏及（　　）组成。

　　A. 单证列表　　　　B. 回执记录区　　　C. 业务模块导航栏　D. 单证状态导航栏

2. 关于iDecl系统普惠制产地证操作业务，下列说法正确的有（　　）。

　　A. 当已经收到"审签通过"回执，但由于证书内容录入有误，需要修改，而错误单证在审签机构已经入库，此时必须办理更改证

　　B. 当取回证书后，因原证书丢失或其他原因需重新申办此发票号下的证书，而原发证书又无法交返质检总局相关部门，此时又需要办理重发证

　　C. "更改/重发申请书"操作必须打开原证书，在"更改/重发申请书"界面中输入更改重发原因以及原证书信息，发送的时候必须按更改证或重发证来处理

　　D. 各地区审签机构对"更改/重发申请书"中证书号的要求相同

3. 关于纵横外贸单证系统的特点，说法正确的有（　　）。

　　A. 一次性输入资料，整个外贸出口业务流程都可调用，做到单单相符，单单一致

　　B. 外贸合同、外贸单证格式可任意多格式有选择地打印，也可自定义格式

　　C. 系统可以在单证打印前，选择预览窗口查看并编辑单证，可以插入图形（唛头）、插入文字、灵活调整文字

　　D. 可以根据客户的需要，专门定制

　　E. 系统支持多账套（多公司抬头）应用

4. 使用纵横外贸单证系统，可以缮制以下哪些单证？（　　）

　　A. 售货确认书　　　B. 结汇发票　　　　C. 结汇装箱单　　　D. 报关单

　　E. 出口货物明细单

5. 用iForm™制作产地证前一般首先设置的信息有（　　）。

　　A. 受益人　　　　　B. 客户管理　　　　C. 手签员　　　　　D. 企业信息

四、讨论分析题

1. 在 iForm™ 系统制作原产地证，单据录入完毕后，单击"保存"，提示"UNDEFINED"，试分析原因。

2. 在 iForm™ 系统发送制作好的原产地时，提示"加工工序明细单要填写完整"，请问加工工序单在哪里输入？

3. 如原签发的普惠制产地证书遗失，经签证当局同意重发证书，则如何操作？

4. 如果使用 iDecl 系统发送单证成功后一直收不到回执，你会如何操作？

5. 简述纵横外贸单证管理系统的特点。

技能训练

1. 根据如下货物明细,阐述如何在 iForm™ 系统中申领一般原产地证。
出口商:
WENZHOU LIGHT INDUSTRIAL PRODUCTS ARTS & CRAFTS
IMPORT & EXPORT CO. , LTD
NO. 8 LIMING ROAD, WENZHOU , CHINA
进口商:
"ALLIANCETRADE AND CO" LLC
5, STRELNIKOVA STR. , VLADIVOSTOK
SVETLANSKAYA STR. , 3
TEL:89089853326
发票号:KF75028 - 2
出口口岸:NINGBO　　　目的港:VLADIVOSTOK　　　贸易国别:RUSSIA
贸易性质:一般贸易　　收汇方式:T/T　　　　　境内货源地:台州
价格条件:FOB NINGBO
唛头:　　　TSC
　　　　GEAR FILTER
　　　　　ITEM NO. :

货名规格及货号	HS 编码	件数(CTNS)	数量(PCS)	毛重(KGS)	净重(KGS)	总价(USD)
GEAR FILTER	8708409990	24	384	178	154	935.52
FUEL PUMP	8413302900	10	400	220	200	1560.00

2. 根据以下出口货物资料,利用纵横制单系统制作一套报关资料(要求发票3份,装箱单3份,报关单2份,外销合同2份,出口货物明细单1份)。
出口商:ZOOMCOMMERCE CO. , LTD. GUANGZHOU CORPORATION
　　　　CHUANGYI BUILD KEXUEDADAO NO. 162 , GUANGZHOU
收货人:SERVICE INDUSTRIES LIMITED
　　　　SERVICE HOUSE, 2 MAIN GULBERG, LAHORE
　　　　PAKISTAN

+92-42-5711990

发票号：JF83325　　　　信用证号：30-4087-23476　　　　合同号：JF83325
出口口岸：SHANGHAI　　目的港：OSAKA　　　　　　　　贸易国别：JAPAN
价格条件：FOB
商品描述：SYNTHETIC FUR（短毛绒，100%涤纶，门幅1.5米）
HS.6001.9200　　　　　件数及包装式样：50BAGS　　　　数量：13212.5M
毛重：4548.5 KGS　　　净重：4529 KGS　　　　　　　　体积：55.28CBM
总价：USD 23121.88
唛头：WENZHOU LIGHT
　　　　SERVIS

项目八　核销退税系统操作实务

✓ 任务目标

- 熟悉中国电子口岸系统
- 熟悉出口收汇核销和出口退税的基本知识及相关单证
- 掌握出口收汇核销的工作流程及系统的操作
- 掌握出口退税的工作流程及系统的操作

✓ 任务导入

2014年4月15日，温州某一外贸公司持报关单、核销单及其他报关单证委托上海某货代公司代为报关。4月20日，该外贸公司收到上海某货代公司寄来的上海海关退回的出口收汇核销单和报关单。当天，核销员在网上将此核销单向外汇局交单，并在进行网上交单时，对核销单、报关单的电子底账数据进行了认真的核对。

2014年4月23日，该外贸公司收到银行的结汇水单，开证行已如数付款。至此，该笔交易已安全收汇。网上交单成功之后，4月24日，核销员持纸质的收汇水单（即出口收汇核销专用联，经银行盖有"出口收汇核销专用章"）、出口收汇核销单（已经出口海关盖章，第三联）、报关单（白色报关联，海关已盖章）、商业发票等到外汇局办理核销手续。核销完毕后，外管局当场将加盖"已核销章"的核销单（出口退税联）退回给外贸公司。核销完成后，核销员将上述单据转交财务办税人员办理退税事宜。

企业出口货物后，必须在规定的期限内足额准时收汇，并向注册地外汇局提供必需的单证和按照必需的程序进行出口收汇核销。核销后，企业凭外汇局出具的有关单证向税务局办理出口退税，享受出口优惠政策。本项目将介绍出口收汇核销系统及出口退税系统的具体操作。

任务一　中国电子口岸系统

1.1　电子口岸概述

中国电子口岸是国家进出口统一信息平台,是国务院有关部委将分别掌管的进出口业务信息流、资金流、货物流电子底账数据集中存放的口岸公共数据中心,为各行政管理部门提供跨部门、跨行业的行政执法数据联网核查,并为企业提供与行政管理部门及中介服务机构联网办理进出口业务的门户网站。目前,中国电子口岸已经与海关、国检、国税、外管等执法部门联网,提供了海关报关、加工贸易、外汇核销单、出口退税等业务功能。中国电子口岸目前主要开发全国统一的执法功能和网上备案、数据报送企业办事业务。电子口岸目前有中国电子口岸和各个地方的电子口岸,现在各个地方都在建设当地的电子口岸。

1.2　电子口岸操作

1.2.1　操作流程

（1）进入 Windows 操作系统,将操作员 IC 卡插入连接在电脑上的 IC 卡读卡器中。然后打开浏览器,在地址栏中输入"http：//www.chinaport.gov.cn/",进入中国电子口岸主页（如图 8-1 所示）。

图 8-1　中国电子口岸主页

（2）在主页上单击"中国电子口岸执法系统"，进入电子口岸执法系统登录界面（如图 8-2 所示）。

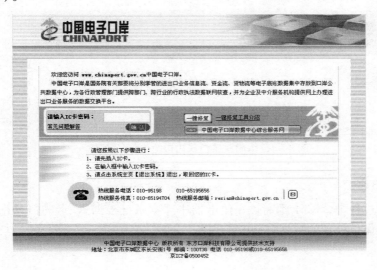

图 8-2　电子口岸执法系统登录界面

（3）在文本框中输入 IC 卡密码，单击"确认"，进入中国电子口岸子系统选择页面（如图 8-3 所示）。

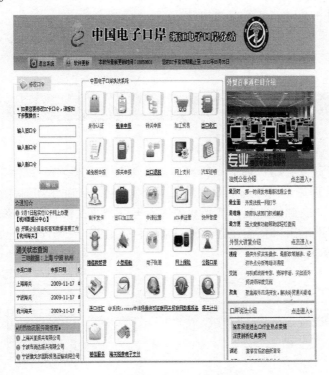

图 8-3　中国电子口岸子系统选择页面

(4) 单击"出口收汇",进入出口收汇子系统(如图8-4所示)。

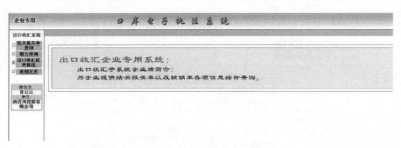

图8-4 中国电子口岸出口收汇系统界面

1.2.2 注意事项

在整个使用过程中,IC卡都需插在读卡器中。本系统根据IC卡的信息进行操作员身份认证,并将操作员处理的数据自动电子签名、加密。

≪ 知识拓展

问:电子口岸系统与网上报审系统可否安装在同一台计算机上?

答:可以,两者是不会发生任何冲突的。由于企业使用的电子口岸系统只能在Windows 98上运行,建议企业到"电子口岸制卡中心"将电子口岸程序进行升级,再将IE浏览器的版本升级到5.5版本以上即可。

(资料来源:厦门经贸信息网 http://www.sme.net.cn/)

任务二 出口收汇系统

为了加强跨境资金流动管理,完善出口与收汇的真实性和一致性审核,2008年7月14日,国家外汇管理局、商务部、海关总署联合发布《出口收结汇联网核查办法》。该办法规定凡是出口企业收到的外汇,都必须先进入出口企业在银行的待核查账户,待外汇核查过后,外汇才能进入出口企业在银行的经常项目外汇账户,出口企业才能办理结汇等手续(如图8-5所示)。

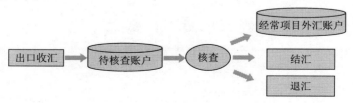

图8-5 出口收结汇流程

2.1 中国电子口岸出口收汇系统简介

由于中国电子口岸数据中心于 2012 年 8 月 1 日对电子口岸系统进行了调整，内容主要涉及出口收汇联网核查和进口付汇联网核查两个系统。在出口收汇联网核查系统模块，取消了核销单申请、备案、交单、挂失等功能；保留系统原有数据查询功能，出口企业可继续查询核销单有关历史数据；新增出口结关报关单查询功能，以便出口企业查询参加外汇局总量核查的出口报关单数据；出口企业在录入出口报关单时，不需要再录入核销单号。在进口付汇联网核查系统模块，取消企业交单功能；保留系统原有数据查询功能，进口企业可继续查询企业交单有关历史数据；新增进口结关报关单查询功能，以便进口企业查询参加外汇局总量核查的进口报关单数据。

在 2012 年 8 月 1 日以前，电子口岸的操作程序相对复杂。进入"出口收汇"子系统后，会看到"核销单申请""口岸备案""批量备案""企业交单""批量交单""核销单挂失""组合查询""出口收汇核查情况""业务规范"和"返回主页"模块。但从 2012 年 8 月 1 日纸质核销单取消之后，电子口岸系统界面做了相应的变化。"核销单申请""备案""交单""挂失"等功能均已取消，这些操作程序在出口收汇系统界面也随之取消了。

2.2 出口收汇系统操作实务

根据出口收汇系统界面设置的模块，以下逐一进行简要的介绍。

2.2.1 结关报关单查询

结关报关单查询方法很简单，在结关报关单查询界面（如图 8-6 所示）输入报关单号，选择"条件设定"，然后单击"开始查找"按钮即可。

图 8-6 结关报关单查询界面

例如要查找的报关单号为 310120120518891723，那么在"定义多重条件"区域的"值"文本框输入 310120120518891723，单击"条件设定"按钮，再单击"开始查找"按钮，然后会弹出如图 8-7 所示的界面；单击左上角的报关单号，出现如图 8-8 所示的有关这票出口货物报关的详细信息。

图8-7 结关报关单查询结果界面

图8-8 出口货物报关详细信息界面

另外也可以查询多票报关单信息。如在"定义多重条件"区域的"条件"文本框选择"以……开始",再在"值"文本框里输入报关单号,单击"条件设定"按钮,再单击"开始查找"按钮即可。

2.2.2 组合查询

组合查询可供用户以多种模式及条件对单据记录进行检索,如业务、统一编号等若干组合,可以同时对多份单据进行查询。

(1)进入出口收汇系统后,单击界面左边的"组合查询",进入组合查询界面(如图8-9所示)。

图8-9 组合查询界面

(2) 在查询页面中,2012 年 8 月 1 日以前可以选择核销单、报关单、核销单申请表等业务类型;2012 年 8 月 1 日之后的纸质核销单取消了,就没有核销单及与核销单相关的业务可供查询了。但是可以在此选择报关单进行查询。

(3) 在"定义多重条件"区域选择满足自己要求的属性和条件,在"值"文本框中输入查询条件并按回车键,单击"开始查找"按钮,系统会弹出所有符合查询条件的单据列表(如图 8 – 10 所示)。

图 8 – 10 查询结果界面

(4) 单击单据列表中所要查询单据的统一编号,即可查询到所选择的单据信息(如图 8 – 11 所示)。

图 8 – 11 查询单据信息结果

2.2.3 出口收汇核查情况

在 2012 年 8 月 1 日前,单击"出口收汇核查情况",会弹出"收汇申请""业务数据查询"和"业务数据下载"三个子菜单(如图 8 – 12 所示)。

2012 年 8 月 1 日之后单击"出口收汇核查情况",会弹出"业务数据查询"和"业务数据下载"两个子菜单(如图 8 – 13 所示)。

图 8 – 12 出口收汇核查情况操作老界面

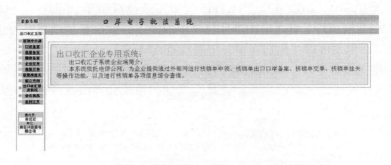

图 8-13　出口收汇核查情况操作新界面

1. 业务数据查询

单击"业务数据查询"按钮，会出现多个子菜单："报关单信息查询""核注明细查询"和"可收汇额查询"等，如图 8-14 所示。在出口企业操作中，使用较多的是"报关单信息查询""核注明细查询""可收汇额查询"和"收汇申请明细查询"这四个功能，下面逐一进行介绍。

图 8-14　业务数据查询首页

（1）报关单信息查询

"报关单信息查询"模块供查询出口企业已出口结关的报关单信息。其操作程序为：单击子菜单"报关单信息查询"，将出现如图 8-15 所示的界面；输入出口报关单起止日期，选择相应的贸易方式，单击"提交"按钮显示查询结果（单击"清空"按钮可清空已录入的数据以供重新录入）。如果查到相应数据，则显示如图 8-16 所示的界面。若查询到的数据分多页显示，则"上一页""下一页"按钮会变为亮色，单击即可翻页查看。如果没有查到相关数据，则系统提示："系统没有找到满足条件的记录。""报关单信息查询"模块仅用于查询出口企业使用核销单在海关报关出口的四种贸易方式下的出口报关信息。

项目八 核销退税系统操作实务

图 8-15 报关单信息查询操作界面

图 8-16 报关单信息查询结果界面

(2) 核注明细查询

"核注明细查询"模块仅供查询出口企业已核注的出口收汇信息(包括企业已登记的以邮寄方式出口的无关单收汇信息)。其操作程序为：单击子菜单"核注明细查询"，出现如图 8-17 所示的操作界面；输入起止日期，选择相应的核注类型，单击"提交"按钮，将显示查询结果(如图 8-18 所示)。如果查询到的数据分多页显示，则"上一页""下一页"按钮会变为亮色，单击即可翻页查看。如果没有数据，则系统提示："系统没有找到满足条件的记录。"

图 8-17 核注明细查询操作界面

图 8-18 核注明细查询结果界面

（3）可收汇额查询

"可收汇额查询"模块供查询出口企业贸易项下可收汇余额。其操作程序为：单击子菜单"可收汇额查询"，弹出如图 8-19 所示的界面；该界面显示企业基本信息、所属外汇局基本信息以及各贸易方式下可收汇余额，如果没有可收汇余额，则显示为"0"。出口企业可根据"可收汇额查询"结果，在可收汇余额内向银行申请办理收汇相关业务。对于以邮寄方式出口的无关单收汇，出口企业应提供盖有银行业务公章的涉外收入申报单正本和邮寄货物清单向银行申请办理收汇登记等相关手续。当预收货款可收汇余额不足时，企业可按规定向所属外汇局申请调整。

图 8-19 可收汇额查询界面

（4）收汇申请明细查询

"收汇申请明细查询"的操作程序为：单击子菜单"收汇申请明细查询"，弹出如图 8-20 所示的操作界面。起止日期的设置最长时段不可超过一个月。查询时必须设置时间段。

"收汇申请"提交成功后,并不代表此业务已经完成,网上提交成功后必须及时告知银行,只有银行已成功核注,即此查询结果中的"业务状态"变为"已核注"时,才代表此笔结汇业务的终结。

图8-20 收汇申请明细查询操作界面

2. 业务数据下载

单击子菜单"业务数据下载",会出现"报关单信息下载"和"核注明细下载"两个子菜单(如图8-21所示)。由于在出口企业操作中,一般很少用到这两个模块,因此这里不做介绍。

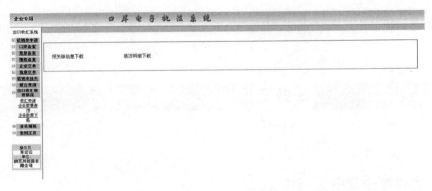

图8-21 业务数据下载界面

2.2.4 退出系统

单击左侧菜单栏上的"返回主页"(如图8-22所示),即返回到中国电子口岸子系统主页,单击界面左上角的"退出系统"按钮,就会退出本系统回到Windows界面。这时,应从读卡器中取回IC卡,妥善保管。需要注意的是,一定要按照以上操作正常退出系统,以避免对企业业务造成不必要的麻烦。

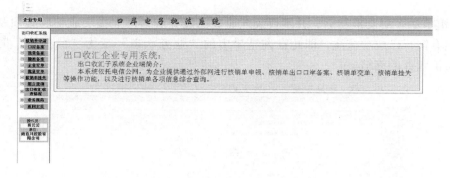

图 8-22　返回主页操作界面

≫知识拓展

企业已向外管局报送核销单及其对应的报关单数据，但在当地外管局无法查询到该票信息，该如何处理？

（1）核销单报送外管局后该核销单对应的报关单信息未作修改

已报送报关单数据在企业交单后，由中国电子口岸数据中心发往外汇总局，再由外汇总局传往各地分局，中间传输环节较多，可能该票数据尚未由外汇总局传输到当地外管局。

（2）核销单报送外管局后该核销单对应的报关单信息已作修改

报关单信息修改后，需要企业再次执行"交单"操作，中国电子口岸数据中心才将此修改信息发往外汇总局。

（资料来源：福步外贸论坛 http：//bbs.fobshanghai.com/thread-2060464-1-1.html，2009）

任务三　出口退税系统

3.1　出口退税程序

出口退税登记的一般程序如下。

1. 有关证件的送验及登记表的领取

企业在取得有关部门批准其经营出口产品业务的文件和工商行政管理部门核发的工商登记证明后，应于30日内办理出口企业退税登记。

2. 退税登记的申报和受理

企业领到"出口企业退税登记表"后，即按登记表及有关要求填写，加盖企业公章和有关人员印章后，连同出口产品经营权批准文件、工商登记证明等证明资料一起报送税务机关，税务机关经审核无误后，即受理登记。

3. 填发出口退税登记证

税务机关接到企业的正式申请，经审核无误并按规定的程序批准后，核发给企业"出口退税登记证"。

4. 出口退税登记的变更或注销

当企业经营状况发生变化或某些退税政策发生变动时，应根据实际需要变更或注销出口退税登记。

3.2 出口退税操作程序

单击"出口退税"按钮，进入出口退税子系统，将出现如图 8-23 所示的界面，以下逐一介绍其子模块的应用操作。

图 8-23　出口退税系统操作界面

3.2.1 结关信息

"结关信息"模块为出口企业提供已结关报关单信息查询功能。企业查询到报关单已结关后，可向海关领取出口货物报关单退税证明联（黄联），用于进行出口退税操作。单击菜单栏"结关信息"，系统将自动列出该企业所有已结关的报关单列表。

单击出口退税系统操作界面左侧的"结关信息"菜单，出现如图 8-24 所示的界面；输入相应的查询内容，将弹出有关本企业的结关电子信息，包括已结关货物的报关单编号、结关日期、申报地海关信息等。

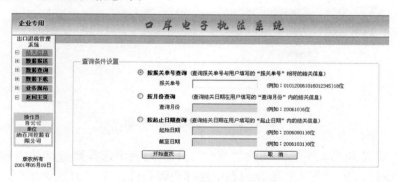

图 8-24　结关信息查询操作界面

单击右上角的"打印"按钮可打印本页显示的本企业结关信息。
单击页面下方的"下一页"或"上一页"按钮，进行信息显示的翻页操作。
企业可以通过查询已离境结关的出口货物报关单号信息，及时向申报地海关申报领取纸质出口货物报关单。

3.2.2 数据报送

单击出口退税系统操作界面左侧的"数据报送",用户可选择子菜单中的"查询报送""选择报送"或"全体报送"(如图8-25所示)。

图8-25 数据报送操作界面

1. 查询报送

(1)单击左侧功能菜单上的"数据报送"后,在子菜单中单击"查询报送",出现图8-26所示的界面。

图8-26 查询报送操作界面

(2)在"定义多重条件"区域的"属性"下拉列表中选择要查询的内容(报关单编号或者出口时间),在"条件"下拉列表中选择查询条件,在"值"文本框输入相应的数值,单击"条件设定"按钮,此时用户设定的条件将显示在上方"按下列条件查询"区域内,多重条件输入重复上述步骤进行添加;单击"开始查找"按钮,系统将按照"按下列条件查询"区域内所列条件进行查询,显示符合条件的报关单号码。对输入的错误的查询条件,可在"按下列条件查询"区域中进行选择,单击"删除"按钮来删除错误条件；单击"新条件查询"按钮，可清除"按下列条件查询"区域中显示的所有条件内容。

（3）用户可以单击按照查询条件查找到的报关单号码，浏览该份报关单的详细内容，通过单击"表头""表体"按钮，查看报关单电子数据的明细项目，如图 8-27 所示。

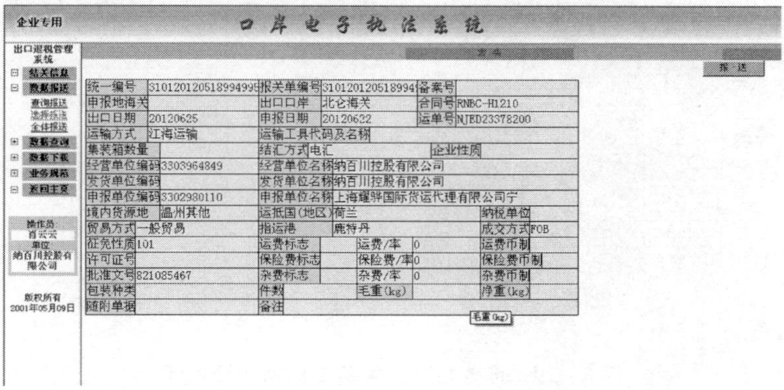

图 8-27　查询报送查询结果

（4）与纸质报关单核对无误后，单击上方的"报送"按钮，此时屏幕会出现对话框，单击"确认"按钮即可完成报送工作。通过此种方式可进行逐票报送。

2．选择报送

选择报送的操作程序为：

（1）单击页面左侧功能菜单上的"数据报送"后，在子菜单中单击"选择报送"，出现如图 8-28 所示的界面。

图 8-28　选择报送操作界面

（2）用户可根据图 8-28 中的报关单号码，浏览该报关单的详细信息，通过单击"表头""表体"按钮，查看报关单电子数据的明细项目。与纸质报关单核对无误后，单击上方的"报送"按钮，此时屏幕会出现对话框，单击"确认"按钮即可完成报送工作。通过此种方式可进行逐票报送。

（3）用户还可以在图8-28中选择准备报送的报关单数据，单击报关单号左侧的"是否报关"复选框，将复选框设为"√"（复选框状态可以通过单击变为"√"或空），选择完成后单击该页面左侧的"报送"按钮进行报送，此时屏幕会出现对话框，单击"确认"按钮即可完成报送工作。通过此种方式可进行逐票报送（如图8-29所示）。

图8-29　准备报送的报关单数据选择界面

（4）用户如需将所有报关单数据进行报送，可单击该页面右上方的"全部选中"按钮，每份报关单数据左侧的复选框全部被设为"√"后单击"报送"按钮，完成报送工作。

（5）单击页面下方的"下一页"或"上一页"按钮，进行信息显示的翻页操作。

（6）已报送过的报关单不可再次报送，"报送"按钮变为灰色，同时报关单状态自动由"未提交""未报送"改为"已报送""已部分提交"或"已全部提交"。

（7）单击页面右上侧的"返回"按钮，可返回本系统主页。

3. 全体报送

全体报送的操作程序为：

（1）单击页面左侧功能菜单上的"数据报送"后，在子菜单中选择"全体报送"，出现如图8-30所示的界面。

图8-30　全体报送数据操作界面

（2）用户可单击"提交"按钮，将本企业未报送的所有出口货物报关单数据进行一次性报送，此时系统出现对话框，提示报送的报关单数据均应核对无误，按"确认"按钮，完成全体报送工作。

（3）单击"返回"按钮，可返回本系统主页。

这里需注意的是，不管通过"查询报送""选择报送"还是"全体报送"报送数据，均应先行将报关单电子数据与纸质报关单进行比对，核对有误的可由企业通过货代向申报地海关申请更改，重新打印纸质报关单；核对无误后方可进行报送。为了方便企业操作，同时避免由于误操作造成企业确认提交的报关单电子数据与纸质报关单不符，建议采用"查询报送"的方式进行报送。经企业确认提交的数据，将由口岸数据中心转给国税机关，作为退税审核的依据之一。若企业在申报退税时，出现纸质报关单有人工改动与税务机关取得的报关单电子数据不一致，则不予办理退税，而必须由企业向海关申请办理重新打印纸质报关单或由海关修改报关单电子数据补传国税机关后，方可重新进行退税申报。

3.2.3 数据查询

单击出口退税系统操作界面左侧的"数据查询"菜单，可选择使用子菜单中的"状态查询"或"综合查询"。

1. 状态查询

在页面左侧的功能菜单上单击"状态查询"，出现如图 8-31 所示的界面。在"报关单号"或"出口日期"文本框中输入出口报关单号码或出口日期，单击"开始查找"按钮，系统将列出本企业已报送或未报送的所有报关单号（如图 8-32 所示）。

图 8-31 数据查询操作界面

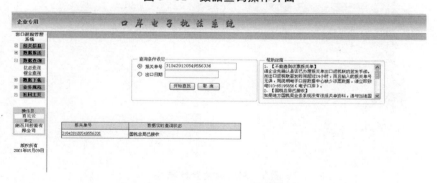

图 8-32 数据状态查询结果

2. 综合查询

单击页面左侧功能菜单上的"数据查询"后，在子菜单中单击"综合查询"，出现如图 8-33 所示的界面。

在页面"定义多重条件"模块可进行复合查询或模糊查询，具体操作为：在"属性"下拉列表中选择要查询的内容（报关单编号或者出口时间），在"条件"下拉列表中选择查询条件，在"值"文本框中输入相应的数值，单击"条件设定"按钮，此时用户设定的条件将显示在上方"按下列条件查询"区域内，多重条件输入重复上述步骤进行添加；单击"开始查找"按钮，系统将按照"按下列条件查询"区域内所列条件查询，显示符合条件的报关单号码（如图 8-34 所示）。

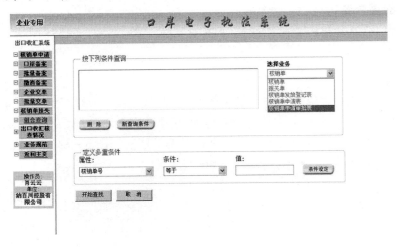

图 8-33　综合查询操作界面

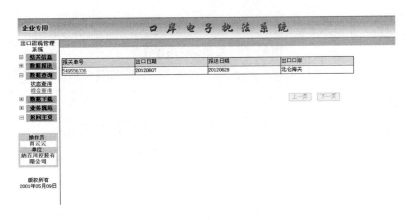

图 8-34　综合查询结果

用户可以单击按照查询条件查找到的报关单号码，浏览该份报关单的详细内容，通过单击"表头""表体"按钮，查看报关单电子数据的明细项目（如图 8-35 所示）。

对输入错误的查询条件，可在"按下列条件查询"区域中进行选择，单击"删除"

项目八　核销退税系统操作实务

按钮,删除错误条件;单击"新条件查询"按钮,可清除"按下列条件查询"区域中显示的所有条件内容。

在此,需特别注意的事项是,企业在网上查询到的相关出口货物结关信息后,应及时向申报海关打印纸质出口货物退税报关单证明联。企业在领取纸质出口退税报关单证明联后,应及时在网上做数据报送操作,未报送的电子数据在网上保留期限最多延至次年三月底。经企业确认报关的电子报关单数据属执法数据,税务机关据此进行退税审核,企业的报送过程负有一定的责任,在报送前应认真核对电子数据与纸质单证是否一致,凡不一致者应及时查明原因,向申报地海关提出修改或者重签申请。由于企业误操作,造成报送后的电子数据与纸质单证不符,可由企业通过货代向海关提出申请,重新打印纸质报关单并进行修改电子数据,修改后的数据由口岸数据中心每月底向国税部门补传,企业不必在网上进行重复报送操作。

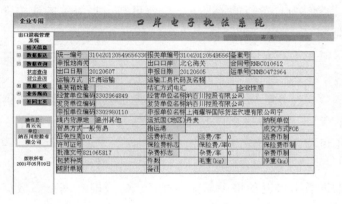

图 8-35　报关单电子数据明细

≪知识拓展

企业已向国税局报送报关单数据,但在当地国税局无法查询到该票信息,该如何处理?

(1) 对于报关单信息报送国税局后未作修改的:已报送报关单数据由中国电子口岸数据中心每日下午 16:00 发往国税总局,请企业最早在报送后第二天再去当地国税局办理申报手续。如果当地国税局在企业报送后第二天仍不能查询到该报关单信息,则可能该票数据尚未从国税总局传输到当地国税局,请与当地国税局联系解决。

(2) 对于报关单信息报送国税局后已作修改的:报关单修改和更正数据由中国电子口岸数据中心于当月最后一天传送给国税总局,再由国税总局传往各地分局,因此当地国税局最早在下月才能查询到该票修改后的信息。

(资料来源:福步外贸论坛 http://bbs.fobshanghai.com/thread-2060464-1-1.html)

知识训练

一、判断题

1. 中国电子口岸系统支持用户对报关单反复交单操作。（   ）

2. 企业出口收汇核销单在中国电子口岸系统上的海关使用状态为"未用，已上传海关，可报关"，但货物实际已放行的情况下，企业可与申报海关的通关部门联系，重新上传核销单验核回执。（   ）

3. 企业应尽量避免重新安装出口收汇核销网上报审系统，且重装时尽可能使用同一台计算机。（   ）

4. 企业报审的数据经外汇局审核通过后，应将相应的出口收汇核销单退税联送到外汇局加盖"已核销章"，以便办理出口退税业务。（   ）

5. 银行水单不可留余额。（   ）

二、单选题

1. 企业在领取纸质出口退税报关单证明联后，应及时在网上做数据报送操作，未报送的电子数据在网上保留期限最多延至（   ）。
  A. 一年后   B. 半年后   C. 次年三月底   D. 次年六月底

2. 如果企业在申报退税时操作失误，造成报送后电子数据与纸质单证不符，那么（   ）。
  A. 企业提供解释说明后，即可重新申报退税
  B. 企业重新打印纸质报关单后，即可重新申报退税
  C. 企业修改报关单电子数据后，在当月月末之前到国税办理退税
  D. 以上说法均错误

3. 企业出口收汇核销网上报审系统初始化和在线登录时，不一定要满足的条件是（   ）。
  A. 企业电脑要正常连接到互联网上
  B. 企业要关闭防火墙软件
  C. IE 浏览器的版本需升级到 5.5 版本或以上
  D. 电脑安装了数字证书和软盘身份证书

4. 关于出口收汇核销网上报审系统和电子口岸系统的安装运行，以下说法错误的是（   ）。
  A. 企业可在一台计算机上安装多个出口收汇核销网上报审系统

B. 电子口岸系统与网上报审系统可以安装在同一台计算机上

C. 原则上要求企业使用 Windows 2000 或 Windows XP 操作系统安装网上报审系统

D. 电子口岸系统要在"电子口岸制卡中心"升级后，才可在 Windows 2000 或 Windows XP 操作系统上运行

5. 关于企业报关单和核销单数据的报送和修改，以下说法正确的是（　　）。

A. 企业通过中国电子口岸系统报送报关单数据后，当日即可到当地国税局办理申报手续

B. 企业在修改报关单电子数据后，当月即可到当地国税局查询该票修改后的信息

C. 企业如发现从外汇局下载的核销单信息数据有误，可直接修改后，再次下载

D. 企业如发现从外汇局下载的核销单信息数据有误，要到海关办理出口报关数据更改手续

三、多选题

1. 企业若丢失了空白核销单，可通过电子口岸系统挂失核销单，挂失的前提是（　　）。

A. 核销单的外汇局状态为"有效"

B. 核销单的外汇局状态为"无效"

C. 海关状态为"未用"

D. 海关状态为"已用"

2. 关于出口退税系统上的数据报送，以下说法正确的有（　　）。

A. 报送前企业应认真核对报关单电子数据与纸质单证，核对无误后方可报送

B. 报关单电子数据与纸质单证不一致的，企业应及时查明原因，向申报地海关提出修改或重签申请

C. 报送方式中"全体报送"优于"查询报送"和"选择报送"，建议采用

D. 企业报送的数据将由口岸数据中心转给国税机关，作为退税审核依据之一

3. 企业登录出口网上报审系统时，系统提示"无效的用户，不能登录本系统"，可能的原因有（　　）。

A. 企业初次登录系统时，组织机构代码输入有误

B. 企业未在外汇管理局办理开户手续

C. 在开户当天登录，企业开户数据还未同步到外网服务器

D. 在两台计算机上安装同一企业用户

4. 关于企业出口收汇核销单的"撤销备案"，以下说法错误的有（　　）。

A. 已备案的核销单要先进行"撤销备案"并获得确认后，才能再次进行口岸备案

B. 某票核销单用于出口报关后，如有需要，用户可撤销该票核销单在某口岸的备案

C. 企业在电子口岸系统上进行撤销备案后需等待备案，海关系统确认后才算正式完成撤销备案

D. 以上说法都对

四、讨论分析题

1. 简述出口收汇核销的基本程序。

2. 简述出口退税的基本程序。

3. 办理出口收汇核销应提交的单证有哪些？

4. 办理出口退税应提交的单证有哪些？

项目八　核销退税系统操作实务

技能训练

1. 请以"核销员"身份，根据销售合同及信用证，简述如何在出口退税系统进行退税操作。

SALES CONFIRMATION

S/C NO.：SHHX98027
DATE：APR. 03，2014

The Seller：HUAXIN TRADING CO.，LTD.
Addres：14TH FLOOR KINGSTAR MANSION，
676 JINLIN RD.，SHANGHAI CHINA

The Buyer：JAMES BROWN & SONS
Address：#304-310 JALAN STREET,
TORONTO, CANADA

Art. No.	Commodity	Unit	Quantity	Unit Price（USD）	Amount（USD）
	CHINESE CERAMIC DINN-ERWARE			CIFC5 TORONTO	
HX1115	35PCS DINNERWEAR & TEA SET	SET	542	23.50	12737.00
HX2012	20PCS DINNERWARE SET 47PCS DINNERWARE SET	SET	800	20.40	16320.00
HX4405	95PCS DINNERWARE SET	SET	443	23.20	10277.60
HX4510		SET	254	30.10	10277.60
					46980.00

TOTAL CONTRACT VALUE：SAY US DOLLARS FORTY SIX THOUSAND NINE HUDRED AND EIGHTY ONLY.

PACKING： HX2012 IN CARTONS OF 2 SETS EACH AND HX1115, HX4405 AND HX4510 TO BE PACKED IN CARTONS OF 1 SET EACH ONLY.
TOTAL：1639 CARTONS

PORT OF LOADING & DESTINATION： FROM：SHANGHAI　　TO：TORONTO

TIME OF SHIPMENT： TO BE EFFECTED BEFORE THE END OF APRIL 2014 WITH PARTIAL SHIPMENT ALLOWED

TERMS OF PAYMENT： THE BUYER SHALL OPEN THOUGH A BANK ACCEPTABLE TO THE SELLER AN ERREVOCABLE L/C AT SIGHT TO REACH THE SELLER BEFORE APRIL 10，2014 VALID FOR NEGOTIATION IN CHINA UNTIL THE 15TH DAY AFTER THE DATE OF SHIPMENT.

INSURANCE： THE SELLER SHALL COVER INSUANCE AGAINST WPA AND CLASH & BREAKAGE & WAR RISKS FOR 110% OF THE TOTAL INVOICE VALUE AS PER THE RELEVANT

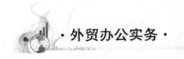

OCEAN MARINE CARGO OF PICC. DATED 1/1/1981.

Confirmed by:

THE SELLER   THE BUYER

THE ROYAL BANK OF CANADA
BRITISH COLUMBIA INTERNATIONAL CENTRE
1055 WEST GEORGIA STREET, VANCOUVER, B. C. V6E 3P3
CANADA

CONFIRMATION OF TELEX/CABLE PRE – ADVISED   DATE: APR 8, 2014
TELEX NO. 4720688 CA   PLACE: VANCOUVER

IRREVOCABLE DOVUMENTARY CREDIT	CREDIT NUMBER: 14/0501 – FTC	ADVISING BANK'S REF. NO.
ADVISING BANK: SHANGHAI A J FINACE CORPORATION 59 HANGKONG ROAD SHANGHAI 200002, CHINA	APPLICAN: JAMES BROWN & SONS #304 – 310 JALAN STREET, TORONTO, CANADA	
BENEFICIARY: HUAXIN TRADING CO., LTD. 14TH FLOOR KINGSTAR MANSION, 676 JINLIN RD., SHANGHAI CHINA	AMOUNT: USD46,980.00 (US DOLLARS FORTY SIX THOUSAND NINE HUNDRED AND EIGHTEEN ONLY)	
EXPIRY DATE: MAY 15, 2014	FOR NEGOTIATION IN APPLICANTS COUNTRY	

GENTLEMEN:
WE HEREBY OPEN OUR IRREVOCABLE LETTER OF CREDIT IN YOUR FAVOR WHICH IS AVAILABLE BY YOUR DRAFTS AT SIGHT FOR FULL INVOICE VALUE ON US ACCOMPANIED BY THE FOLLOWING DOCUMENTS:
+ SIGNED COMMERCIAL INVOICE AND 3 COPIES
+ PACKING LIST AND 3 COPIES, SHOWING THE INDIVIDUAL WEIGHT AND MEASUREMENT OF EACH ITEM.
+ ORIGINAL CERTIFICATE OF ORIGIN AND 3 COPIES ISSUED BY THE CHAMBER OF COMMERCE.
+ FULL SET CLEAN ON BOARD OCEAN BILLS OF LADIG SHOWING FREIGHT PREPAID CONSIGNED TO RODER OF THE ROYAL BANK OF CANADA INDICATING THE ACTUAL DATE OF THE GOODS ON BOARD AND NOTIFY THE APPLICANT WITH FULL ADDRESS AND PHONE NO. 77009910
+ INSURANCE POLICY OR CERTIFICATE FOR 130 PERCENT OF INVOICE VALUE COVERING: INSTITUTE CARGO CLAUSES (A) AS PER I. C. C. DATED 1/1/1982.
+ BENEFICIARY'S CERTIFICATE CERTIFYING THAT EACH COPY OF SHIPPING DOCUMENTS HAS BEEN FAXED TO THE APPLICANT WITHEIN 48 HOURS AFTER SHIPMENT.

COVERING SHIPMENT ;
4ITEMS TEMS OF CHINESE CERAMIC DINNERWARE INCLUDING: HX1115 544SETS, HA2012 800SETS, HX4405 443SETS AND HX4510 245SETS
DETAILS IN ACCORDANCE WITH SALES CONFIRMATION SHHX98027 DATED APR. 3, 2014.
【】FOB/ 【】CFR/ 【】CIF/ 【】FAS TORONTO CANADA

SHIPMENT FROM SHANGHAI	TO VANCOUVER	LATEST APRIL 30, 2014	PARTIAL SHIPMENTS PROHIBITED	TRANSSHIPMENT PROHIBITED
DRAFTS TO BE PRESENTED FOR NEGOTIATION WITHIN 15 DAYS AFTER SHIPMETN, BUT WITHIN THE VALIDITY OF CREDIT. ALL DOCUMENTS TO BE FORWARDED IN ONE COVER, BY AIRMAIL, UNLESS OTHERWISE STATED UNDER SPECIAL INSTRUCTIONS.				
SPECIAL INSTRUCTIONS: ALL BANKING CHARGES OUTSIDE CANADA ARE FOR ACCOUNT OF BENEFICIARY + ALL GOODS MUST BE SHIPPED IN ONE 20' CY TO CY CONTAINER AND B/L SHOWING THE SAME + THE VALUE OF FREIGHT PREP AID HAS TO BE SHOWN ON BILLS OF LADIG + DOCUMENTS WHICH FAIL TO COMPLY WITH THE TERMS AND CONDITIONS IN THE LETTER OF CREDIT SUBJECT TO A SPECIAL DISCREPANCYHANDLING FEE OF USD35.00 TO BE DEDUCTED FROM ANY PROCEEDS.				
DRAFT MUST BE MARKED AS BEING DRAWN UNDER THIS CREDIT AND BEAR ITS NUMBER; THE AMOUNTS ARE TO BE ENDORSED ON THE REVERSE HEREOF BY NEG. BANK. WE HEREBY AGREE WITH THE DRAWERS, ENDORSERS AND BONA FIDE HOLDER THAT ALL DRAFTS DRAWN UNDER AND IN COMPLIANCE WITH THE TERMS OF THIS CREDIT SHALL BE DULY HONORED UPON PRESENTATION. THIS CREDIT IS SUBJECT TO THE UNIFORM CUSTOMS AND PRACTICE FOR DOCUMENTARY CREDITS (1993 REVISION) BY THE INTERNATIONAL CHAMBER OF COMMERCE PRBLICATION NO. 500. DAVID JONE YOURS VERY TRULY, JOANNE SUSAN AUTHORIZED SIGNATURE AUTHORIZED SIGNATURE				

2. 根据如下货物明细，阐述如何在出口收汇核销系统备案并进行核销操作。

出口商：

WENZHOU LIGHT INDUSTRIAL PRODUCTS ARTS & CRAFTS

IMPORT & EXPORT CO., LTD

NO.8 LIMING ROAD, WENZHOU, CHINA

进口商：

"ALLIANCETRADE AND CO" LLC

5, STRELNIKOVA STR., VLADIVOSTOK

SVETLANSKAYA STR., 3

TEL：89089853326

发票号：KF75028-2

出口口岸：NINGBO   目的港：VLADIVOSTOK   贸易国别：RUSSIA

贸易性质：一般贸易   收汇方式：T/T   境内货源地：台州

价格条件：FOB NINGBO

唛头： TSC

    GEAR FILTER

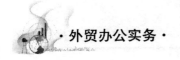

ITEM NO.:

货名规格及货号	H.S 编码	件数（CTNS）	数量（PCS）	毛重（KGS）	净重（KGS）	总价（USD）
GEAR FILTER	8708409990	24	384	178	154	935.52
FUEL PUMP	8413302900	10	400	220	200	1560.00

3. 正昌公司与国外某进口企业完成了一笔机器设备的出口交易。正昌公司的业务员小李收到货代公司寄来的海关退回的出口收汇核销单和报关单。1个月后，小李想对这笔业务进行核销退税操作。当登录中国电子口岸系统进行关联报审数据时，发现没有收汇数据，假如你是小李，对这种情况你将怎样进行分析和操作？

4. 温州某一出口公司出口了一批女式睡衣到纽约。该公司的核销员在出口收汇核销网上报审核销时，发现报审的数据经外汇局审核不通过，假如你是该名核销员，你将如何进行操作？

项目九　会议服务

✓ 任务目标

- 了解会议活动的基本要素及种类
- 掌握会议筹备阶段的各种服务工作
- 掌握会议进行中的各种服务工作
- 掌握会后的各种服务工作

✓ 任务导入

华夏企业家协会举办了"华夏公司"融资操作研讨会,此次会议邀请了国内外一批顶尖的经济学家、管理学家到场发表演说,各大媒体闻风而动,齐聚会场。商务文员邓林负责会议的信息宣传工作。她因事先对情况估计不足,当许多记者向她索要新闻稿、宣传资料、专家讲座大纲时,无法满足对方的要求,协会领导向她询问各大媒体对会议的报道情况时,她也没有做好剪报收集、留齐各种资料(文字资料、音像资料、图片资料等)的工作,无法为领导提供适用的信息。请问邓林出了什么问题?

本项目将介绍有关会议服务的内容。

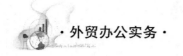
・外贸办公实务・

任务一　会议概述

1.1　会议的含义、作用及特征

会议是指在遵守国家法律和遵循一定的会议规则的前提下，围绕一定的议题，三个人以上（包括三个人）在一起共同商讨（商议）问题（议题），以便达到或互通情况，或交流思想，或得出结论，或达成协议，或作出决议（决定）等有目的、有组织、有领导的活动。

随着社会的不断发展和信息流量的迅速增加，会议形式越来越受到人们的重视。会议的作用是多方面的，不同类型的会议显现出来的作用是不同的。但总的说来，大多数会议都有以下五个方面的作用：第一，集思广益、发扬民主、科学决策；第二，交流信息，发挥信息共享、开发智力；第三，推动工作；第四，协调矛盾、统一思想、交流情感；第五，国际交流、跨文化的沟通。

会议具有目的性、组织计划性、群体沟通性及交流方式多样性等特征。

1.2　会议活动的基本要素

会议活动包括人员、名称、议题、时间、地点、方式及结果七大基本要素。

1. 会议人员

会议人员指会议主体、会议客体及其他与会议有关的人员。会议主体是指主要策划、组织会议的人员，包括主办者、承办者、支持单位、赞助单位、协办单位等。会议客体即参加会议的对象，包括正式成员、列席成员、特邀成员、旁听成员。其他与会议有关的人员，包括主持人、会议秘书人员和会议服务人员等。

2. 会议名称

会议名称要求能概括并能显示会议的内容、性质、参加对象、主办单位，以及会议的时间、届次、地点、范围、规模等。如"可口可乐（中国）饮料有限公司2014年销售会议"。

3. 会议议题

会议议题是根据会议目标来确定并付诸会议讨论或解决的具体问题。会议议题的主要作用：一是准确、具体地体现会议的目标，为目标服务；二是引导和制约会议的发言。

4. 会议时间

会议时间是指会议的召开时间和会期两个方面。

5. 会议地点

应根据会议的性质和规模，来综合考虑会场的大小、交通情况、环境与设备是否适合等因素。有些重要会议在选择会议地点时，还要考虑其政治影响或经济效果。

6. 会议方式

会议的主要方式有现场办公会、座谈会、观摩会、报告会、调查会、电话会等。随着电讯媒体的广泛运用，有些企业已采用"虚拟实境会议"，也就是"视频会议"，还有有线电视、卫星传讯等手段，使得企业在开会方式上得到空前的发展。

7. 会议结果

会议结果，即会议结束时实现目标的情况。会议结果通常可以通过会议决议、合同、条约、协定、声明等文件的形式记载下来，可以归档保存，也可以直接传达。

1.3 会议的种类

按规模划分，会议可分为：小型会议、中型会议、大型会议、特大型会议。
按内容划分，会议可分为：综合性会议、专题性会议。
按性质划分，会议可分为：决策性会议、非决策性会议。
按所跨的地域范围划分，会议可分为：国际性会议、全国性会议、地区性会议、部门性会议。
按目的划分，会议可分为：说明会议、研究会议、解决问题会议、沟通协调会议、创意会议。
按形式划分，会议可分为：圆桌会议、公开讨论会议、代表人会议、演讲型讨论会、小组讨论会、议会型讨论、头脑风暴会议、远程电信会议。
按职级划分，会议可分为：股东会议、董事会、高级管理人员会议、中层管理人员会议、职工大会、部门会议。

任务二 会议筹备

"凡事预则立，不预则废"，虽然会议有多种类型，但任何一个会议都需要有相应的计划，秘书在做会议的筹备工作时，首先要根据召开会议的基本情况，拟订详细的会议计划。

2.1 拟订会议计划

2.1.1 拟订会议计划的基本要素

会议计划的基本要素包括名称、议题、时间、地点、参与人员等。

2.1.2 成立会务工作机构

大中型会议的筹备和服务工作不可能靠一两个人完成,而是需要组建会议筹备机构。一般来讲,会议筹备机构要分成几个小组,各组分工明确,相互协调,既熟记本岗位职责,又要胸有全局。一般而言,重要的会议,单位委派一位领导担任会议的总协调,由会务组负责向主管领导汇报,其他小组配合会务组负责人的安排,如有异议,可向主管领导申诉。在会议召开前,主管领导一般要召开三次筹备会,会议筹备伊始召开第一次会议进行动员及小组分工负责;第二次检查进度,解决问题;第三次,即会前总检查,以确保会议圆满举行。

一般的小型会议,只设立会务组负责全部事宜。有些单位,会务工作由办公室全面负责。各小组的职责分工一般如下所述。

(1) 会务组:负责会务组织、会场布置、会议接待签到等会议的组织、协调工作。

(2) 秘书组:负责拟写会议方案,准备各种会议文件和资料,做好会议记录,编写会议纪要、简报等工作。

(3) 接待组:负责生活服务、交通疏导、医疗服务等工作。

(4) 宣传组:负责会议的录音录像、娱乐活动、照相服务和对外宣传报道。

(5) 财务组:负责会议经费的统筹使用和收费、付账工作。

(6) 保卫组:负责防火、防盗、人身安全和财务安全、保密工作。

2.1.3 制定会议预算

会议活动是一项消费活动,举行任何会议都要消耗一定的人力、物力、财力。因此,会务工作机构及会务人员应当本着勤俭办会的原则,对会议的经费及各项支出做出预算,并提出筹集会议经费的方法、渠道,报领导者审批。

会议经费通常包括以下几个方面。

(1) 交通费用

出发地至会务地的交通费用——包括航班、铁路、公路、客轮,以及目的地车站、机场、码头至住宿地的交通。

会议期间交通——主要是会务地交通费用,包括住宿地至会所的交通,会所到餐饮地点的交通、会所到商务交际场地的交通、商务考察交通以及其他与会人员可能使用的预定交通。

欢送交通及返程交通——包括航班、铁路、公路、客轮及住宿地至机场、车站、港口的交通费用。

(2) 会议室费用

(3) 住宿费用

(4) 餐饮费用

(5) 旅游费用

(6) 设备视听费用

(7) 宴请及演出费用

(8) 培训费或讲演费

(9) 预计外支出

制作会议经费预算一方面要本着勤俭办会、节约办会的原则，尽量降低会议的成本；另一方面要有一定的弹性，即注意留有余地，详细制作可参照表9-1所示。

会议经费的筹措途径包括：由行政事业经费划拨、主办者分担、与会者分担个人费用、社会赞助、转让无形资产使用权等。

表9-1 会议费用预算明细表

名 称	序 号	项 目	数 量	价 格	备 注
酒店费用	1	房费			
	2	餐费			
	3	会议室			
	4	布标			
	5	会议茶歇			
	6	其他			
会务费用	7	接站费用			
	8	送站费用			
	9	资料袋			
	10	签字笔			
	11	笔记本			
	12	集体照			
	13	资料复印			
	14	礼品			
	15	水果			
	16	鲜花等盆栽			
	17	其他			
考察费用	18	门票			
	19	风味餐			
	20	市内交通			
	21	矿泉水			
	22	其他			

2.2 拟定会议议程、日程、程序

2.2.1 会议议程、会议日程、会议程序的内容

会议议程是会议主要活动的安排顺序，它主要是对议题性活动的程序化，即将会议的议题按讨论、审议和表决的次序编排并固定下来，反映议题的主次、轻重、先后。会议议程起着维持会议秩序的作用。大中型会议的议程一般安排：开幕式，领导和来宾致辞，领导作报告，分组讨论，大会发言，参观或其他活动，会议总结，宣读决议，闭幕式。

会议日程是把一天中会议议程规定的各项活动按单位时间具体落实安排，它不仅细化围绕会议议题的全部活动，还包括会议过程中其他的辅助活动，如聚餐、参观、考察、娱乐等。

日程是表明会议发展的进程，同时也是对完成各项议程需要时间的预测和必要的限

制，以提高会议的效率。

会议程序是指在一次具体的会议中按照时间先后排列的详细的活动步骤。会议程序可以让与会者了解每次具体的会议活动的内容及时间顺序，同时也是会议主持人掌握会议的操作依据。

以举行颁奖、选举、揭牌等仪式为主的会议活动，一般只制定会议程序。

会议议程、会议日程和会议程序都是关于会议活动先后顺序的安排。它们之间的区别在于：

会议议程是整个会议活动顺序的总体安排，但不包括会议期间的辅助活动，其特点是概括、明了；会议日程是将各项会议活动（包括辅助活动）落实到单位时间，凡会期满一天的会议都应当制定会议日程；会议程序则是一次具体会议活动的详细顺序和步骤，会期较短、议题较少并且较为灵活的会议只需制定一份会议议程即可。

2.2.2 会议议程和会议日程的制定程序

1. 会议议程的制定程序

（1）明确目标和参加者

要清楚为什么要开会以及哪些人将到会。

①明确目标。通过会议要取得什么样的成果（比如更深入地了解、获取更多的信息或是达成某种共识）。

②在会议议程上陈述目标。要让参加者知道会议预期的成果是什么以及对他们的参加有哪些期待（如提出想法、缩小意见的范围或者作出决策）。除了要在议程上把目标陈述出来之外，还要在会议的开始口头再次重申目标。

③列出会议参加者。会议议程还应该包括所有参加会议的人和任何可能涉及的责任人员，这样参加者才能准确地知道哪些人将到会，以及他们将承担什么样的职责。

（2）安排各议程事项的时间

考虑会议的时间长短以及内容的顺序。

①会议长短。会议时间超过两小时或者涉及的问题太多，会议效率都会下降。如果议程要求的时间很长，那么可以安排一系列的短时间会议。对待很长的报告，可以要求演讲者提交一份书面报告以利于记录，但在口头报告时必须只涉及最重要的项目或者只是那些需要集体进行讨论的事项。

②敏感话题。可以把最重要的事项安排在开头，即使它们是敏感话题，这样就可以留出足够的时间来处理它们，也就不用担心由于参加者知道后面还有一项重大的争议问题而对后面的问题不集中精力。或者，必须决定希望把敏感话题安排在哪项议程上。如果认为会议一开始就出现重大不一致将会使会议难以有效地进行下去，那么可以把这些敏感的话题保留到会议的最后。但一般会将涉及秘密事项的议程安排在最后。

在编排议程的时候，要遵循以下两个原则：

一是按照问题的轻重缓急编排处理的先后次序。这样做的好处是：就算在预定的会议时间内无法将全部问题处理完毕，但起码较紧要的问题已被处理。那些较不紧要的问题则可另择时间或并入下次会议再予处理。

二是每一个问题应预估所需的处理时间并清楚地标示出来。会议就席可让某些人只参与与他们有关的某些特定问题的讨论，某些人可晚到，也可以让某些人提早离开。

（3）确定每一项议程

对议程上的每一项内容，参加者应清楚地了解如下内容。

①目标。每一项议程的目标是什么？为什么让大家进行讨论？如何做出决策？

②准备及贡献。与会者应该做哪些具体的准备？他们应该阅读、检查或者思考什么东西？组织者期望他们做出什么具体的贡献？组织者应该让他们知道你的期望是什么，比如说，"思考这条建议的合理及不合理之处"或者"在会前提出五个想法"等。

③时间安排。对每一个话题是怎样安排时间的？组织者这种时间安排有多严格？如果组织者希望对议程的时间安排进行修改，会在会议中怎样对它们进行修改（比如说是按照组织者自己的决定还是遵从团队的决定）？

④演讲者。谁负责对每一项议程进行解释或是主持每项议程的讨论？是否是组织者亲自主持整个会议？是否安排了几个不同的演讲者？

⑤提前分发会议议题。如果你希望从他人那里获得意见和想法，就要在会议之前给他们时间考虑会议的议题，而不能到了开会的时候才分发议题。对于那些复杂的财务或分析性质的议题，要提前一周分发出去；对于不太复杂的议题，也要提前几天分发下去。

（4）决定会议讨论形式

可以考虑从下面这几个形式中进行选择。

①典型的会议形式。大多数会议采取自由讨论的形式，以作出一个决定为结束。但是因为这种形式是非程式化的，讨论通常会持续很长时间，有强势性格的人通常会控制整个会议，因此参加者通常迫于群体压力而摇摆不定，最后也想不出什么办法。

②头脑风暴形式。大多数人都听过"头脑风暴"这个词，但是还没有能够有效地利用这种会议形式。头脑风暴的形式可以很有乐趣而且很有效果，但是只有当协调人能够很有效地确保参加者遵守下面三条基本准则才行：第一，在会议开始之前进行准备，想出尽可能多的办法——想法越特殊、越有创意、越与目前政策不一致越好；第二，在会议进行过程中，追问其他人的想法，进行自由的联想，并思考出其他新的想法；第三，不要批评或评论其他任何的建议或想法，要等到所有的想法都说完之后再进行评论。

③团队列名方法。这种方法是头脑风暴的高度结构化形式，能够保证每一个人都参与到其中而且没有一个人会控制整个会议。使用这种方法应做到：第一，在会议开始前，参加者用书面的形式将他们每个人的想法分别列出来；第二，会议协调人或场记不分先后顺序地在题板或黑板上记下每个人的想法；第三，团队讨论所有不清楚的事项以保证他们已经理解了每一项内容，之后才能开始讨论和评估。

④小型团队。在一个更小的群体中，人们往往会更加自由和舒心地进行讨论，因为小群体的氛围相对来说没有那么公开，所以没有人会有局促不安之感。在各小组讨论之后，每一个小组都要向全体到会者提供一份书面或者口头的总结，把这份总结作为团队讨论的基础。

（5）决定会议决策的方式

让参加者提前知道会上将以什么方式作出决策。在某些情况下，要让他们知道会议只

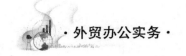

是用来讨论问题而不是要作出什么决定,这样他们就不会因为期待作出决定而感到沮丧了。决定会议决策一般通过会议表决的方式实现。

2. 会议日程的编制方法

(1) 制定日程表时,应注意议题所涉及各种事物的习惯性顺序和本企业章程有无对会议议程顺序的明确规定。

(2) 制定日程表之前还须明确会议活动的人员、日期和时间、地点、有关的餐饮安排。

(3) 宣布议程,然后说明一些有关此次会议事务性的内容,之后再安排讨论的问题。

(4) 尽量将同类性质的问题集中排列在一起,这样既便于讨论,也便于有关列席人员到会和退席。

(5) 保密性较强的议题,一般放在后面。

2.2.3 注意事项

1. 会议议程和日程的区别

会议议程是对会议所要通过的文件、所要解决的问题的概略安排,并冠以序号将其清晰地表达出来,并在会前发给与会者。会议日程是指会议在一定时间内的具体安排。一般采用简短的文字或表格形式,将会议时间分别固定在每天上午、下午、晚上三个单元里,使人一目了然,如有说明可附于表后,会前发给与会者。

会议议程和日程的功能不同,议程的编制应在前,议程一旦确定,就不应再变。会议日程在时间、地点、人员等问题上,如遇变化,可相应调整。

2. 正确处理会议临时动议

一般情况下(紧急情况下例外)不应搞临时动议。如果有一些特殊的原因需要研究临时动议,应该先与会议主要负责人及时沟通,要考虑议题的内容、会议进度、时间、与会者对该议题的反应和关系程度等许多方面,如果确定要搞临时动议,也要和与会代表、相关人士解释清楚,尽量节省时间,控制好节奏,提高效率。

2.3 制发会议通知

会议通知是向与会者传递召开会议信息的载体,是会议组织者同与会者之间会前沟通的重要渠道。制发会议通知是会前准备的重要环节。

2.3.1 会议通知的种类与方式

会议通知的种类与方式多种多样,如当面告知、打电话、发传真和电子邮件、邮递、招贴、广播、登报等。每一种通知的方式各有特点,可以根据会议的性质、参加的范围、时间的缓急和保密要求选择适当的通知方式,必要时可以同时使用两种以上的方法,以确保有效性。

1. 按通知的形式可分为口头通知和书面通知

口头通知,如当面通知、电话通知,具有方便、快捷、即时的优点,但容易遗忘。书面通知尽管需要打印、分发或者邮寄,手续较多,时间较慢,但显得严肃、庄重,而且具有备忘的作用。重要会议应当使用书面通知。

2. 按通知的性质可分成预备性通知和正式通知

预备性通知先于正式通知发出，其作用主要是请与会者事先做好参加会议的准备。凡需要事先征求与会者的意见，或者需要与会者事先提交论文、报告、答辩和汇报材料，或者先报名然后确定与会资格的会议，应当先发预备性通知；待议程、时间、地点以及与会资格确定后，再发正式通知。

3. 按通知的名称分为会议通知、邀请信（函、书）、请柬、海报、公告等

会议通知用于研究工作、进行决策的会议，发送对象是会议的当然成员和法定成员，本机关或本单位内部的工作人员，下级机关或所属单位、受本机关或本单位职权所制约的单位。

邀请信一般用于横向性的会议，具有礼节性，发送对象是不受本机关职权所制约的单位以及个人，如召开学术性会议或者技术鉴定会，以发邀请信为宜。

请柬主要用于举行仪式类活动，如开幕式、竣工仪式、签字仪式等。发送对象一般都是上级领导、社会人士、兄弟单位等，多使用书面语，语言恭敬儒雅。有时，举行一次会议需要根据不同对象分别使用"会议通知""邀请信"和"请柬"。

海报是一种公开性的会议通知形式，通常采用招贴的方式，主要用于可以自由参加的学术性报告会。

公告是一种专门用于股份公司召开股东大会时，通过登报发出的会议通知。

2.3.2 会议通知的内容

会议通知的内容要尽可能详尽、明确。这是在会议准备工作中对秘书人员的一项基本技能要求。会议通知的内容包括以下几项。

（1）标题。有两种标题格式：第一种，主办机关名称＋会议名称＋"通知"；第二种，只写"会议通知"或"通知"。

（2）通知对象。通知对象可以是单位或个人。

（3）正文。正文包括：①会议的目的；②名称和主题；③会议的时间；④会议的地点，必要时画出交通简图，标明地理方位及抵达的公交线路，以方便与会者；⑤参加对象；⑥其他事项。

（4）落款与日期。最后要写明主办单位的全称，并注明发出通知的日期。

2.3.3 会议通知的发出

在拟写完会议通知后，应及时发出会议通知，让与会者做好充分的准备。同时，还要恰当把握通知的发送时间。如发送过早，容易被人忘记；如发送过晚，与会人员准备不足，影响会议效果。

会议通知的发送，要恰当把握发送时间，应让与会者在接到通知后，能够从容做好赴会准备，并能准时到达会议场所为宜。如果是需要回复的会议通知或预备通知，还可夹入一张明信片，上面注明本公司地址、邮编、电话、发信人姓名，以便对方有时间考虑并能及时回复。重要会议的通知发出以后，还要及时用电话与对方联系，询问对方是否收到和是否赴会，予以确认。

2.4 布置会场

2.4.1 会场整体布局的要求

会场布置包括主席台设置、座位排列、会场内花卉陈设等许多方面,要保证会议的质量,会议的整体布局要做到以下几点。

(1) 庄重、美观、舒适,体现出会议的主题和气氛,同时还要考虑会议的性质、规格、规模等因素。

(2) 会场的整体格局要根据会议的性质和形式创造出和谐的氛围。

(3) 大中型会议要保证一个绝对的中心。因此多采用半圆形、大小方形的形式,以突出主持人和发言人。大中型会场还要考虑进场、退场的方便。

(4) 小型会场要考虑集中和方便。

2.4.2 主席台座次和场内座次的要求

主席台是与会人员瞩目的地方,也是会场布置工作的重点。各种大中型会议均应该设主席台。座谈会和日常工作会议一般不设主席台或主席桌。无论是否设置主席台,都要注意使会议主持人面向与会人员,避免同与会人员背向的现象。另外,一般会议不必把众多的领导人都请上主席台,只请讲话人和主持人即可。

2.4.3 会场布置的工作程序

1. 会场整体布局安排

(1) 确定会场形式。目前,国内外常见的会场形式有十几种,如圆形、椭圆形、长方形、T字形、三字形、马蹄形、六角形、八角形、回字形、倒山字形、而字形、半圆形、星点形、众星拱月形等。不同的会场形式取决于会议内容、会场的大小和形状、会议的需要及与会人数的多少等因素。另外,主席台的布置要注意整体性的和谐,如果是工作会议,主席台的布置基调应为蓝、绿色;如果是庆典、表彰性的会议,主席台的基调应为红、粉色。

(2) 合理摆放桌椅。开会用的桌椅也有讲究,视不同会议的不同需要决定是否用桌椅,用什么样的桌椅。座椅有软椅、硬椅之分,软椅中又有沙发、扶手椅、一般软椅之别。本着既要开好会,又要考虑到与会人员身体需要的原则,不同类型的会议需要摆放不同的座椅。

(3) 布置附属性设备。

①音响布置:扩音设备、耳机、同声翻译、麦克风等。

②声像布置:立体电视、激光、全息电影、组合录像、电脑控制的多镜头幻灯等。

③其他布置:温度、湿度、照明、通风、卫生设施、电源插座等。

④装饰布置:装饰性布置包括会标、标语口号、会徽、旗帜、花卉、字画等的选择和布置。

2. 主席台的座次和场内座次安排

(1) 安排主席台的座次。会议主席台就座者都是主办方的负责人、贵宾或主席团成员，安排座位时应注意以下惯例。

①依职务的高低和选举的结果安排座次。职务最高者居中，然后按先左后右、由前至后的顺序依次排序。正式代表在前居中，列席代表在后居侧。

②为工作便利起见，会议主持人有时需在前排的边座就座，有时可按职务顺序就座。

③主席台座次的编排应编制成表，先报主管上司审核，然后贴于贵宾室、休息室或主席台入口处的墙上，也可在出席证、签到证等证件上标明。

④在主席台的桌上，于每个座位的左侧放置姓名台签。

（2）安排场内其他人员的座次。小型会议室的座位，应考虑与会者就座的习惯，同时要突出主持人、发言人。要注意分清上下座，一般离会场的入口处远、离会议主席位置近的座位为上座；反之，为下座。会议的主持人或会议主席的位置应置于远离入口处、正对门的位置。大中型会场内座次的安排，如代表会议、工作会议、报告会议等类型的会议需要安排场内其他人员的座次，常见的安排方法有三种：

①横排法。即以参加会议人员的名单以及姓氏笔画或单位名称笔画为序，从左至右横向依次排列座次的方法。

②竖排法。即按照各代表团或各单位成员的既定次序或姓氏笔画从前至后纵向排列座次的方法。将正式代表或成员排在前，职务高者排在前，列席成员、职务低者排在后。

③左右排列法。即以参加会议人员姓氏笔画或单位名称笔画为序，以会场主席台中心为基点，向左右两边交错扩展排列座位的方法。

2.5 安排会议食宿

2.5.1 会议餐饮的常识和工作程序

1. 会议餐饮的常识

（1）餐饮安排的原则是让代表吃好而又不浪费。

（2）就餐大体上是一个标准，要适当照顾少数民族代表和年老体弱者。确定好伙食标准和进餐方式，照顾南北不同代表的口味。

（3）商务文员应提前到现场布置并检查组织工作的落实情况，并事先将座位卡及菜单摆上。

（4）座位的通知除在请柬上注明外，还可在宴会上陈列宴会简图，标出全场座位以及全体出席者位置，还可用卡片写好姓名席位，发给本人。

2. 安排会议餐饮

（1）根据会议的经费和人员情况决定会议餐饮的标准。一般由主办方负责付费的会议餐饮标准，都要根据会议经费的预算，量入为出，制定统一的餐费标准。由与会者自己付费的餐饮，会议一般要给予一定的补贴。

（2）就餐方式可根据会议的规模和性质来确定，提倡实行自助餐制和分餐制。一般性的会议除了开头和结尾的宴会采取包桌形式，大多采取自助餐的方式。自助餐方便卫生，俭朴节约。

（3）事先与提供餐饮的单位确定餐饮时间和地点。

（4）事先设计和确定就餐的凭证。

（5）要与饭店一起确定菜单，饮食要卫生可口、品种多样。会议餐饮的菜肴要精致可口、赏心悦目、特色突出；要照顾不同国家、不同民族与会人员的饮食习惯、风俗、禁忌；还要冷热、甜咸、色香味搭配，并为有饮食禁忌的人员单独安排菜单。

（6）事先要准备好干净的饮食用具。

（7）给因开会或服务工作误了用餐的人员预留饭菜。

（8）做好饮水、饮料的供应。

3. 会议餐饮的类型和标准

根据宴请目的、出席人员的身份和人数的多少，可将宴请分为：正式宴会、便宴、酒会、茶会、工作餐等。

（1）早餐。早餐食物的选择范围很大。可以是正规的复杂早餐，也可以是自助早餐。品种多样的自助早餐会让人各取所需，比较随意。

（2）会场休息期间的茶歇。一般供应咖啡、茶或其他饮料。

（3）午餐。午餐不宜大吃大喝，以免影响下午的会议安排。

（4）正式晚餐。晚餐食物的选择既要考虑到营养和健康，又要考虑到出席者的口味和特色。

（5）招待会。它可以作为正式餐宴的引子，也可以仅举行招待会。招待会的目的决定了招待会的食品选择。为将以上工作做好，应努力为与会者选择健康的、美味的、人们爱吃的配餐，以便在会议期间的每一天与会者们都感到精神饱满，心情愉快。

2.5.2 会议住宿的常识和工作程序

在选择住宿的招待所、饭店、宾馆、会议中心时，要充分考察其基本设施是否齐全，安全性如何，价格是否合理，地点是否方便，环境是否安静、整洁，然后综合进行选择。要是由与会者自己支付住宿费，就需选择几家价格、条件不等的招待所、饭店、宾馆或者是同一家宾馆不同的标准的客房供其选择。

1. 会议住宿的常识

（1）要提前编制住宿方案。

（2）长者、尊者、领导要适当照顾。

（3）具体安排住宿时，要根据与会人员职务、年龄、健康状况、性别和房间条件综合考虑，统筹安排。

（4）有时还要按地区集中，统筹安排。

（5）不同标准的房间要作合理分配，一般是根据房间的不同规格并结合代表具体情况列出住宿表。

（6）报经有关领导审定后，按表分配住宿，做到有条不紊。

2. 安排会议住宿

（1）安排方式的选择。

（2）预订会议住宿的程序。

(3) 确定会议住宿的程序。

3. 会议房间的分配

(1) 如果由主办方支付费用,则需按其职务标准安排住房,除了部分嘉宾和主办方的领导,其他与会人员的住宿标准应相近。
(2) 年龄较大的与会者和女性应尽量安排到向阳、通风、卫生条件较好的房间。
(3) 注意尽量不要把汉族与会者与有禁忌的少数民族与会者安排在同一房间。
(4) 可预先在会议回执上将不同规格的住宿条件标明,请与会者自己选择预订。

2.6 准备会议资料、会议用品

2.6.1 会议资料的类型和准备

1. 会议资料的类型

(1) 来宾资料:会议手册、宣传材料、会议管理性材料。
(2) 会议资料:开会的请示、提交会议审批的文件、会上用的文件、会议宣传性文件。
(3) 沟通资料:来宾登记表、住宿登记表、用餐分组表、会务组成员通信录。

2. 会议资料的准备

(1) 来宾资料袋内容:会议手册、会议文件资料、分组名单、笔记本、文具、代表证、房号、餐券等。
(2) 会务资料内容:接站一览表、来宾登记表、住宿登记表、用餐分组表、订票登记表、会议讨论分组表、会务组成员通信录。
(3) 沟通资料内容:会议参考文件、会议宣传文件资料、各种记录、各种会议协议和合同以及相关资料。

2.6.2 会议用品的类型和准备

1. 会议用品的类型

(1) 必备用品和设备是指各类会议都需要的用品和设备。
会议室设备主要包括灯光设备、音响设备、空调设备、通风设备、录音、摄像等设备以及必要的安全设施等。常用物资有电脑、打印机、复印机、传真机、照相机、摄像机或小型DVD、胶卷、饮用水、一次性水杯、电池、裁纸刀、剪刀、胶带纸、双面胶、回形针、大头针、胶水、白板笔、白粉笔等。
(2) 特殊用品是指一些特殊类型的会议所需用品和设备。例如,选举会议、谈判会议、庆典会议、展览会经常需要的特殊用品和设备,如伴奏带、投票箱、旗帜、仪仗队、鲜花等。

2. 准备会议用品

(1) 检查空调设备,必要时做好开机准备,一般要在会议前两小时预热或预冷。
(2) 检查好灯光、扩音设备。

（3）检查黑板、白板，确保已擦干净，准备好粉笔、指示棒、板擦等用具。

（4）如有陌生人或外来人参加会议，摆放好姓名牌，注意文字大小适当，清楚易认。

（5）在每人座位前摆放纸笔。

（6）多媒体电视需要安放投影机、屏幕、录音设备等。

（7）如果有选举、表决、表彰的议程，还需要准备好投票箱、计数设备和奖励用品。

（8）会期较长的会议，要安排好茶水饮料，并指定专人服务。

（9）如果是电话、广播会议，须提前检查线路，保证音响效果良好。

3. 工作程序

为了会议的正常进行，应该在会议正式开始之前对这些视听设备进行全面的检查。使用结束后还应该进行良好的维护，这能够使设备在使用过程中避免一些不必要的故障而造成不良的后果和影响。

（1）确定工作人员的职责

由于视听设备比较昂贵，因此有必要派专人负责设备的使用和安全工作，包括登记设备的出入、正确操作设备以及在会议前后保证设备在会场中的安全。这些工作人员日常例行维护的工作范围是：视听设备使用前检查全部电源，将需要用到的耗材准备好，认真填写设备使用操作记录，操作过程中出现异常现象时，要做详细记录，并及时进行维修。

有时，会议中的某些演讲需要制作成录音带或录像带，在得到发言人的书面许可后，工作人员应根据录制目的需要安排录音机或录像机与发言人之间的位置关系。另外，工作人员还应准备一些应急的设备配件，如空白磁带、彩色粉笔、钟表、保险丝、贴纸标签、空白透明幻灯片、空白录像带、备用灯光及一些基本工具（如十字螺丝刀、一字螺丝刀、开口钳、锤子、装有新电池的手电筒等）。这些工具大部分都很常用，但却很难在短时间内买到。

（2）预演和检查会场视听设备

不论视听设备是由谁提供的，在临近会议开始前对设备的工作状况的测试总是有必要的。如果可能的话，应该在测试结束后对设备做一些标志，以免使用的时候拿错。

尽管大多数发言人不需要或不要求进行预演，但是大会的承办者还是应在会议正式开始之前测试一下设备的使用情况，并熟悉一下会场。在需要使用视听设备的会议之前，有必要对灯光调整和幻灯片放映等进行预演，以确保相关人员都清楚地知道操作的过程。通过预演，可能会发现有些幻灯片需要重新制作或修改，或者讲台、灯光、投影机等需要重新布置等问题。

4. 注意事项

（1）会议承办者应在会前向设备供应商明确询问具体的解决程序。如果租赁的设备比较多，要提前向租赁公司问清其免费提供各种服务的范围和联系方式。

（2）在会议召开前由专门人员负责检查所有设备。

（3）会议检查人员应该有一个可以请求紧急帮助的电话号码，以便与相关部门进行联络。如果会议过程中出现了一处或几处紧急情况，可以判断应该先处理哪里的问题。

（4）有些设备故障（如灯泡报废等）可以由会议工作人员自行处理，因此，在可能的情况下，应该在会场准备一些备用的设备。无论问题多么简单，都不应该让与会者和发言人动手参与紧急维修。

（5）发现设备故障要及时请有关的公司和专业服务机构派人修理。

（6）有些设备在出现故障时最好更换新的设备，等到会议结束后再进行修理。

2.6.3　制发会议证件

1. 会议证件的含义

会议证件是表明与会议直接有关的人员身份权利和义务的证据。一般来说，制发证件只限于大型会议或重要会议，而通常的小型会议，不必制发证件。

2. 会议证件的作用

（1）表明会议期间各种人员的身份，便于接待和会场的管理。

（2）便于代表之间的相互辨认和联系、交流。

（3）凭证件出入会场，保证会议安全。

（4）便于统计出席人数。

（5）给与会者留作纪念。

3. 会议证件的种类

会议证件是会议举行期间供与会人员与工作人员以及其他相关人员佩戴使用的证件，包括出席证、列席证、旁听证、来宾证（或嘉宾证）、记者证、工作证、随从证、保安证、配偶证、签到证等。

4. 会议证件上的内容

（1）会议名称，必须写全称。

（2）会徽。

（3）姓名。

（4）照片。

（5）证件种类。

（6）组别或代表团名称。

（7）证件编号。

（8）会议日期。

5. 证件的样式与制作

（1）佩戴在与会者身上的证件：黏性标签、系带的卡片、有夹子的卡片。

（2）台签式的姓名卡片（"桌签"）。

（3）坐签式的姓名卡片（"坐签"）。

6. 证件设计的注意事项

（1）内容设计上要有会议的名称、与会者姓名、称呼（先生、女士、小姐等）、身份（职务、职称等）、组织或公司的名称。

（2）在设计上应区分正式代表、列席代表、工作人员、特邀嘉宾等与会者的不同身份。

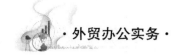

（3）重要的大型会议要在证件上贴上本人的相片，并加盖印章。为了便于辨认会场内各种人员的身份，同一会议的不同证件应当用不同的颜色和字体以示区别。

（4）姓名卡片的大小式样应注意经济适用、美观大方。

（5）姓名卡片在会议的接待区向与会人员发放，并在主席台等必要的地方放置台签式姓名卡片。

（6）会议证件的设计格调要与会议的性质和气氛相适应。例如，庆祝会、代表大会的代表证可以采用红色衬底，以体现喜庆的气氛；学术性会议可以采用蓝色衬底。

（7）涉外会议证件可用中文和外文两种文字，外文排在中文下方。

任务三 会中服务

3.1 安排会议值班

会议值班起着沟通上下、联系内外、协调左右的作用，起着保证上级重要指示、会议精神及时传达和会议发生的重大紧急事情及时反映，保证会议顺利进行的作用。从一定程度上说，值班工作质量也代表了会议的工作质量，值班工作的好坏直接反映和影响会议主办方的工作效率。

3.1.1 会议值班工作的内容

会议值班工作是保证组织及时获得准确的信息。进行正确决策，以及出于安全防范的需要而开展的经常性工作。各个组织的会议值班工作内容具有不同的侧重点。总的来说，会议值班人员应做好四项记录：

（1）会议值班电话记录。主要包括来电时间、来电单位、来电人员姓名、来电内容。

（2）会议值班接待记录。要记录来访人员的姓名、单位、来访事由、联系方法等内容。

（3）会议值班日记。主要对外来的信函、电报、反映情况、外来的电话等进行认真登记，使接班人员保持工作的连续性。

（4）做好信息传递。及时将重要或需要紧急处理的信息向有关人员通报。

3.1.2 安排会议值班的工作程序

1. 制定会议值班工作制度

会议值班工作的职责范围可以宽，也可以窄，值班人员可以轮流和交换，但值班工作却从不能间断，必须保持其连续性。在会议值班工作中，值班人员有时可能接受、传达上级机关、单位领导的指示，可能处理会议的突发性事件，要完成领导临时交办的事项，这些工作的具体内容和时间，一般都是事先不知道或需要应急处理的。要完成好会议值班任务，除了要求值班工作人员有较好的素质外，建立健全各项规章制度必不可少。

（1）信息处理制度。包括对各种渠道传递来的信息基本处理程序，会议值班人员如何记录、登记，哪一类信息应报哪一级领导等。

（2）岗位责任制度。首先应制定值班人员必须坚守岗位的制度，无论发生什么事情也不能擅离职守的制度。

（3）交接班制度。会议值班应坚持交接班制度，由前一天会议的值班人员将所接收的信息及处理情况逐一交代给下一班的会议值班人员。对一些尚未办完的事项更要详细讲明处理情况，以便保证工作内容不中断。

2. 明确会议值班工作任务

会议期间值班人员的主要工作任务有如下内容：

（1）在会议中协助搜集有关情况、文件和资料，传递各种信息。

（2）要加强会议无关人员出入会场的控制，特别是像新产品鉴定会等保密性较强的会议，更不能让外人随意进出。

（3）手边要有公司和各部门领导的联络方式，以便出问题时及时与之联络、请示。

（4）要备有一份设备维修人员、车队调度人员和食宿等后勤服务部门主管人员的电话通信录。

（5）要坚守岗位，人不离岗，保证会议信息的畅通无阻。

（6）必要时，要负责督导和协助专职会议服务人员为与会者做好各项具体的服务。

（7）做好会议期间各项活动与各种矛盾的协调工作。

（8）必要时，应建立主管领导带班制度。

3. 编制会议值班表

会议值班表应包括以下内容：

（1）会议值班时间期限和具体值班时间。

（2）会议值班人员姓名。

（3）会议值班的地点，并在会议须知上注明会议值班室的房间号。

（4）会议值班负责人姓名或带班人姓名。

（5）有时须用简明的文字表明会议值班人员的工作内容。

（6）标明会议值班人员缺勤的备用方案或替班人员姓名。

3.2 接待采访会议的新闻媒体

3.2.1 接待采访会议的新闻媒体的基本原则

（1）会议新闻要实事求是，报道的内容必须与会议基本内容相吻合，达到宣传会议精神的目的，利于会议精神的执行。

（2）掌握会议信息的保密度，做到内外有别。对于会议内容中涉及的机密问题，应严守保密原则，不能在报道中泄露机密。

（3）报道中的重要观点和提法，要经领导审定，以免造成差错或失误。

（4）无论是撰写新闻报道稿，还是为新闻媒体采访报道会议情况提供服务，都要准备

得全面周到、主动积极。

（5）在传递的方式和内容选择上应遵循综合考虑对象、效果、时效、费用的原则。

（6）在会议中，秘书要随时注意收集外界舆论和新闻媒体对会议的反映信息的报道，为领导准确掌握会议的效果提供参考。

（7）在会议结束后，秘书要为召开媒体沟通会提供必需的信息资料，使会议领导者能更好地向新闻媒体介绍会议情况，回答记者的提问。

3.2.2 接待新闻媒体的工作内容

（1）由会议商务文员撰写新闻报道稿件，经领导审阅后，向媒体发送。

（2）在会议召开期间，邀请有关报社、电台、电视台派记者驻会随访，发表消息。

（3）在会议结束时，召开记者报告会，由会议领导者直接介绍会议情况，并亲自回答记者提出的问题。

3.2.3 工作程序

1. 媒体人员登记

一般来说，应对参会的媒体人员与一般参会者以及工作人员进行区别，会议组织者要登记，而且登记的地点要与一般参会者登记地点进行区分，登记时为其提供特殊的工作证。有些媒体人员在会前并没有注册，他们可能来自一些与会议无关的刊物。此时是否接待他们应该取决于会议的主办者和会议主题，一般情况下最好放宽大门，而不要约束过严。

2. 为媒体人员提供简单的会议材料

大多数媒体人员都喜欢自己决定采访哪些人，以及报道会议的哪些新闻。因此，会议组织者可以为他们安排一个介绍会，简单说明会议的整体结构，并着重指出那些可能引起他们兴趣的人和事件，并向他们提供简单的会议材料，让他们自己从全局上进行把握。

3. 安排拍照和新闻发布会等传统活动

会议方面应该为静态拍照和动态录像准备一个专门的场地，并搭建起相应的背景，所有参与拍照的人都应该得到充分的展示。如果录像的目的是为了进行电视报道，会议方面应该为活动安排特定的日期，以免错过播出时间。会议秘书处还应该为摄影师提供所有参加拍摄的人员名单。

会议组织者要为新闻发布会提供应有的准备，满足部分媒体人员要求将自己的录音麦克风连接在演讲台上的要求。发布会应该有规定的起止时间，为发布会制定程序，每个参会者都应该事先知道发布会的日程安排，以及是否可以在会上提问等。

4. 安排媒体沟通会

媒体沟通会是一种非正式的新闻发布会，参加的媒体在发布新闻时将不直接引用被采访者的话或者提到其姓名。媒体人员应该被明确告知该活动是不是媒体沟通会，因为可能有些媒体不愿意参加这样的活动。虽然媒体沟通会规定了一些限制，但是许多媒体人员还是希望参加，因为他们可以从中得到一些非常重要的信息。

3.2.4 注意事项

1. 妥善处理新闻媒体的负面报道

当危机来临,企业要有勇气面对危机,以负责任的态度出现在公众面前,对舆论进行疏导。正确的做法有以下几个方面:

(1) 快速做出反应。
(2) 联合或聘请专业公关公司处理危机。
(3) 让负责人出面。
(4) 对未知的事实不要推测。
(5) 不要隐瞒事实真相。
(6) 为媒体采访敞开大门。
(7) 统一口径,用一个声音说话。
(8) 频繁沟通。

2. 汇总新闻媒体的各种报道

预先与要来访的媒体取得联系,力求在发稿后可以得到他们邮寄的报纸等出版物,或者在发稿后马上将报纸收集起来,也可以通过网络查询的方式下载相关报道,以备将来查询、使用。

3.3 做好会议记录和简报工作

3.3.1 做好会议的记录工作

为会议记录做好准备工作。准备足够的钢笔、铅笔、笔记本和记录用纸。准备好录音机和录音笔补充手工记录。要备有一份议程表和其他的相关资料和文件,在需要核对相关数据和事实时随时使用。在开会之前提前到达会场,安排好做会议记录的地方,迅速做出一张与会人员的座位图,便于识别会议上的发言者。提前参阅一下其他的会议记录,揣摩一下其行文结构、细节内容。在利用录音机的同时,必须手工记录,这样不仅整理记录速度较快,而且可以防止录音机中途出故障而漏掉内容。

1. 会议记录的内容

(1) 会议描述。包括会议类型、时间、日期、地点。
(2) 与会者姓名。主席的名字在最前面,办事员的名字在最后。
(3) 缺席者请假条。
(4) 宣读上次会议记录。
(5) 会议记录中产生的问题。
(6) 通信记录。
(7) 一般事务——决议应包括会议上的确切措辞。
(8) 下次会议日期。
(9) 主席签名。会议记录在主席签上名后应写上会议日期。

2. 会议记录的要求

会议记录的要求归纳起来主要有三个方面:一是速度要求;二是真实性要求;三是资

料性要求。

（1）速度要求。快速是对记录的基本要求。

（2）真实性要求。纪实性是会议记录的重要特征，因此，确保真实就成了对记录稿的必然要求。真实性要求的具体含义是：

①准确。不添加，不遗漏，依实而记。

②清楚。首先是书写要清楚，其次是记录要有条理。

③突出重点。会议记录应该突出的重点有：会议中心议题，以及围绕中心议题展开的有关活动；会议讨论、争论的焦点及各方的主要见解；权威人士或代表人物的言论；会议开始时的定调性言论和结束前的总结性言论；会议已决议的或议而未决的事项；对会议产生较大影响的其他言论或活动。

（3）资料性要求。会议记录是分析会议进程、研究会议议程的依据；是编写会议纪要的重要资料；还可以作为原始资料编入档案长期保存，以备需要时查阅。

3. 会议记录的工作程序

会议记录的结构是：标题＋正文＋尾部。

（1）标题。一种是会议名称＋文种；另一种是文种。

（2）正文。首部＋主体＋结尾。首部主要包括会议概况，会议名称，会议地点，会议主席（主持人），会议、列席和缺席情况，会议记录人签名等。

主体包括：会议议题，如果有多个议题，可以在议题前分别加上序号；发言人及发言内容，记录每人的发言时都要另起一行，写明发言人的姓名，然后加上冒号；会议决议，决议事项应分条列出，有表决程序的要记录表决的方式和结果。

结尾要另起行，写明"散会"并注明散会时间。

（3）尾部。右下方写明"主持人：（签字）""记录人：（签字）"。

3.3.2 做好会议的简报工作

1. 会议简报的内容

会议简报要迅速反映会议的实际情况，交流会议的经验，沟通会议的信息。要反映出会议的新情况、新问题、新经验、新见解、新趋势，更好地对会议起到指导和沟通作用。

2. 会议简报的要求

（1）真实准确。真实是简报的生命。会议简报所反映的会议事实不仅是千真万确的客观存在，而且其所涉及的主要情节以至每一个细节，包括具体的时间、地点、人物、数字和引语等，都要做到准确无误，绝不能凭借主观的经验和良好愿望而进行粉饰和"加工"。否则，就会严重影响会议简报的质量和效用。

（2）短小精悍。短小是会议简报的力量所在。会议简报应简明扼要、短小精悍，这样才能起到快速传递会议信息、交流经验的作用。如果文字冗长，就成了"通报"和"报告"，从而失去了简报的意义。

（3）快是简报的质量体现。会议简报是一种"快报"，因此它还具有一定的新闻性，类似于新闻报道中的"会议消息"。会议简报不求全，但求快。只有快，才能真正发挥其在实际工作中所应起到的指导性作用。否则，也会失去会议简报的意义和价值。

（4）生动活泼。会议简报生动活泼，与会者爱看，而且能够获得深刻印象。要做到生动活泼，应当采用一些群众性语言；必要时还可以采用通信的手法，进行一些具体形象的描述，做到以情动人。

3. 会议简报的结构

会议简报的结构与其他的简报一样分成报头、报核、报尾三个部分。会议简报的导语多用叙述式和结论式；主体部分要突出会议的主要精神和会议决定，内容要单一精练。

3.3.3 注意事项

（1）会议记录的重点应将主要讨论的观点、决议、决定、重要的声明、修正案内容、结论一字不漏地记录下来。而其他的内容可简要概括地记录，无须有言必录。

（2）如果当时漏记了内容，可事先做出记号，然后对照录音磁带修改，也可提示会议主持人请发言者重复内容或对某一术语做出简要的解释。

（3）不管是谁提出了一个动议、附议了一个动议或提出了任何行动、意见，都应把人名记录下来。

（4）可设计一张表格来记录会议上的信息。

3.4 收集会议信息

通过各种有效的方式和方法，将搜集、处理、存储的会议信息资源提供给商务活动，以满足利用者的信息需求，发挥信息的效用，促进商务活动效率的提高。会议活动始终都会收到信息并利用信息，要围绕会议中心任务，充分开发利用信息，主动服务，提高会议工作水平。

3.4.1 会议信息的分类

1. 按照会议信息的作用划分

（1）与会者信息。与会者是根据会议的目的、性质、议题以及议事规则确定的，是会议活动的主体，是会议活动成功与否的重要因素。与会者信息可以方便会议的沟通协调，利于顺利实现会议的目标。

①与会者的基本情况信息，包括与会者的国别、地区、所代表的组织机构、人数、姓名、性别、年龄、身份、职务、民族、宗教信仰、生活习俗、健康状况等信息。搜集与会者基本情况信息的途径与方法主要是汇总回执和报名表。根据会议通知的回执或报名表可以汇总统计出与会者的职业、身份、职务、性别、年龄、民族等基本信息。

②与会者的背景信息，包括参会目的与意图、过去参加会议的情况、过去和现在的立场与态度及其他背景材料。这些信息决定了与会者在会议期间的观点和态度，会务工作人员应当通过各种途径和渠道了解和掌握，以便有针对性地做好接待工作，确保会议期间的有效交流。

③与会者的抵离信息。要准确掌握与会者抵达和离开的时间和交通工具，以便安排人员和车辆到机场、码头、车站迎接和送别。

（2）会议指导性、宣传性信息。

①指导性信息。即对制定会议的目标和议题并开好会议具有指导意义的信息。如：有

关的方针政策，有关的法律、规章、政策；上级单位的工作部署性文件和有关要求。这些信息能正确指引会议的方向，明确会议的主题，因而具有极其重要的作用。

②宣传性信息。即传达会议情况、宣传会议精神、扩大会议影响力的文件信息，包括会议纪要、会议公报、会议简报、会议消息以及配合会议宣传的广告、招贴等。

（3）会议议题性信息。

即需要列入会议议程，进行讨论、研究并解决的问题和工作的文件信息。会议议题性信息有工作规划计划、报告、预算决算、各项决议的草案。秘书收集这类信息并及时向领导传递，帮助领导制定切合实际的会议议题和议程，从而使会议的目的更具有针对性和现实意义。

（4）会议主题内容信息。

在会议期间围绕会议目标和任务形成的文件信息是会议的中心文件，包括开幕词、闭幕词、讲话稿、代表发言材料、经验介绍材料、专题报告、会议总结报告等。

（5）记录性、结果性文件信息。

①记录性文件：在会议过程中记载会议情况和进程的文件，如会议记录、会谈记录、会见记录等。

②结果性文件：经过谈判、协商、审议、表决、签署而形成的会议文件，是记载会议结果的书面文件。这类文件体现了会议活动的最终成果，又称最后文件，包括各种决议、决定、纪要、公报、合同、协议、条约、协定、备忘录、声明、宣言、计划、纲领等。

（6）会议的程序性文件信息。即为规范会议成员的行为、保障会议活动有序进行而形成的文件信息，包括议事规则、会议议程与日程安排表、会议时间安排表、选举程序及表决程序安排表等。

（7）会议交流性文件信息。会议交流性文件信息主要形成于总结性、交流性、研讨性会议，在会议中发挥宣传交流作用，包括事迹报告、经验介绍、学术论文、会议简报。事迹报告、经验介绍和学术论文一般由与会者或与会单位撰写提供，由会议组织者根据会议目的和主题进行筛选、修改、核查，确定在会议上进行交流的信息。会议简报则由会议秘书编写，经审定后印发。

（8）会议参考性信息，即围绕会议议题和议程所收集的背景性、资料性信息，包括下级单位、人民群众、社会的舆论围绕即将召开的会议所形成的意见、建议、要求及动向，国内外同行的经验和教训，帮助说明和阐述会议文件的有关资料等。如调查报告、可行性分析报告、统计报表、技术图纸或图表、典型材料等。

会议参考性信息有助于会议领导和与会者全面掌握情况，开拓思路，为形成正确的决定和决议提供可靠的依据。

（9）会议管理性信息。即对会议活动进行有效管理的文件信息，包括会议通知、会议须知、出席证件、作息安排表及保密规定、会议主席团名单、委员会名单、与会人员名单、票证、签到簿、文件清退表等。

及时准确收集会议管理方面的信息，对于搞好会议的筹备工作意义重大。如要做好会议的接待工作，就必须收集与会者的情况；要做好会议宣传工作，就要事先掌握前来采访会议的媒体和记者的情况。

2. 按照会议信息的保密性划分

（1）保密性会议信息。保密性会议信息是在内容上涉及商业秘密、暂时不宜公开的文件信息。在商务会议活动中形成的涉及商业秘密的会议文件一旦泄露，会给有关的企业、组织的利益造成一定程度的损害。要采取一定的保密措施，控制或限定使用范围，确保安全。

（2）内部性会议信息。内部性会议信息是在内容上涉及会议的主办单位和与会单位内部的事项，或者涉及正在酝酿而尚未决定的事项，暂时不宜对外公开，或者只能在会议内部传达、阅读和使用的会议文件信息。对于内部性会议信息应加强保密措施，确保信息不失密、不泄密。

（3）公开性会议信息。公开性会议信息是不涉及任何商务活动秘密和组织内部事项，无须采取保密措施的会议文件信息。如在会议上通过的决定、决议、规章等。这类会议文件信息可以通过新闻媒介或以张贴方式公开发布。

3. 按照会议信息传递方式划分

（1）会议讲话信息。即由与会者以个人、集体的名义或代表一定的组织在会议上进行口头宣读的信息。如开幕词、闭幕词、祝贺词、欢迎词、祝酒词、工作报告、发言稿等。

由于会议活动主要以口头表达作为交流方式，因此，会议讲话文件信息往往是会议文件的主体部分。

（2）会议书面信息。即只以书面形式交流、不做口头发言的会议信息。有些会议因时间有限，与会者可以用书面形式代替口头发言。

（3）会议声像信息。即将讲话事先制成录音或录像，然后在会议上播放的信息。

3.4.2 收集会议信息的要求

会议信息是企业会议活动的客观反映，会议信息搜集是会议信息利用的基础。所搜集的会议信息的质量高低、数量多少，直接影响和决定了整个会议信息工作的效益。秘书要对会议文件进行及时搜集，回收不宜扩散和保密的文件，防止泄密，为会议文件信息的归档做准备。信息搜集是信息工作的基础。会议信息搜集过程实际上是深入会议活动，了解会议情况，掌握会议信息的过程。齐全、及时、准确、有效是会议信息搜集的基本要求。

（1）齐全。为了使会议信息能够全面反映会议活动的真实面貌，提高日后查考利用价值，必须将有保存价值的会议信息搜集齐全，为归档奠定基础，使会议信息充分发挥应有的作用。

（2）及时。搜集会议文件要迅速、快捷，讲求时效，不得延误，以免造成文件的遗失，降低或失去会议信息的使用价值。由于会议活动有明显的时效性，而大量的文件又分散在与会者、会议领导者以及有关会议工作人员手中，如不及时搜集，会给搜集工作带来许多不便和麻烦，甚至会导致收集不全，影响归档工作以及会议信息的参考价值。对于秘密文件来说，搜集清理不及时，还容易造成文件内容扩散、会议机密泄露。可见，及时搜集会议文件信息对于搞好归档工作和加强会议保密都是十分重要的。

（3）准确。准确是信息的生命。信息要准确才能有用，因为错误的信息会产生交流障碍，还可能会产生反作用。在搜集信息时，要坚持实事求是的原则，确保搜集的信息真实客观地反映商务会议活动的真实面貌。

（4）有效。会议信息搜集的根本目的是为企业经营和管理活动服务的。为保证信息搜集的数量和质量，必须采取有效的措施，促使会议信息搜集达到良好的效果。

①责任到人。会议文件信息搜集的责任要落实到人，做到职责清楚，分工明确。

②履行登记。搜集文件应当与分发文件一样，要履行严格的登记手续，认真检查文件是否有缺件、缺页、缺损的情况，如发现类似情况，应尽快采取补救措施。

③严格保密。注意做好保密文件的搜集工作，做到不失密、不泄密。保密文件要按会议文件的清退目录和发文登记簿逐人、逐件、逐项检查核对。

④明确范围。统一制发搜集文件目录，确定需要搜集的文件的范围，避免只要求部分与会者退回文件而造成误会。

⑤有针对性。要明确信息的用途、服务对象，有针对性地搜集信息。对本单位的情况和工作有较全面的了解。在确定召开会议之后，有针对性地搜集一段时间以来各方面的事务和工作的进展情况，例如，有哪些成绩、经验？出现了哪些问题？哪些问题有相当的普遍代表性？哪些问题亟须研究解决？通过广泛、深入、细致的了解，对这些问题进行梳理，从中列出最需交付会议讨论的议题，供领导参考和决定。

3.4.3 收集会议信息的工作程序

1. 确定会议信息的搜集范围

凡是在会议活动中形成和使用的有参考价值的文字、图像、声音以及其他各种形式的信息记录都在搜集范围内，包括会前、会中和会后产生的所有文件材料。具体来讲，要搜集的会议文件信息主要有：有关会议立项方面的文件、关于召开会议的请示、关于召开会议的批复，有关会议筹备工作的文件、会议预案、会议策划书、会议通知，有关会议内容的文件、议程、讨论提纲、各种报告和发言材料、会议记录、议案、决定、决议，有关会议宣传报道的文件、会议宣传提纲、新闻发布会上的介绍材料、新闻发布会稿件（包括报刊上刊登新闻版面）、会议简报，有关会议管理与服务方面的文件、各种名单、票证、报告、簿册、会议总结、不同载体的信息材料，有关会议活动的照片、有关会议活动的录音和录像带，记载会议信息的计算机光盘等，各种形式的文件材料、会议文件的定稿、会议通过的正式文件及其附件、会议所有正式语言书写或翻译的文本、重要文件的草稿、讨论稿、送审稿、草案、修正草案。

2. 选择会议信息的搜集渠道

会议信息的来源广泛、内容丰富，在会议策划、立项、实施、总结的各个工作环节都会产生信息。要通过各种渠道，运用适宜的信息搜集方法，获得全面、准确的商务会议信息。

会议信息搜集的主要渠道包括：向全体与会人员搜集文件；向会议的领导人、召集人和发言人搜集文件；向有关的工作人员搜集文件，如会议的记录人员、文书起草人员；搜集各种会议记录，如主席团会议记录、主持人会议记录、分组会议记录、召集各团组联络员碰头会，汇总情况、搜集代表的提案、发言稿和书面建议等。

3. 确定搜集会议信息的方法

（1）召集开会。召集能够提供信息的人开会，是搜集信息的一种有效的方法。

（2）提供书面材料。请信息提供者用书面的方式传递信息。如果有必要让其他人了解有关信息，可将信息复印然后分发出去。

（3）个别约见。通过个别约见有关人士，当面向他们搜集信息。

（4）会议结束时及时搜集。一般的小型内部会议，由于参加会议的人数较少，人员又比较熟悉，可以由会议领导在会议结束时，要求与会者将需要搜集的文件当场留下，由秘书人员统一搜集，也可由秘书人员在会场门口随时搜集。

（5）个别催退。对个别领取会议文件后未到会或提前离会的人员，及时采取个别催退的方法。

（6）按清退目录收集。大中型会议文件的搜集可事先印发会议文件清退目录，要求每位与会者在会议结束时，根据目录整理好要清退的文件，统一交至会议秘书处；或由各组秘书收齐后交给秘书处。

（7）限时交退。搜集会议工作人员手中的文件，可采取下发会议文件搜集目录的方法限时交退。

任务四　会后服务

4.1　编写会议纪要

会议纪要是根据会议的宗旨、议程、有关会议文件、会议记录以及到会人员提供的材料进行整理，用准确而精练的语言概括地综合反映会议概况和会议精神的一种公文。会议纪要有两个目的，一是向上级汇报会议情况，以便及时地得到上级的指导；一是向下级传达会议精神，以便下级及时贯彻执行。

4.1.1　会议纪要的特点

（1）内容的纪实性。会议纪要应如实地反映会议内容，它不能离开会议实际搞再创作，不能搞人为的拔高、深化和填平补齐。否则，就会失去其内容的客观真实性，违反纪实的要求。

（2）表达的要点性。会议纪要是依据会议情况综合而成的。撰写会议纪要应围绕会议主旨及主要成果来整理、提炼和概括。重点应放在介绍会议成果，而不是叙述会议的过程，切忌记流水账。

（3）称谓的特殊性。会议纪要一般采用第三人称写法。由于会议纪要反映的是与会人员的集体意志和意向，常以"会议"作为表述主体，"会议认为""会议指出""会议决定""会议要求""会议号召"等就是称谓特殊性的表现。

4.1.2 会议纪要的种类

（1）办公会议纪要。记载和传达领导的办公会议决定和决议事项。如其中涉及有关部门的工作，可将会议纪要发给他们，并要求其执行。

（2）工作会议纪要。用以传达重要的工作会议的主要精神和议定事项，有较强的政策性和指示性。

（3）协调会议纪要。即用于记载协调性会议所取得的共识以及议定事项，对与会各方有一定的约束力。

（4）研讨会议纪要。即记载研究讨论性或总结交流性会议的情况。这类会议纪要的写作要求全面客观，除反映主流意见外，如有不同意见，也应整理进去。

4.1.3 会议纪要的格式

会议纪要通常由标题、正文、落款三部分构成。

标题有两种情况，一是会议名称加纪要，如《全国农村工作会议纪要》；二是召开会议的机关加内容加纪要，如《省经贸委关于企业扭亏会议纪要》。

会议纪要正文一般由两部分组成。

（1）会议概括。主要包括会议时间、地点、名称、主持人、与会人员、基本议程。

（2）会议的精神和议定事项。常务会、办公会、日常工作例会的纪要，一般包括会议内容、议定事项，有的还可概述议定事项的意义。工作会议、专业会议和座谈会的纪要，往往还要写出经验，做法，今后工作的意见、措施和要求。

会议纪要大致可以有以下几种写法：

①集中概述法。这种写法是把会议的基本情况，讨论研究的主要问题，与会人员的认识、议定的有关事项（包括解决问题的措施、办法和要求等），用概括叙述的方法，进行整体的阐述和说明。这种写法多用于小型会议，而且讨论的问题比较集中单一，意见比较统一，容易贯彻操作，篇幅相对短小。如果会议的议题较多，可分条列述。

②分项叙述法。对于大中型会议或议题较多的会议，一般要采取分项叙述的办法，即把会议的主要内容分成几个大的问题，然后加上标号或小标题，分项来写。这种写法侧重于横向分析阐述，内容相对全面，问题也说得比较详细，常常包括对目的、意义、现状的分析，以及目标、任务、政策措施等的阐述。这种会议纪要一般用于需要基层全面领会、深入贯彻的会议。

③发言提要法。这种写法是把会上具有典型性、代表性的发言加以整理，提炼出内容要点和精神实质，然后按照发言顺序或不同内容分别加以阐述说明。这种写法能如实地反映与会人员的意见。某些根据上级机关布置，需要了解与会人员不同意见的会议纪要，可采用这种写法。

4.1.4 会议纪要的要求

1. 会议纪要的拟写要求

(1) 实事求是,忠于会议实际。

(2) 内容要集中概况。

(3) 要有条理。

2. 会议纪要要按印发范围和查看等级分发

(1) 确定印发范围。

(2) 确认接收者。

(3) 签发会议执行。

4.1.5 印制、分发或归档保存

需要上报或下发的会议决议等,要抓紧印制并分发传递。会议纪要写好核定后,就要发给有关方面执行。如果会议决定的事项涉及有关部门,可以将会议纪要发给他们,也可以由秘书部门从会议纪要上摘录出有关内容后通知他们。

印发会议纪要只限于日常工作会议,对于大型的会议和专业会议,因为都有正式文件和决议,一般不再印发会议纪要和决办事项通知之类的文件。

会议纪要未发出之前,会议还不能算结束。所以,秘书在拟定会议纪要后,应及时做好会议纪要的印发工作。

(1) 确定印发范围。秘书应该根据会议的性质和纪要的内容来确定会议纪要的印发范围。

(2) 确认接收者。秘书应根据会议纪要的印发范围,发送到相应接收者手中,并落实接收者签字确认。

(3) 签发会议执行。秘书在确认接收者后,将接收者签字确认的会议纪要加以校对,经由领导签字后统一印刷,盖章后发给会议决策执行人。如果会上取得一致的决策没有进一步的实施,印发会议纪要就显得毫无意义。

4.1.6 完成会议纪要工作的程序

完成会议纪要工作的程序为:完善会议记录——起草——编写会议纪要——确定印发范围——接收者确认——领导签字——打印成文——印刷、分发或归档保存。

商务文员要完善会议记录,对于不清楚、不明白、空缺的内容,要在会后立即请教发言人进行完善。为完整、准确地传达、执行会议决定,使会议决定的事项得以具体落实,需要在会议记录的基础上加工整理成会议纪要。

会议纪要的印发范围是根据会议的性质和纪要的内容来确定的。秘书需要将接收者签字确认的会议记录加以校对,经由领导签字后印刷,盖章后发给会议决策执行人,使得会议决策得以实施。

4.2 会议文件资料的立卷归档

会议文件资料的立卷归档是指会议结束后依据会议文件的内在联系加以整理,分门别类地组成一个或一套案卷,归入档案。这是将现行会议文件转化为档案的重要步骤,是档案工作的基础。

4.2.1 会议文件立卷归档的意义

(1) 保持会议文件之间的历史联系,便于查找利用。公司的日常会议过程中讨论和形成的文件种类、数量繁多,每份文件都有特定的使命和作用。在同一个会议中,必然要涉及和形成许多文件,它们之间有着密切的联系,不仅需要把具有查考价值的全部会议文件完整地保存下来,而且还要依照它们之间的历史联系,科学地加以整理、鉴定、区分,组成案卷。这样才能够很好地反映公司活动的历史面貌,并便于查考和利用。

(2) 保持历史的真实面貌,反映工作的客观进程。会议文件是公司活动的第一手珍贵的历史记录,是公司会议活动的真实记载,通过立卷归档,完整地将会议文件收集并保存下来,可以真实地体现公司的工作进程和历史面貌。

(3) 保护会议文件的完整与安全,便于保存和保管。会议文件内容广泛,数量很多,如不加以系统整理,不仅不便于使用,而且容易磨损散失,特别是零散的会议文件,按一定的规格要求立卷、装订成册,可以避免文件破损和散失、丢失和泄密,有利于保存和管理。

(4) 保证会议秘书工作的联系性,为档案工作奠定基础。公司的文件是公司档案的来源,会议秘书部门将讨论完毕的文件立卷,算是完成了文书处理工作。案卷移交给档案部门以后,会议文件便从运转过程进入了档案管理阶段。所以,立卷是档案部门的工作对象,立卷工作是档案工作的基础,立卷的质量直接影响档案的质量。

4.2.2 会议文件立卷归档的范围和分工

公司日常处理的会议文件很多。在众多会议文件中,绝大多数需要留作查考,但其中也有少数没有查考价值,这就需要明确规定会议文件立卷归档范围,以确保有保存价值的会议文件资料能完整地立卷保存,做到既不遗漏,又不重复庞杂。同时还应明确立卷归档分工,避免遗漏和不必要的重复。会议文件的立卷归档要严格遵守档案制度,要把会议过程中的一整套文件资料进行分类归档。

根据国家档案局有关规定,会议文件立卷归档的范围是:

(1) 与会人员大会、与会人员会议、各种例行会议、工作会议和其他各种会议所形成的全部会议正式文件资料,如决定、决议、指示、计划、报告、开幕词、闭幕词等及其复印稿;

(2) 上述会议的参考文件资料;

(3) 上述会议的出席、列席、分组名单;

（4）上述会议的议程、日程和程序；

（5）上述会议的书面通知、来往重要电报、电话记录等；

（6）上述会议的会议记录、发言稿、简报、快报、纪要及其复印稿，领导在上述会议上的报告、讲话、谈话及其复印稿；

（7）上述会议的选举材料；

（8）上述会议有关的图表、照片、录音带、录像带、证件、记事表、会议总结、与会人员名单、联系方式、其他有关资料等。

此外，对于外出开会带回来的重要的、有价值的文件资料，也应立卷归档。

进行立卷归档分工是为了避免公司不同部门之间会议文件资料立卷发生不必要的遗漏或重复。

4.2.3 会议文件立卷的基本原则和方法

（1）会议文件立卷工作的基本原则

会议立卷工作的基本原则是"一会一案"，即以会议为单位立卷，按照会议文件资料的自然形成规律，保持文件之间的历史联系，反映公司工作活动的特点和真实面貌，便于保管和利用。

（2）会议文件立卷方法

①编制案卷目录。会议立卷工作在正常情况下，应依据事先编制好的案卷类目来进行。案卷类目是每年年初在实际文件尚未产生之前，根据公司性质、职权范围、内部组织结构情况、当年会议工作计划、任务和一年中可能产生的会议文件情况，参照往年的案卷类目，按照立卷要求拟制出的案卷分类名册。这是一种比较详细具体的立卷规划。编制案卷类目可以由会议秘书部门的有关工作人员提出方案，经主管领导批准即可。

②灵活运用文件的特征立卷。每一份会议文件都有其一定的特征。一般来说，一份文件主要由作者、名称、内容、收文机关和形成文件的时间等几个基本部分组成，可以概括为六个特征：部门特征、时间特征、名称特征、作者特征、地区特征、通信者特征。会议立卷就是按会议文件资料的共同特征或以一个特征为主结合其他特征组成案卷。通常来说，一卷之内结合使用两个以上特征立卷是比较科学的方法。

4.2.4 会议文件资料收集及归档的工作程序

大中型会议文件的收集及立卷的工作程序如下：

（1）收集资料。这是立卷工作的第一步，要按会议文件立卷范围将会议中形成的所有文件、资料及时完整地收集起来。分发会议文件时须留出必要的份数。一般印发的以保存两份为宜（不包括原稿）。重要会议文件的初稿、历次修正稿也应保存，如有复印稿，亦应保存一份。注意收集领导阅办完的会议资料，收集会议的非正式文件，如来往电报、电话记录、证件等。

（2）甄别整理。检查收集的文件资料是否齐全完整，如有未收集的应尽快收集起来，剔出不需立卷归档的会议文件资料。

(3) 分类归卷。即对会议所有文件、资料进行大体分类，区分为主要文件资料、一般文件资料、参考文件资料、大会发言、书面发言、领导讲话、会议简报、会议快报、有关文书资料等，然后按问题和时间特征立卷，一般来说，会议主要文件资料（报告、决议、结论及主要负责人的重要的讲话等）单独立卷，一般文件资料及参考文件资料分别按问题特征立卷，大会发言按发言日期立卷，书面发言按地区或单位立卷，通知、来往文书均按时间立卷。

(4) 组卷。组卷时最好将永久、长期、短期三个保管期限的文件分别组卷。同一类问题的文件、资料集中组卷，按照文件张数多少，多的可分几个属类汇成若干卷，少的可将若干属类汇成一卷。卷内文件资料按重要程度和时间进行排列，同一文件资料的不同修改稿按时间先后顺序排列，定稿放在前面。同时为使案卷不受污损，要拆除文件、资料上的金属钉和障碍物，注意文件资料页码顺序的排列。

(5) 卷内文件编目。定卷以后在会议文件资料上加盖编目章（包括卷号、顺序号），以卷为单位编排标注页号，第一页在右上角，第二页在左上角，把每份文件在卷内的位置固定下来。然后按顺序填写卷内目录，没有标题的文件要代拟标题。

(6) 填写卷内文件资料备考表。即对每次会议卷内文件资料情况作必要的说明，说清楚文件资料的来龙去脉、形成过程、重要程度和卷内文件变动情况等，字迹要清楚，卷面要整洁，立卷者、检查者还要签注姓名和立卷时间。

(7) 拟定案卷标题。每个案卷要拟定标题，一般应反映出会议名称、作者和主要内容。它是查找利用文件的基本线索，因此所拟标题要确切，语言要通顺精练，概括性强。标题通常由作者、问题、名称三个部分组成。

(8) 填案卷封面。案卷封面要用毛笔或钢笔正楷书写，字迹要清楚、整洁，卷皮所列项目应填写齐全，卷皮起止日期均以卷内文件资料的最早和最晚日期为准。

(9) 案卷排列。大中型会议文件资料的分卷，也按保管期限、重要程度和时间排列。

(10) 编写案卷目录。案卷目录是登记案卷和提供利用档案的基本工具，是立卷部门向档案部门移交案卷的手续和凭证，也是档案部门检查、统计案卷的依据。要按案卷排列顺序逐卷逐项填写案卷目录，打印一式三份，两份随案卷移交档案部门，一份留存备查。

上述工作完成后，即可按归档要求移交档案部门。在正常情况下，应在第二年上半年将上一年的案卷向档案部门移交归档。归档时交接双方应按照案卷目录清点核对无误后，履行签字手续。

对于日常工作会议文件资料立卷。日常工作会议文件资料立卷，也要从搜集资料做起，搞好甄别整理。然后是组卷、拟定案卷标题。其他如卷内文件资料编目、备考表的填写、卷皮的填写、编写案卷目录等，与大中型会议基本相同。上述工作完成后，即可按归档要求移交档案部门归档。

根据上述文件资料立卷归档的程序介绍，可以将其基本程序简单归纳为：将收集的文件资料进行登记——向上级总结、汇报情况——甄别整理、分类归卷——卷内文件的排列——卷内文件的编号、编目——填写卷内文件的备考表——案卷标题的拟制——填写案卷封面——移交给档案室——清理、销毁不再利用的纸张。

4.3 会议经费结算

会议经费的结算是办会者在会议结束后对整个经费使用情况（即会议开支费用）的结算。会议经费的结算依据是会前经费预算（见会议筹备）。会议召开之前应拟定会议开支预算（见会议筹备），并经领导审核批准。准备专门账册，对会议的各项开支进行详细记录。会议结束后，会议财务工作人员、秘书应按照经领导审定的预算进行决算。一切会议都宜遵循勤俭节约的原则，精打细算，尽量减少不必要的开支，又要保证会议的质量和档次。超过预算指标，又无正当理由的不予报销。要做好会议经费的结算工作，及时向领导汇报，并向财务部门报销。

4.3.1 会议的收费与付费方法

（1）收款的方法与时机。有些会议是要由与会人员向主办方支付一些必要的费用（如资料费、培训费、住宿费、餐饮费等），所以应注意如下事项：

①应在会议通知或预订表格中，详细注明收费的标准和方法；

②应注明与会人员可采用的支付方式（如现金、支票、信用卡等）；

③如与会人员用信用卡交费，应问清姓名、卡号、有效期等；

④开具发票的工作人员事先要与财务部门确定正确的收费开票程序，不能出任何差错。另外，如果有些项目无法开具正式发票，应与会议代表协商，开具收据或证明。

（2）付款的方法和时间表。付款的方法和时间表如表9-2所示。

表9-2 会议经费的付款方法与时间

设施和服务	付款的方法和时间	
演讲者	事先确定费用	在活动之后支付给演讲者
食品饮料	事先商定费用	预订时交订金。活动之后按花掉的钱开发票，支票结账
会议地点	事先商定费用	预订时交订金。活动之后按花掉的钱开发票，支票结账
其他费用的偿付	事先确定的费用，活动之后开具账单	收到账单经批准后用支票付款
文具和打印	活动之前申请或安排活动之前可用现金购买	用现金偿付 文具订购时付预付款并事先开发票
音像辅助设备	活动之前确定租用费用	活动之后为租用费用开发票和结账

4.3.2 会议付费的要求

（1）会议经费的名称要规范。

（2）遵守公司零用现金、消费价格及用品报销的各种财务制度和规定。

4.3.3 会议经费结算的工作程序

结算会议开支费用的程序如下：通知与会人员结算时间地点——清点费用支出发

票——核实发票——填写报销单、将发票贴于报销单背面——请领导签字——到财务部门报销——与相关部门及人员结清费用。

注意：要提醒与会人员结清食宿、会务等相关费用；会议一结束，就及时清点整个会议费用的实际支出，对照会前经费预算，逐笔账目进行核点；填写报销单，按报销要求将发票用胶水粘贴在报销单背面；请主管领导签字后即可去财务处报销；一定要结清所有人的费用。将经费使用情况向领导汇报。

4.3.4 会议经费结算的注意事项

（1）开具会议住宿费发票时，需要向宾馆、酒店索取盖有酒店章的正式发票，保证开立的发票与收取的会务费相等。发票的服务项目一栏如何填写需要询问宾馆、酒店，以利于宾馆酒店的账目管理。

（2）住宿费一般不包括使用房间的长途电话费、客房小酒吧、在酒店签单的费用。会议主办方如果所收取的会务费不包括这些额外的开支，又不希望这些开销带来不必要的麻烦，可以事先要求宾馆酒店撤掉这些服务项目或向与会人员说清楚。

4.4 跟踪反馈落实会议精神

对于会议作出的决定和工作部署，要保证各项工作得到及时贯彻落实，要及时了解各执行部门和配合部门各项工作的开展和贯彻落实情况，并将进度、问题、影响等信息反馈给领导，以便领导随时了解会议决定的各项工作的进展情况，及时采取下一步行动。从会议作出决定到这些决定付诸实施之间的工作环节，称为会议决定事项的传达与催办。这一环节处在会议的"决"与实际的"办"之间，是中间连接环节。

4.4.1 会议决定事项的传达

对于会议决定事项传达的基本要求是：准确、及时、到位。要认真领会会议精神，组织传达，并提出贯彻执行的意见。

（1）传达会议决定事项必须准确，必须原原本本传达，不得采取实用主义的态度，断章取义，随意舍弃不符合自己意见的有关事项或认为对自己不利的问题；更不得站在利己的立场，搞本位主义，对会议决定随心所欲地作解释。

（2）传达会议决定事项必须及时，不能拖延，当会议决定本身有传达时间的特定要求时，如要求上级某文件下达基层之后再传达，则应执行这些时间要求。

（3）传达会议决定事项必须到位。会议决定一般都规定了传达的范围，应该直达其人。有些会议决定属于保密事项，应严守保密规定。

会议决定事项的传达方式有口头传达、录音录像传达、印发文件等。其中印发文件包括会议决定、会议简报、会议纪要、会议决定催办通知单等。实际采用什么方式传达取决于会议的性质、内容和要求。

4.4.2 会议决定事项的催办与登记制度

1. 催办的意义

催办是指对有关单位和部门落实会议议决事项办理情况的检查和催促。会后催办对做好会议精神的传达贯彻、落实会议的各项决定具有重要意义。

2. 催办的方式

有发文催办、电话催办、派员催办或约请承办部门来人汇报等。

（1）发文催办，或称发函催办，即向执行单位发送催办函或催办单。催办文件上需要写明要求贯彻执行的决定、决议的内容和条文，写明办理要求、办理时限，并要求将办理结果及时书面回告。发文催办在催办单位必须登记在案。一次催办不成，可以两次、三次，务求有所结果。

（2）电话催办。电话催办比发文催办更为快速、方便，适用于本地区、本系统、本单位的一般工作部署。电话催办除了快速、方便以外，还有两个优点：一是可以直接找到执行的当事人，不像文件那样可能会几经周折；二是可以双向沟通，通过对话可以及时了解执行的情况或遇到的困难，可以及时汇报、研究，而不至于像发文那样只是单向催促、等待结果。但电话催办也有缺点，就是容易被忽视，所以电话催办往往频率更高、间隔时间更短。

（3）派员催办。重要的、紧急的决定、决议下达之后，领导部门往往委派专人（通常是秘书）去催办。派员催办比电话催办更为直接，是一种面对面的催办形式，比发文催办更受执行单位的重视，甚至形成某种压力，有着明显的督促作用。派员催办还可以观察现场，了解基层实况，发现问题或困难可以及时帮助研究、解决，或向上级领导及时汇报、请示处理。派员催办的缺点是花费的时间、精力或费用较大。

（4）还可以通过约请承办部门来人汇报方式进行催办。

对于重要的会议决定事项，秘书应采取发文催办的方式，填写"发文催办卡"，要求有关单位限期办理完毕；对于有些事项，可采用电话催办的方式，但必须有电话记录，以备查考。对于个别牵涉单位多、相互扯皮、事情难办的事项，应采取会议催办的方式，把有关人员都请来，当面协商解决。催办方式可以交替、结合使用。总之，一定要抓好会议决定事项的落实工作，这是提高会议效率的最后环节。

建立会议事项的催办与登记制度，目的是使会议精神落到实处，防止有关单位不重视会议交办事项，长期推诿、拖延，工作效率低下，或从自身局部利益出发，对会议交办事项采取消极抵抗态度，故意不办。另外，催办也是一条信息反馈渠道，可使领导及时掌握会议决定事项的办理情况，了解办理过程中出现的新问题、新情况，并有针对性地采取措施加以解决，保证会议决定事项办理工作的顺利进行。因此，检查催办与登记是会后工作中不可缺少的重要内容。

检查催办工作要做到如下几点：

（1）明确催办人员。

（2）健全登记制度，建立催办登记簿，逐项列出检查催办的事项，并由催办人员根据实际情况，定期记载催办事项的进展状况。

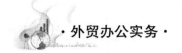

（3）建立汇报制度，催办人员可采用口头汇报、书面汇报、专题报告等多种方式向领导汇报催办事项的落实情况，对一些重大问题不能自作主张，要听从领导的指示。

3. 会议决定事项传达催办登记

会议决定事项的催办通常是：业务范围明确、专一的工作，责成相关业务部门负责催办；综合性、交叉性的工作内容由秘书部门或综合部门负责催办；几个部门、几个单位联合召开的会议的决定，由牵头部门或单位负责催办；领导集团本身会议形成的决定，由秘书部门或指定单位负责催办。会议决定催办的事项还需要领导机构主要负责人的支持，需要具体分管的领导者的督促检查。

会议决定事项催办工作任务较重的部门应建立相关的制度。比如，建立会议决定事项催办的汇报制度、登记制度等，登记制度应设置登记表。

4.4.3 会议决定事项的反馈

会议决定事项的反馈就是将会议决策精神传播给执行者后，通过各种途径和方式将执行者的意见收集起来，反映给领导者的过程。它既是实现会议决策目标的最主要环节，是对会议决策的检验、制约和完善，又是公司领导作出决策、正确行使指挥职能的重要手段。

1. 反馈的原则

反馈信息的原则包括：第一，要迅速及时，便于领导尽快了解和掌握实施执行中的各种信息，从时间差上找效率，不能当马后炮，失去反馈的意义；第二，要真实准确，真实准确的信息是领导决策或完善决策的重要依据；第三，要对堵塞言路、阻止反馈的言行认真对待和处理，使反馈渠道保持畅通无阻。

2. 反馈的重点

反馈的重点主要是妨碍会议决策落实活动的各种信息。因为，决策不是目的，通过实施决策从而取得经济效益和社会效益才是目的。如果在贯彻落实中出现了影响进程和效益的因素，又不及时反馈并寻求上级帮助解决，将会造成一定的损失，甚至前功尽弃。即使自己能解决问题，也不应顾及单位和个人声誉而隐匿不反馈。更不应弄虚作假、欺骗上级和群众。

3. 综合反馈

综合反馈即在总结的基础上系统地进行综合性的反馈。这种反馈要实事求是，找出经验教训，提出今后意见，如实地向上级组织反馈。同时还要向公司或其代表反馈，这是取信于民、动员群众的重要方法之一。

4.4.4 跟踪反馈落实会议精神的工作程序

会议决定事项的催办程序为：会议决定事项的传达——会议决定事项的催办与登记制度——会议决定事项落实情况的反馈。

会议决定事项是需要下级机关和单位贯彻执行的。为督促下级部门和人员及时贯彻执行，避免将应当及时办理的事情拖延或遗忘，需要对议定事项的贯彻及时进行催办。

催办、查办工作应形成一定的制度。定期催办，及时落实，直到办完为止。有的公司在办公室设有专人负责会议议定事项的催办工作，建立催办登记制度，利用催办卡片及时进行催办工作。有的还建立了会议议定事项催办落实报告制度，利用催办报告定期向领导报告、反馈会议议定事项的落实情况。

公司的决策是调查、决策、落实、反馈；再调查、再决策、再落实、再反馈的螺旋式往复过程。通过这种过程，使决策不断趋于完善。秘书需要对会议决定事项做及时、准确、科学的反馈。会后反馈工作分为会议决议、决定事项的监督检查和贯彻落实情况的反馈汇报两项内容。要通过各种方式和相应的渠道及时将有关情况、信息、意见和建议反馈给有关部门及领导，保证会议精神的贯彻落实。

4.4.5 注意事项

在会议决定中明确落实承办责任，须注意以下两类问题：

（1）综合性的、需由多部门共同办理的工作事项。这些工作事项涉及多部门，必须明确由哪一部门牵头主办，并授予牵头部门进行实际组织和协调其他部门的权力。如果不明确牵头主办部门，相关部门之间可能扯皮、推托，使会议决定难以落实。

（2）部门职责分工边缘的、交错的工作事项。领导机构各部门一般有明确的职责分工，在平时的正常业务范围内能够正常运转。但是，会议决定的内容不一定全部同平时分工对口，往往有一些内容处于几个部门工作边缘状态，或是处于几个部门分工的交叉点。对于这些工作，会议决定要明确指定一个部门或者单位领导确定一个部门承办。否则，有时就形成"有好处的事抢着干，得罪人的事都不做"的局面，耽误会议决定的落实，甚至有可能引起部门之间的矛盾。

知识训练

一、判断题

1. 好的会场里面不可以配电话。（   ）
2. 如果根据职务排座次，中国的传统习惯以左为上，以左为尊。（   ）
3. 如需演讲，讲台一般放在主席台的正中间或左方。（   ）
4. 小型会议是指三人以上或几十人的会议。（   ）
5. 会议记录要求做到准备、完整。（   ）
6. 会议信息的收集要力求全面、真实、及时、重点突出。（   ）
7. 会议名称应当根据会议的主题和类型来确定。（   ）
8. 会议记录应将会议内容一字不漏地记录下来。（   ）
9. 会议开始，一般每隔30分钟巡视会场一次，查看客户是否需要服务及加茶水等。（   ）
10. 需提前60分钟准备摆好纸、笔、烟缸、水杯、水果、香烟等，检查设备设施的完好、整洁。（   ）

二、单选题

1. 会议用品包括会议的特殊用品和（   ）。
   A. 一般用品　　　　　　　　B. 生活用品
   C. 会议须知　　　　　　　　D. 统计报表
2. 会议构成的基本要素可不包括（   ）。
   A. 主持者　　　　　　　　　B. 秘书机构
   C. 时间　　　　　　　　　　D. 议程
3. 如果公司内部会议需使用投影仪，而公司有没有足够设备经费，商务文员的解决方法不包括（   ）。
   A. 购买　　　B. 借用　　　C. 调拨　　　D. 租用
4. 会议的特点是真实性和（   ）。
   A. 典型性　　　B. 资料性　　　C. 科学性　　　D. 交流性
5. 秘书小萌负责发送一份给各大报社的会议邀请函，她认真完整地填写了信封，保证了邀请函及时准确地寄到了各大报社。但领导认为她的这项任务还缺少落实的关键环节。你认为缺少的关键环节是（   ）。
   A. 没有认真登记　　　　　　B. 寄发前没有请领导核准

C. 没有进行加密处理　　　　　　D. 没有进行回复确认

6. 大中型会议采用大小方形和半圆形的会场布局，是为了突出（　　）。

A. 会议的发言人　　　　　　　　B. 会议主席团
C. 会议的绝对中心　　　　　　　D. 会议民主平等的气氛

7. 会议纪要的内容应做到（　　）。

A. 集中、概括、准确　　　　　　B. 概括、精练、详细
C. 集中、概括、详细　　　　　　D. 集中、概括、精练

8. 在发放会议文件资料时，为避免与会者丢失材料，在发放文件时应做到（　　）。

A. 准备好每人一个文件袋　　　　B. 适时适量
C. 给会议文件编号　　　　　　　D. 附上文件目录清单

9. 举办会议既要确保会议质量，又应遵循（　　）的原则。

A. 扩大企业影响力　　　　　　　B. 勤俭节约
C. 服务社会　　　　　　　　　　D. 提高企业竞争力

10. 选择会议地点的步骤不包括（　　）。

A. 确定会议形态　　　　　　　　B. 考虑与会者的期望
C. 选择何种会议地点与设备　　　D. 确定邀请的嘉宾

三、多选题

1. 正确的会议准备程序（排出顺序）应是（　　）。

A. 明确议事日程　　　　　　　　B. 通知与会者
C. 明确会议目的　　　　　　　　D. 明确与会者
E. 开会

2. 会议通知的内容项目包括（　　）。

A. 会议日程　　　　　　　　　　B. 会议名称
C. 会议议题　　　　　　　　　　D. 会议方式

3. 会议名称一般由（　　）组成。

A. 主办单位名称　　　　　　　　B. 主题
C. 类型　　　　　　　　　　　　D. 时间

4. 商务文员在编制会议议程表时，应考虑的因素有（　　）。

A. 与会人员的要求　　　　　　　B. 将同类问题集中排列
C. 将保密性强的议题安排在前面　D. 公司章程对会议议程的规定

5. 商务文员在做会议记录时，必须做好的工作是（　　）。

A. 准备好记录用的笔和纸　　　　B. 准备好与会人员的座次表
C. 准备好会议文件　　　　　　　D. 准备好磁带

四、讨论分析题

1. 风雷公司在2013年年末召开了改革企业管理制度新春座谈会，会上各个部门的职工代表就如何改革现有的企业管理制度纷纷献计献策，公司总经理在做会议总结之前，让

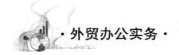

商务文员许茹搜集会议各方面的信息资料，许茹从简报、会议记录和群众来信中搜集了一些资料，但总经理却认为她没有能够提供一些负反馈的信息，希望她能改进这方面的工作。

请问许茹有哪些地方需要改进？

2. 某公司日常管理比较混乱，商务文员小红没有将公司会议记录立卷归档，经常发生找不到会议文件资料的事情。一次，公司与合作方经过几次协商，双方签署了一个项目的合作意向。不久，双方约定再次商谈并签订正式文本。然而，当需要签署的意向书时，小红在自己所保存的文件中无论如何也找不到了。当合作方听说此事后，中止了与该公司的合作。请分析此案例。

3. 天地公司年底为表示对客户的谢意，召开了客户联谊会，会后共进晚餐。负责接待工作的商务文员钟苗根据上司的指示和宴会惯例，安排桌次座位。这次宴会共设3桌（圆桌），餐厅正面靠墙为主桌，编1号，靠入口处为2、3号桌，摆成三角形，突出主桌。重要客户在主桌。为方便来宾入席，钟苗特意做了座位名签，并摆放在桌上。但由于这次联谊会时间紧，与会人员名单确定得晚，钟苗在抄写时漏了应编在主桌的一位重要客户，结果致使该客户入席时找不到座位，出现了十分尴尬的场面。请分析钟苗的失礼之处。

技能训练

1. 英豪公司将举行销售团队会议，研究销售工作下一季度的目标以及人员招聘、选拔等问题。秘书丁倩在编制议程表前，先请总经理、销售总监等有关上司提出议题，再询问各主管方面有无要拿到会上讨论的事情，并提请主管上司定夺，然后将要讨论的问题排出顺序。在设计具体的议程表时，丁倩将需在会上讨论的议题编排了一下，便打印交给了上司（如下所示），上司认为这份议程表有问题，需要重新做。

英豪公司销售团队会议议程表：

公司销售团队会议将在 5 月 5 日星期一上午 10：00 在公司总部的三号会议室举行；

销售二部经理的人选；

东部地区销售活动的总结；

上次会议记录；

销售一部关于内部沟通问题的发言；

下季度销售目标；

公司销售人员的招聘和重组。

（1）帮助丁倩找到议程表的问题所在。

（2）请重新设计这次会议的议程表。

2. 华海集团总公司将于 2013 年 5 月 20 日在北京总部召开全国分公司经理会议，如果你是集团公司办公室主任，你将如何安排这次会议的筹备工作？

3. 广州天华有限公司规定，每周三下午 4：00—6：00 召开公司部门经理例会，会议由总经理主持，部门经理、副经理共计 30 人参加会议，总经理秘书做会议记录，如果你是办公室秘书，你应该做哪些准备工作？

参 考 文 献

[1] 吕维霞,刘彦波. 商务礼仪 [M]. 北京:清华大学出版社,2007.
[2] 李嘉珊,高凌云. 国际商务礼仪 [M]. 北京:电子工业出版社,2007.
[3] 黄剑鸣. 现代商务礼仪 [M]. 北京:中国物资出版社,2006.
[4] 胡爱娟,陆青霜. 商务礼仪实训 [M]. 北京:首都经济贸易大学出版社,2008.
[5] 罗树宁,梁长来. 商务礼仪与实训 [M]. 北京:化学工业出版社,2008.
[6] 张宏亮,陈琳. 商务礼仪与实训 [M]. 北京:北京大学出版社,2009.
[7] 甘露,郭晓丽,杨国荣. 商务礼仪 [M]. 北京:北京理工大学出版社,2010.
[8] 刘莉华. 商务礼仪模拟教程 [M]. 上海:上海人民出版社,2011.
[9] 李嘉珊. 实用礼仪教程 [M]. 北京:中国人民大学出版社,2011.
[10] 李莉. 实用礼仪教程 [M]. 北京:中国人民大学出版社,2004.
[11] 谷玉芬. 旅游服务礼仪案例40例 [M]. 北京:旅游教育出版社,2009.
[12] 庄海滨. Outlook 2003 教程 [M]. 北京:中国宇航出版社,2006.
[13] 中国国际贸易学会商务专业培训考试办公室. 商务文员理论与实务 [M]. 上海:中国商务出版社,2011.
[14] 詹永翔. 现代展览设计之心得与体会 [J]. 广东建材,2009 (2).
[15] 刘松萍,郭牧,毛大奔. 参展商实务 [M]. 北京:机械工业出版社,2005.
[16] 唐新玲. 时装展会:参展全攻略 [M]. 北京:中国纺织出版社,2006.
[17] 孙小珂,陈崴,金鑫. 展会的组织管理与营销 [M]. 沈阳:辽宁科学技术出版社,2007.
[18] 王缇萦. 商务旅游策划与管理 [M]. 上海:上海人民出版社,2007.
[19] 王敏杰. 商务会议与活动管理实务 [M]. 上海:上海交通大学出版社,2008.
[20] 李辉. 参展企业实务 [M]. 北京:对外经济贸易大学出版社,2007.
[21] 王春雷. 参展实务 [M]. 北京:高等教育出版社,2010.
[22] 在线厦门网
[23] http://www.sme.net.cn/
[24] http://bbs.fobshanghai.com/thread-2060464-1-1.html
[25] http://www.bitscn.com/school/Outlook/200609/65249.html
[26] http://wenku.baidu.com/view/bd6fc36aaf1ffc4ffe47ac5c.html
[27] http://www.5dmail.net/html/2005-3-21/2005321212111.htm
[28] http://emuch.net/html/201204/4329548.html,2012
[29] http://wenku.baidu.com/view/e262f6717fd5360cba1adbc1.html
[30] http://wenku.baidu.com/view/32277700002020740be1e9b03.html

[31] http：//wenku. baidu. com/view/1a1d5ec289eb172ded63b738. html

[32] http：//wenku. baidu. com/view/d8f70a687e21af45b307a8b5. html

[33] http：//wenku. baidu. com/view/12e00c25a5e9856a561260e4. html

[34] HTTP：//www. ccpitwx. org

[35] 九城公司. 九城电子申报软件IDECL数据录入指南，2009.

[36] 北京九城数码科技有限公司. 九城电子申报系统IDECL2010用户使用手册.

[37] 杭州纵横电脑有限公司，纵横软件使用说明，2006.

[38] http：//wenku. baidu. com/view

[39] http：//www. globalsources. com

[40] http：//wenku. baidu. com/view/361486ee5ef7ba0d4a733b8d. html

[41] http：//www. wordlm. com

[42] http：//image. baidu. com

[43] http：//wenku. baidu. com

[44] http：//www. doc88. com

[45] http：//baike. baidu. com

[46] http：//www. docin. com

[47] http：//bbs. fobshanghai. com

[48] http：//www. exam8. com/zige/mishu/fudao/

[49] http：//edu. 21cn. com/cehua.

[50] http：//info. mainone. com/zt/2008 – 03/133929. htm.

[51] http：//www. reedexpo. com. cn/

[52] http：//www. csma. org. cn/html/zhuanyeshichang/20081007/598. html

[53] http：//news. busytrade. com/expo/332_ 89079. html